Tourenübersicht

Einfahrt

1. Nufenenpass: Ulrichen – Airolo
2. Lukmanierpass: Disentis – Biasca
3. Passo del San Bernardino: Thusis – Bellinzona

Biasca und die Tre Valli

4. Alpenbrevet: Gotthard – Passo dell'Uomo – Lukmanier – Oberalp
5. Valle di Blenio: Biasca – Ponto Valentino – Aquila – Biasca
6. Nara: Biasca – Leontica – Nara – Acquarossa – Biasca
7. Val Malvaglia: Biasca – Malvaglia – Dandrio – Dagro – Biasca
8. Val Pontirone: Biasca – Malvaglia – Capanna Cava – Biasca
9. Valle Leventina oben durch: Airolo – Altanca – Gribbio – Sobrio – Biasca
10. Valle Leventina unten durch: Airolo – Faido – Giornico – Biasca
11. Riviera: Biasca – Lodrino – Bellinzona

Bellinzonese

12. Giova: Bellinzona – San Vittore – Giova – Bellinzona
13. Motto d'Arbino: Bellinzona – Valle d'Arbedo – Motto d'Arbino – Paudo – Bellinzona
14. Monte Ceneri: Bellinzona – Quartino – Taverne – Origlio – Lugano
15. Piano di Magadino: Bellinzona – Locarno unten durch
16. Monti di Motti: Bellinzona – Locarno oben durch

Locarnese

17. Monte Brè: Locarno – Orselina – Monte Brè – Locarno
18. Vallemaggia: Locarno – Losone – Maggia – Lodano – Locarno
19. Maggia-, Lavizzara-, Sambucotal: Locarno – Lago del Narèt retour
20. Pedemonte und Monte Verità: Locarno – Verscio – Arcegno – Ascona
21. Monti di Ronco und di Brissago: Locarno – Ascona – Ronco – Locarno
22. Valli Cannobina und Vigezzo, Centovalli: Locarno – Domodossola oder Locarno
23. Alpe di Neggia: Vira Gambarogno – Indemini – Maccagno – Luino

Luganese

24. Monte Brè: Lugano – Brè – (Alpe Bolla – Cureggia) – Lugano
25. Valli di Lugano: Taverne – Valle del Vedeggio – Val Capriasca – Tesserete – Val Colla – Villa Luganese – Lugano
26. Monte Bar: Lugano – Capriasca – Tesserete – Cap. M. Bar – Lugano
27. Gola di Lago: Lugano – Tesserete – Isone – Bellinzona
28. Monte Tamaro: Rivera – Capanna Tamaro – Arosio – Lugano
29. Val d'Agno: Lugano – Arosio – Madonna d'Iseo – Bioggio – Lugano
30. Malcantone: Lugano – Bioggio – Iseo – Novaggio – Croglio – Ponte Tresa
31. Lago di Lugano: Caslano – Morcote – Melide
32. San Salvatore, Monte Arbòstora und Collina d'Oro: Lugano – Carona – Morcote – Agra – Lugano
33. Ceresio und Mendrisiotto: Lugano – Morcote – Serpiano – Chiasso

Mendrisiotto

34. Monte Generoso: drei Abfahrten Bellavista – Mendrisio – Capolago
35. Valle di Muggio: Mendrisio – Monte – Cabbio – Morbio – Chiasso
36. Vom Luganer zum Comer See: Caprino – Arogno – Intelvi – Monte Bisbino – Chiasso

Ausfahrt

37. Bike and hike: Brissago – Gridone
38. Bike and climb: Bellinzona – Valle di Gorduno
39. Bike and ski: Faido – Le Pipe

Rückfahrt

40. Passo del San Gottardo: Airolo – Göschenen

Daniel Anker

Radtouren im Tessin

40 Tourenvorschläge mit 95 Farbfotos
und 36 farbigen Tourenkarten
sowie einer Übersichtskarte

Bruckmann

Einband-Vorderseite:
Natur: Hochsommerliche Bergfahrt auf Nara, mit dem höchsten Gipfel des Tessins, der Adula (Tour 6).

Einband-Rückseite:
Kultur: Sonnige Talfahrt durch die Valle di Blenio, mit der Kirche San Pietro zwischen Motto und Ludiano (Tour 5).

Innentitel:
Idylle: Rast oberhalb der Monti di Paudo, während der farbigen Abfahrt vom Motto d'Arbino (Tour 13).

Eine Produktion des
Bruckmann-Teams, München

Umschlaggestaltung: Uwe Richter
Lektorat: Dr. Stefanie Bielmeier
Layout und Herstellung: Bettina Schippel

Gedruckt auf chlorfrei gebleichtem Papier

Die Deutsche Bibliothek –
CIP-Einheitsaufnahme
Anker, Daniel :
Radtouren im Tessin / Daniel Anker. –
München : Bruckmann, 1997
(Erlebnis Rad)
ISBN 3-7654-2993-7

Gesamtherstellung: Bruckmann, München
Printed in Germany
ISBN 3-7654-2993-7

Inhalt

6 Pedalen statt schwingen 49
Nara: Biasca – Leontica – Addi (1575 m) – Prugiasco – Acquarossa – Biasca

7 Das Tal der Täler 52
Val Malvaglia: Biasca – Malvaglia – Val Malvaglia – Dandrio – Dagro (1411 m) – Biasca

8 Bis ans Ende 56
Val Pontirone: Biasca – Malvaglia – Val Pontirone – Capanna Cava (2066 m) – Biasca

9 Strada asfaltata 59
Valle Leventina: Airolo – Altanca – Deggio – Rodi-Fiesso – Dalpe – Gribbio – Lavorgo – Anzonico – Sobrio – Bitanengo – Bodio – Personico – Biasca

10 Wie auf Schienen 63
Gotthard-Südrampe: Airolo – Faido – Giornico – Biasca

11 Hohe Berge, flache Tische 67
Riviera: Biasca – Lodrino – Gorduno – Bellinzona; Monastero di Santa Maria

Bellinzonese 71

12 Sonnenterrasse mit Schatten 72
Giova: Bellinzona – Arbedo – Valle Mesolcina – San Vittore – Giova (950 m) – Bellinzona

13 Eher fortissimo als piano 75
Motto d'Arbino: Bellinzona – Arbedo – Valle d'Arbedo – Motto d'Arbino (1694 m) – Piano Dolce – Paudo – Giubiasco – Bellinzona

14 Nebenstraßen 79
Monte Ceneri: Bellinzona – Cadenazzo – Quartino – Monte Ceneri (554 m) – Taverne – Origlio – Porza – Lugano

15 Über die Ebene 83
Piano di Magadino: Bellinzona – Giubiasco – Gudo – Tenero – Minusio – Locarno

16 Auto oder Rad fahren? 85
Monti di Motti: Bellinzona – Cugnasco – Monti di Motti (1062 m) – Agarone – Gordola – Locarno

Locarnese 88

17 Am Hausberg 89
Monte Brè: Locarno – Orselina – Monte Brè (1022 m) – Monti della Trinità – Locarno

18 Biken und baden 92
Vallemaggia: Locarno – Losone – Ponte Brolla – Gordevio – Maggia – Lodano – Aurigeno – Gordevio – Locarno

19 Welch ein Gefälle! 95
Vallemaggia, Val Lavizzara und Val Sambuco: Locarno – Maggia – Cevio – Bignasco – Fusio – Lago del Narèt (2310 m) – Locarno

20 Künstler und Lebenskünstler 99
Pedemonte und Monte Verità: Locarno – Losone – Tegna – Verscio – Cavigliano – Golino – Arcegno – Ronco sopra Ascona – Monte Verità – Ascona – Locarno

21 Berge der Wahrheit 102
Monti di Ronco und di Brissago: Locarno – Ascona – Monte Verità – Monti di Ronco – Piano (880 m) – Bassuno – Porta sopra Brissago – Ronco sopra Ascona – Ascona – Locarno

22 Grenzverkehr 106
Valli Cannobina und Vigezzo, Centovalli: Von Locarno über Cannobio und Malesco nach Domodossola (I), zurück nach Locarno – oder auch umgekehrt

23 Marktfahrt 110
Alpe di Neggia: Vira Gambarogno – Alpe di Neggia (1395 m) – Indemini – Valle Veddasca – Maccagno – Luino (I)

Luganese 113

24 Auf dem Hausberg 115
Monte Brè und Alpe Bolla: Lugano – Viganello – Brè – Monte Brè (925 m) – Lugano; Brè – Alpe Bolla (1129 m) – Cureggia – Lugano

25 Durchs Hinterland 118
Valli di Lugano: Taverne – Valle del Vedeggio – Val Capriasca – Tesserete – Val Colla – Bogno – Villa Luganese – Lugano

26 Das ist der Gipfel! 121
Monte Bar: Lugano – Savosa – Porza – Comano – Origlio – Ponte und Sala Capriasca – Tesserete – Bidogno – Capanna Monte Bar (1600 m) – Monte Bar (1816 m) – Lugano

27 Nur für Grenadiere 125
Gola di Lago: Lugano – Comano – San Bernardo (707 m) – Bigorio – Stinchè (1110 m) – Gola di Lago – Isone – Matro (1100 m) – Robasacco – Bellinzona

28 Gratwanderung 129
Monte Tamaro: Rivera – Monte Ceneri – Alpe Foppa – Capanna Tamaro (1867 m) – Valle Cusella – Arosio – Gravesano – Val d'Agno – Lugano

29 Berühmte Strecken 133
Val d'Agno: Lugano – Vezia – Molino – Grumo – Gravesano – Arosio – Lisone bei Cademario – Santa Maria d'Iseo – Cimo – Bioggio – Molino – Crespera – Lugano

30 Die grüne Ecke 138
Malcantone: Lugano – Bioggio – Cimo – Aranno – Novaggio – Beride – Croglio – Purasca – Ponte Tresa

31 Fast nur Schokoladenseiten 141
Lago di Lugano: Caslano – Magliaso – Agno – Carabietta – Figino – Morcote – Melide

22 Wallfahrten 144
San Salvatore, Monte Arbòstora und Collina d'Oro: Lugano – Paradiso – Carona – Alpe Vicania (659 m) – Morcote – Figino – Agra (564 m) – Montagnola – Gentilino – Lugano

33 Letzte Etappe 148
Ceresio und Mendrisiotto: Lugano – Carabietta – Morcote – Brusino-Arsizio – Serpiano – Arzo – Clivio (I) – Ligornetto – Novazzano – Chiasso

Mendrisiotto 152

34 Zahnrad statt Zahnkranz 154
Monte Generoso: Drei Abfahrten von Bella Vista nach Mendrisio und zurück nach Capolago

35 Im südlichsten Tal 158
Valle di Muggio: Mendrisio – Castel San Pietro – Monte – Muggio – Cabbio – Morbio Superiore – Chiasso

36 Italia bella 161
Vom Luganer zum Comer See: Caprino/Cavallino – Arogno – Valle d'Intelvi – Cristé – Casasco – Colma di Schignano – Monte Bisbino (1325 m) – Sagno – Chiasso

Ausfahrt 166

37 Bike and hike 168
Gridone: Brissago – Piodina – Cortaccio (1067 m) – Gridone (2188 m)

38 Bike and climb 170
Valle di Gorduno: Bellinzona – Gorduno – P. 783 m – Bedretto (1283 m)

39 Bike and ski 173
Le Pipe: Faido – Osco – Piano – Le Pipe (2666 m)

Rückfahrt 176

40 Via helvetica 178
Passo del San Gottardo: Airolo – Val Tremola – Gotthardpass (2108 m) – Hospental – Andermatt – Schöllenen – Göschenen

Allgemeine Radkunde 182
von Rudolf von Bitter

Das richtige Rad 182
Pflege und Reparaturen 182
Fahrtechniken 186
Gepäck/Zubehör 186

Anhang 187

Die heißesten Radwochen 187
Orts- und Personenregister 188
Bildnachweis 189
Die Touren im Überblick 192

Vorbereitung

»Infolge der zahlreichen Kollisionen mit Personen ist den Fahrradfahrern das Manöverieren innerorts untersagt. Dieses Verbot gilt insbesondere entlang der Seestraße, die ausschließlich dem Verkehr zu dienen hat, zumal für Übungen die Piazza Castello und die äußeren Straßen zugeteilt sind.«

Gemeindereglement der Stadt Lugano vom 17. April 1898

»Il Ticino, dove conto moltissimi amici, e sopratutto Bellinzona, mi portano buono.«

Hugo Koblet, Sieger der Tour de Suisse-Etappen von Luzern nach Bellinzona 1950 und 1953

»Am Abend des neunzehnten sirren die Fahrräder auf den Straßen des Mendrisiotto.«

Alberto Nessi, Tutti discendono 1989 / Abendzug 1991; eine Erzählung, die in den vierziger Jahren beginnt

»L'è düra!?«

Bestätigende Frage eines Straßenkehrers an einen vorbeikeuchenden ciclista auf der sehr steilen »Penüdra« von Gravesano nach Arosio, Frühling 1996

Radfahrer einst: Teilnehmer eines Ausflugs des Velo-Club Lugano, die 1897 in zwei Tagen eine Rundtour von Lugano über Como, Varese, Laveno, Pallanza, Locarno und Bellinzona machten.

Ciclismo, che passione!

Vorhut

Der Start erfolgte um Viertel nach sieben in der Frühe vor dem Hotel Lugano. Um sieben Uhr hatte man noch die Trompete geschmettert, um die Bürger von Lugano zu wecken. Nur fünf Rennfahrer hatten sich zum Start für das erste Radrennen des Tessins eingefunden. 18 Kilogramm mußte die bicicletta mindestens wiegen, mit Luft gefüllte Reifen waren verboten. 75 Minuten standen den Radfahrern am 6. Juni 1892 zur Verfügung, um die 22 Kilometer lange Strecke rund um den San Salvatore, den südlichen Hausberg von Lugano, zurückzulegen.

Nach 52 Minuten und 45 Sekunden rollte Giuseppe Monigiotti, Präsident des Velo Club Lugano, mit seinem 24 Kilogramm schweren »Adler«-Rad aus Deutschland als erster ins Ziel, nur gerade 40 Sekunden vor Edoardo von Allmen, der eine österreichische »Stiria« von 25 Kilogramm Gewicht fuhr. Dritter mit bereits fünf Minuten Abstand wurde Antonio Defilippis, der mit dem englischen Leichtgewicht (nur 20,5 kg) der Marke »Humber« den Giro del San Salvatore bewältigt hatte. Die beiden restlichen Radrennfahrer verspäteten sich auf der Strecke von Lugano über die Ebene zwischen dem San Salvatore und der Collina d'Oro nach Figino und dann dem See entlang über Morcote und Melide zurück in die Stadt. Sie wurden nicht klassiert.

Eine paar Wochen später reiste Monigiotti in die Uhrenstadt Biel, um als einziger Tessiner an der ersten Schweizer Radmeisterschaft teilzunehmen. Das vom Schweizerischen Velopedisten-Bund organisierte Rennen über 100 Kilometer beendete er als Sechzehnter, mit 45 Minuten Rückstand auf die Siegerzeit von vier Stunden und zehn Minuten.

Am 16. Oktober 1892 wurde auf dem Campo Marzio in Lugano die erste Radrennbahn des Tessins eingeweiht: ein Holzoval von 250 Meter Länge und mit sechs Meter breiten Bahnen. Drei der fünf Rennen gewann Jean Morel, der sich nur Fahrern aus Milano geschlagen geben mußte; Monigiotti klassierte sich zweimal als Zweiter.

Radfahrerin heute: Barbara Heeb, die 1996 in Lugano Straßenweltmeisterin wurde.

Morel, ein Uhrmacher aus der Waadt, hatte sich zuerst in Arogno oberhalb Campione niedergelassen und siedelte dann nach Lugano über. Er besaß eine »bicyclette«, ein Rad mit zwei gleichgroßen Reifen, und nicht ein Hochrad, ein »biciclo«. Schon bald flickte er mehr Räder als Uhren, und seine Werkstatt wurde zum Zentrum des sportlichen Luganeser Lebens. Morel war eine elegante Erscheinung und nicht nur als Radfahrer erfolgreich, sondern auch als Pistolenschütze und Konstrukteur des ersten Tessiner Fahrrades, das er »Ceresio« taufte. Um dessen Absatz zu fördern, trat er 1897 als Sponsor für ein Rennen von Lugano nach Mendrisio und zurück in Erscheinung.

Jean Morel fuhr immer voraus: Am 25. September 1902 erhielt er die Nummer zwei des »Permesso di circolazione per Automobili«, ausgestellt durch die Repubblica e Cantone del Ticino. Nebenbei: 1922 wurde er, der statt einer Radwerkstatt nun eine große Autogarage führte, Generalvertreter von Fiat für die ganze Schweiz.

Im gleichen Jahr, in dem Jean Morel seinen historischen Autofahrausweis erhielt, erschien zum ersten Mal die »Rivista«, eine Sportzeitschrift für die italienische Schweiz, die im Untertitel folgende Sportarten aufführte: Alpinismus, Automobilismus, Radfahren, Turnen, Schießen und Jagd. Viel Raum widmete die »Rivista«, die übrigens schon ein Jahr später wieder einging, einem 300 Kilometer langen Radrennen im Raum Lugano und Locarno, wobei über die Seen mit dem Schiff übergesetzt wurde. Ebenfalls 1902 wurde der Giro del San Salvatore, der inzwischen zu einer der klassischen Strekken geworden war, auf eine ganz besondere Art durchgeführt: die Teilnehmer mußten neun Mal um den Berg herumradeln. Wer die 202,5 Kilometer in weniger als 16 Stunden schaffte, erhielt das Brevet »Audax«. Im Italienischen bedeutet audacia Mut, Kühnheit, Provokation, Unverschämtheit. Am 20. November 1902 schließlich wurde auf der Redaktionssitzung der »L'Auto-Vélo« in Paris entschieden, im folgenden Jahr ein Etappenrennen durch Frankreich zu veranstalten. Die Tour de France, das wichtigste Radsportereignis, war geboren.

Mannschaftszeitfahren

Armando Libotte, Doyen der Tessiner Sportjournalisten, nennt in seinem Buch »Oltre 100 anni di storia di ciclismo in Ticino« Lugano die Wiege des Radfahrens im Tessin. Am 19. September 1885 gründeten wohlhabende Bürger der Stadt den ersten Radverein des Kantons, den Veloce Club Lugano. So hübsch das Wortspiel mit Velo = Rad und veloce = schnell ist, so langsam im Vergleich zu heute dürften die Mitglieder gefahren sein. Denn sie benützten noch die ziemlich unstabilen Hochräder, obwohl im selben Jahr mit dem Rover-Rad der Siegeszug des heutigen Velos mit dem Diamantrahmen begann. Trotzdem: Auch mit ihren Hochrädern kamen die Mitglieder weit und erst noch über die Berge. Im Juli 1886 radelten sie von Lugano über den Monte Ceneri nach Bellinzona und von da nach Locarno, wo sie im Albergo dell'America übernachteten. Am andern Tag rollten sie entlang dem Lago Maggiore nach dem italienischen Cànnero, nahmen das Schiff nach Luino und kamen entlang der Tresa zurück zum heimatlichen See. Gut 100 Kilometer auf gepflasterten und geschotterten Straßen, und das nicht auf einem Full-Suspension-Bike, sondern auf einem wackeligen Gefährt mit Hartgummireifen. Eine großartige Leistung, und heute auf der landschaftlich sehr empfehlenswerten Strecke leider nur bedingt nachvollziehbar: zu viel Asphalt, zu viele vierrädrige Fahrzeuge.

Der Veloce Club Lugano verschloß sich nicht dem Fortschritt: Die ersten Fahrräder mit zwei gleichgroßen Rädern und Kettenantrieb auf dem Hinterrad wurden bei ihrem Erscheinen in Lugano eifrig bestaunt und wohl auch gleich gekauft. Das Geld hatte man, das Statussymbol wollte man. 1890 wurde der Velo Club Lugano gegründet, der nicht nur Ausflüge organisierte, sondern auch Rennen. Zwischen den beiden Radvereinen der größten Stadt des Tessins gab es ein stetiges Gedränge um die Spitzenplätze. Doch 1903 schlossen sie sich zur Unione Sportiva Lugano zusammen. Im gleichen Frühling entstand neu der Club Ciclistico Italiano. Hier die Geschichte der Gründungen, Zusammenschlüsse und Trennungen der Luganeser Radvereine aufschreiben zu wollen, ginge allerdings zu weit. Nur soviel: Den Velo Club Lugano gibt es seit 1936 wieder, aus einem politischen Grund. Im damals führenden Verein, der Società Sport, gaben die italienischen Mitglieder, ähnlich wie ihr Duce gleich am anderen Ufer des Lago di Lugano, dermaßen den Ton an, daß sich die Ticinesi unterdrückt fühlten.

Auch in andern Orten waren Velo Clubs gegründet worden: 1892 in Bellinzona, 1896 in Locarno, 1897 in Biasca, 1899 in Chiasso. Da wollten die Radfahrer natürlich wissen, wer denn nun der Schnellste im Lande sei. Erster Tessiner Radmeister wurde Giovanni Mambretti, der seinen Klubkameraden Monigiotti im Spurt um eine Sekunde schlug. Die Meisterschaft war auf der 50 Kilometer langen Strecke Lugano–Chiasso–Lugano ausgetragen worden: wie der Giro del San Salvatore (Siegerzeit 1900: 39 Minuten 50 Sekunden!) oder Bellinzona–Locarno–Bellinzona eine klassische Rennstrecke. Sieger wurden auch auf der Rennbahn ermittelt. 1906 wurde in Lugano »die schnell-

Strada asfaltata: Straßen und Räder sind seit 1885 besser geworden, die Kühe trotten immer noch von der Alp.

ste Piste der Welt« eingeweiht, wie der »Corriere del Ticino« behauptete. Nicht für lange: Das Zeitalter des velodromo ging schon im folgenden Jahr zu Ende.

Radfahren war freilich nicht nur Wettkampf, sondern auch gesellschaftliches Ereignis und Alltag. Um die Jahrhundertwende war das Rad in den Straßen von Lugano schon sehr verbreitet. An der Feier zum 1. Mai 1898 nahmen 500 ciclisti teil, die teils von andern Orten des Tessins und von Italien angefahren waren: In Viererkolonne marschierten sie durch die Stadt, ihre Räder schiebend. Alljährlich machte der Velo Club Lugano seine Frühlingsausfahrt zu den Grotti von Capolago, wo den Mitgliedern häufig eine Gruppe von Mandolinen-Spielern das Essen versüßte. Als Radfahrer gehörte man dazu. Von Radfahrerinnen ist nicht die Rede.

Überholmanöver

Emsig war das Radgeschehen in den dreißiger Jahren. Jeder Rennfahrer hatte seine begeisterten Fans, die ihn in jeder corsa ciclistica anfeuerten. Diese hießen nun nicht mehr einfach Lugano–Chiasso und zurück, sondern Coppa Aranciata Galli (die Gazosa von Galli gibt es immer noch) oder Gran Premio Birreria Nazionale. Ein großer Augenblick war 1934 die erste Ankunft der Tour de Suisse, die ein Jahr zuvor erstmals durchgeführt worden war; die Etappe führte von Davos über den Passo del San Bernardino nach Lugano. 1935 fanden zum ersten Mal die schweizerischen Radmeisterschaften im Tessin statt, in Lugano natürlich: Der Profifahrer Paul Egli entwischte seinen Konkurrenten in der Nähe von Morcote. 1938 machte auch der Giro d'Italia wieder einmal einen Abstecher nach Locarno – wohl nicht ganz zufällig, hatten doch gewisse Kreise in Italien und auch in der Schweiz nichts gegen eine Erweiterung des Mussolini-Regimes zum Gotthard.

In der Zwischenkriegszeit und erst recht im Zweiten Weltkrieg war das Rad das wichtigste Fortbewegungsmittel im Tessin. Ein paar Zahlen zum Radboom: 1940 waren 24 600, 1942 29 563 und 1949 33 441 Räder registriert; davon gehörten 197 der Polizei. Zum gleichen Zeitpunkt waren im Tessin gut 1000 Motorräder und gut 10 000 Motorfahrzeuge immatrikuliert. Dreimal mehr Räder als Autos – herrliche Zeiten müssen das damals gewesen sein. Aber dann begann der scheinbar unaufhaltsame Aufstieg des Tessins von einem wirtschaftlich rückständigen Land in eine moderne Dienstleistungsgesellschaft. Die Autolawine ist Ursache und Folge zugleich. 1950 kamen auf 1000 Einwohner des Tessins 48 Autos, 1960 120, 1970 287, 1980 465 und 1993 544. Damit weist der Kanton die mit Abstand höchste Autodichte der Schweiz auf; auf Platz zwei liegt Genf mit 494 Autos pro 1000 Einwohner.

Der eigene Verkehr wird durch denjenigen des Transits, der Grenzgänger und Touristen weiter verdichtet. 1915 hatten von den 11835 immatrikulierten Motorfahrzeugen der Schweiz nur gerade 265 eine Tessiner Nummer.

Auch bei den Motorrädern (67/1000) und bei den Mofas (91/1000) liegt das Tessin an der Spitze. 1897 waren die ersten Motorräder aufgetaucht und hatten großes Interesse vor allem bei den Söhnen aus reichem Haus erweckt. 1913 wurde erstmals das Bergrennen am Monte Brè oberhalb Lugano für Motorräder durchgeführt, und bald war der Circuito San Salvatore nicht allein ein Radrennen: 1930 zum Beispiel fand hier der Gran Premio Svizzero für Motorräder statt.

Gegenwind

Als Sportgerät hat die bicicletta im Tessin immer noch einen sehr hohen Stellenwert, als Fortbewegungsmittel im Alltag und bei der Arbeit praktisch keinen. Fünf Beispiele:

Zum Pumpen unserer Radreifen steuerten Evi Feller und ich im Herbst 1995 eine Autogarage in Magliaso an, die an einer fast ununterbrochen befahrenen Straße steht. Bei der Begrüßung ein korrektes buongiorno, beim Abschied ein ciao: Die Mechaniker sahen in uns nicht die Radfahrer, die auch im Alltag das Rad aus Überzeugung brauchen, sondern die gut ausgerüsteten Freizeitradler (was wir bei dieser Gelegenheit auch waren).

Zweites Beispiel: Auf der vierspurigen Via San Gottardo vom Zentrum von Lugano zum Bahnhof hinaufzufahren, ist schier lebensgefährlich, weil die Autofahrer die Radfahrer als Verkehrsteilnehmer nicht wahrnehmen, es auch nicht wollen. Anders hingegen auf der Bergstraße von Lavorgo nach Sobrio in der Valle Leventina: Die Autos halten teilweise an, damit die Sportler sicher und unbeengt vorbeiradeln können.

Drittes Beispiel: Im Oktober 1996 publizierte der »Corriere del Ticino« unter dem hübschen Titel »Bicicletta è bello« den Vorschlag eines linksgrünen Politikers, ob es nicht möglich wäre, in Morbio Inferiore, einer boomenden Gemeinde bei Chiasso, Radwege einzurichten. Nicht die paar kurzen Steigungen seien beim Radfahren mühsam, sondern der motorisierte Verkehr. Städte wie Winterthur besäßen ein Netz mit 170 Kilometer Radwegen, Radstreifen und verkehrsberuhigten Straßen. »Das Fehlen von Radwegen in unserer Gemeinde und Region ist allen ersichtlich«, heißt es in der Interpellation.

Viertes Beispiel: Anläßlich der Straßen-Radweltmeisterschaften im Oktober 1996 wurden im Atrium der Schweizerischen Bankgesellschaft in Locarno Fahrräder von zehn bekannten Tessiner Persönlichkeiten

Aufwärts: Das Tessin weist die größte Autodichte der Schweiz auf. Aber die Radlerinnen treten trotzdem in die Pedale – Aufstieg nach Monti di Ronco (Tour 21).

Abwärts: Radfahren wird im Ticino großgeschrieben, doch nur in der Freizeit. Abfahrt von den Monti di Paudo nach Giubiasco, als die Straßen-WM in Lugano zum zweiten Mal stattfand (Tour 13).

wie Aurelio Galfetti, Leiter der Accademia Architettura, und Radrennfahrer Mauro Gianetti ausgestellt. Die Bank wolle damit Denkanstöße geben, »daß das Fahrrad im Nahverkehr das ideale und umweltbewußte Fortbewegungsmittel ist«, meldete die »Tessiner Zeitung«.

Letztes Beispiel: Rocco Cattaneo, Ex-Radrennfahrer und Präsident des Organisationskomitees der Rad-WM in Lugano, hofft, daß aus diesem Anlaß die Leidenschaft für das Rad wieder geweckt wird. »Rilanciare la passione per la bici« auf allen Ebenen: Nicht nur im Sport- und Wettkampfbereich, sondern auch im Alltag. Ob letzteres auch gelingt, wird sich zeigen. Das erste Ziel wurde im Oktober sicher erreicht: Hätte Mauro Gianetti, Lokalmatador und Roccos Freund, im Straßenrennen anstelle der Silber- gar die Goldmedaille gewonnen, wäre die Begeisterung wohl übergebordet.

Antritte

Schon einmal waren die Wogen hochgegangen: 1953, als in Lugano erstmals die Radweltmeisterschaften durchgeführt wurden. Damals allerdings nur für die Profis im Straßenrennen; Zeitfahren, Damenrennen und Kategorie Espoir (Fahrer unter 23 Jahren) waren nicht auf dem Programm. »Die Ebene von Agno, auf dessen Flugplatz sich das Ziel befand, glich schon am Samstagabend einem großen Heerlager: Car um Car, Auto um Auto traf ein; Zelte wurden aufgeschlagen; im Freien wurde gekocht, pokuliert und getanzt. Kurz, eine Feststimmung, wie wir sie noch nie erlebt haben«, schrieb der Zürcher »Tages-Anzeiger« am 31. August 1953. »Drunter und drüber ging es in der Nacht auf den Sonntag in Lugano selbst, wo Extrazüge und Autocars immer neue Menschenströme in die Stadt ergossen. Jedes Bänklein, jede irgendwie zum Schlafen geeignete Stelle war in Beschlag gelegt. Die ganze Nacht widerhallte die Luft von den Coppi- und Kübler-Rufen der sich begegnenden, mit Fahnen und Transparenten bewaffneten Gruppen von Schweizern und Italienern.«

140 000 Zuschauer sollen schließlich das Rennen verfolgt haben, das der Italiener Fausto Coppi in unwiderstehlicher Manier

gewann. »Coppi war damals der Beste«, urteilte Ferdy Kübler in einem Gespräch, das in der Berner Zeitung »Der Bund« im Oktober 1996 zu lesen war. Nach 180 der 270 Kilometer trat Coppi in der Crespera-Steigung zum ersten Mal an, und nur der Belgier Germain Derijcke vermochte ihm zu folgen. In der zweitletzten Runde ließ der campionissimo den letzten Begleiter buchstäblich an der Crespera stehen und siegte überlegen. »Wir befuhren damals den alten Anstieg, der kürzer, aber auch steiler war als die heutige Straße. Die ersten sechs Fahrer erreichten das Ziel alle alleine. Ich gewann den Spurt einer zwölfköpfigen Gruppe um den siebenten Platz«, erinnerte sich Kübler, der 1951 in Varese selbst Radweltmeister geworden war. Am 10. April 1939 hatte er als Neunzehnjähriger eines seiner ersten Rennen gewonnen: das Criterium Ciclo Luganese.

Zielgerade

Coppi, Kübler oder Hugo Koblet, zweifacher Gewinner einer Tour de Suisse-Etappe in Bellinzona, Eddy Merckx, der 1971 in Mendrisio seinen zweiten Weltmeistertitel holte: Ihre Namen haben bei den Tessiner Radsportfans noch heute einen guten Klang. Doch man hat auch seine eigenen Helden: Giovanni Rossi zum Beispiel, der 1951 die erste Etappe der Tour de France und damit das begehrte Maillot jaune gewann; Attilio Moresi, der zehn Jahre später im Giro della Svizzera siegt; Stefania Carmine, die 1982 Schweizer Meisterin wurde. Seit dem Okto-

Radsportgrößen beim Aufstieg nach Comano: die Spitze des Feldes mit dem Schweizer Tony Rominger (dritter von links) im Oktober 1996.

ber 1996 kennt jeder Knirps im Ticino Mauro Gianetti.

Die dritte Rad-WM im Tessin war mehr als ein perfekt inszenierter, sportlicher Großanlaß, bei dem die Schweizer im Zeitfahren durch Alex Zülle und im Straßenrennen durch Barbara Heeb zwei Goldmedaillen gewannen: Die Campionati del Mondo di Ciclismo su Strada mit insgesamt einer Viertelmillion Zuschauern wurde als Rettungsanker für die kriselnde Tessiner Wirtschaft und den kränkelnden Tourismus verstanden. »Die WM wird aller Wahrscheinlichkeit nach die Tourismussaison 1996 retten«, prophezeite Daniel Burkhardt, Vizedirektor des Ticino Turismo, gegenüber dem »Bund«. Er freut sich nicht nur über die direkten Einnahmen durch die Übernachtungen, sondern auch über den unbezahlbaren Werbeeffekt. Und Rocco Cattaneo, der aus einer der rührigsten Unternehmerfamilien des Kantons stammt, sagte stolz: »Die Tessiner sind eben besser als ihr Ruf.«

Radfahren war eben schon immer mehr, als bloß in die Pedale treten. Die Radfahrer nannten die Rundstrecke um den Berg San Salvatore, die Giuseppe Monigiotti 1892 erstmals gewonnen hatte, einfach den giro del monte. Im Dialekt hieß diese Tessiner Radtour giro del mondo.

Quellen

Mario Agliati, »Dal ›biciclo‹ al ›meccanico volabile‹«, in: Guido Locarnini, Aspetti e problemi del Ticino, Lugano 1964, S. 55–74

Plinio Grossi, Il Ticino dei '40, Fontana Edizioni, Pregassona 1993, S. 86

Armando Libotte, Storia illustrata dello sport nel Ticino 1830–1984, Armando Dadò editore, Locarno 1984

Armando Libotte, Oltre 100 anni di storia di ciclismo in Ticino, Velo Club Lugano, Lugano 1993; zu beziehen bei: Ghia cicli – motocicli, Via San Gottardo 102, 6900 Lugano-Massagno

Remigio Ratti, »Il ruolo delle vie di comunicazione e dei trasporti nel Ticino del secondo dopoguerra«, in: Basilio Biucchi, Un paese che cambia, Armando Dadò editore, Locarno 1985, S. 142

Aldo Sartori, Ciclismo '71 a Bellinzona (1971); Ciclismo, che passione! (1974); Girando in giro al Giro (1977); alle drei Broschüren bei der Edizione della Tipografia, Bellinzona

Fernando Zappa, Il Ticino della povera gente, Vol. 2: L'illusione del progresso, Armando Dadò editore, Locarno 1994, S. 130–135

Programma ufficiale dei Campionati del Mondo di Ciclismo su Strada Lugano, 9–13 ottobre '96

Handbuch Radsport, BLV, München 1996, S. 17ff.

Schweizerische Verkehrsstatistik 1993

Zeitungen/-schriften: Corriere del Ticino, La Regione, Der Bund, Sonntags-Zeitung, Tages-Anzeiger, Tessiner Zeitung, Move News

Mit dem Rad im Tessin

Von B wie bicicletta ...

Touren für alle Rad-Fahrer

Citybike

Andere Namen sind Stadt- oder Alltagsrad. An den Schweizer Bahnhöfen heißt die gängige Kategorie der Mieträder Countrybike und ist ein Rad mit sieben Gängen und Reifen, die auch das Befahren von Natursträßchen unbeschadet überstehen. Kurz: Ein wendiges, komfortables Rad, mit dem viele Touren in diesem Führer, wie zum Beispiel sogar der 132,5 Kilometer lange Radweg Tessin, genußvoll gemacht werden können. Einzig für längere und steilere Aufstiege mit 700 und mehr Höhenmetern und für Fahrten abseits von Teer- und Natursträßchen eignet sich das Citybike weniger bis gar nicht.

Rennrad

Ein tausendfach bewährtes Sportgerät, das einen einzigen großen Nachteil aufweist: Dort, wo es am schönsten zu fahren ist, nämlich auf Straßen mit gutem Belag, rollen andere, weniger geräuschlose Fahrzeuge. Es gibt Rennradler, die sich während ihrer sportlichen Ausfahrten an den vorbeilärmenden Autos nicht stören. An diese richtet sich dieser Führer nicht. Vielmehr werden hier Rennradstrecken wenn möglich abseits des Verkehrs, aber nicht abseits von geteerten Straßen vorgestellt. Denn letzteres lieben die Pneus der Rennräder gar nicht. Deshalb können die Routen für Trekkingbikes, die einen ungeteerten Abschnitt aufweisen können, nicht unbedingt auch mit einem Rennrad befahren werden. Die meisten Citybiketouren eignen sich schon eher, aber eine Strecke von 24 Kilometern ist für den Rennrad-Gebrauch eher kurz, es sei denn, man veranstaltet ein Zeitfahren. Ein letzter Hinweis: Für die zahlreichen steilen Anstiege im Tessin empfiehlt es sich, hinten mindestens ein großes Ritzel (zum Beispiel mit 30 Zähnen) oder vorne ein dreifaches Kettenblatt zu montieren, um eine kleine Übersetzung zu haben. Wer auf der Straße zur Alpe di Neggia mit der durchschnittlichen Neigung von neun Prozent *(Tour 23)* einen zu großen Gang treten muß, leidet unnötigerweise.

Trekkingrad

Die ideale Mischung zwischen Rennrad und Mountainbike, und erst noch als Lastesel brauchbar. Manchmal wird das Trekkingrad auch als Hybrid bezeichnet: das beste von den beiden andern Radtypen. Mountainbiketechnik wie Schaltung, kleine Gänge, Bremsen, Rahmengeometrie und die Rädergröße des Rennrads. Dank der 21 bis 24 Gänge können gar Paßfahrten mit Gepäck gewagt und genossen werden, und die robusten Reifen machen auch auf Natursträßchen nicht schlapp, rollen dafür auf Teerstraßen im Gegensatz zu denjenigen des Mountainbikes leise und reibungsarm. Mit einem Trekkingrad lassen sich problemlos alle Touren für Rennräder und Citybikes unternehmen, und auch einige Mountainbiketouren, wobei es bei ruppigen Strecken schon zu Profilschwierigkeiten kommen kann.

Mountainbike

Das Bergrad, so der deutsche Begriff, muß nicht näher vorgestellt werden. Das MTB ist seit den achtziger Jahren das am meisten verbreitete Rad. Fürs Tessin ist das Mountainbike das ideale Rad: kräftig, wendig und griffig, kleine Gänge für die vielen happigen Steigungen (bis 20 Prozent und mehr) und sichere Bremsen für schnelle Abfahrten auf schmalen Teersträßchen. Ein Rad mit einer Federgabel oder gar ein vollgefedertes Mountainbike sind auf dem oft ruppigen Untergrund, zum Beispiel auf einem grob gepflästerten Saumweg, kein übertriebener Luxus (und heute sind die sogenannten Fullies auch unter 2000 DM zu haben). Sicher rollt es sich mit einem Mountainbike auf einer gepflegten Asphaltstraße spürbar schlechter als mit einem Trekking- oder gar Rennrad.

Aber so viele lange Rollstrecken gibt es im gebirgigen Land zwischen Gotthard und Chiasso gar nicht. Wenn man mit 70 Stundenkilometern über die Autostraße des Monte Ceneri gegen den Piano di Magadino hinunterrasen will *(Tour 27)*, ist man froh um einen sehr stabilen Rahmen, breite Reifen und kräftig zupackende Bremsen. Und sogar auf der Piazza Grande von Locarno fährt es sich mit einem Mountainbike leichter. Der Autor und seine BegleiterInnen haben übrigens fast alle Touren in diesem Führer mit dem Bergradl gemacht.

Radwege im Tessin

Allgemein

Markierte Radwege sind im Tessin noch die Ausnahme. Markiert sind der Radweg Arbedo–Bellinzona–Locarno–Ascona *(Tour 15)* sowie teilweise die Route durch die Valle Mesolcina *(Tour 3)*. Auf der Südrampe des Lukmanierpasses führen zwei von 39 Kilometern über einen Radweg. 1996 wurde eine Rundstrecke in der oberen Valle del Vedeggio *(Tour 14)* ausgeschildert. Im weiteren gibt es Routen für Mountainbiker: Laut Prospektangaben sind zwischen Monte Tamaro und Monte Lema 100 Kilometer signalisiert *(Tour 28)*; am Monte Generoso stehen Wegweiser für die Abfahrten von der Bella Vista *(Tour 34)*, und in der Vallemaggia wurden zwei Parcours abgesteckt *(Tour 18)*.

Das wär's. Auf den andern Routen folgt man den Straßenwegweisern, was aber nur teilweise möglich ist, da dort, wo es viele Wegweiser gibt, auch viele Autos fahren. Und genau dort macht ja das Radeln keinen Spaß, weshalb die Zweiradfahrer gezwungen sind, auf die Nebenstraßen auszuweichen, an denen kaum Wegweiser stehen. Deshalb muß man die Karte – und diesen Führer studieren. Keine Orientierungsprobleme bereitet die Tour in die Val Pontirone *(Tour 8)*: Durch dieses Tal windet sich nur ein Sträßchen hinauf; wo es in einen Fußweg übergeht, ist die Tour (fast) zu Ende. Anders gestaltet sich die Benützung des Zweirades im Raume Lugano: Die Vermeidung der überlasteten Verkehrsachsen führt zu einem spannenden Zick-Zack-Kurs durch Quartiere, Villenviertel und unverbaute Zonen, wobei es wegen fehlender Radwegweiser nicht immer leicht fällt, die Wirklichkeit mit ihrer Abbildung auf der Karte und im Führer sekundenschnell in Übereinstimmung zu bringen.

Leicht zu finden: Der älteste Radweg des Tessins – hier der Wegweiser beim Bahnhof Bellinzona, wo viele Touren beginnen und enden.

Die touristischen und politischen Behörden müssen noch viel tun, wenn sie aus dem Tessin eine umweltfreundliche Raddestination machen wollen, welche nicht nur sportliche Rundstrecken im Grünen bietet, sondern auch durch die Zentren und Agglomeration genußvolle, abwechslungsreiche Routen aufweist. Diese Radwege würden ja dann vielleicht nicht nur von den Touristen, sondern auch von den Tessinern im Alltag benützt.

Nord-Süd-Route

Ab 1998 wird die Route Nr. 3 der Schweizer Radwanderwege, die Nord-Süd-Route von Basel über den Gotthard und den Monte Ceneri nach Chiasso, einheitlich markiert sein. Wie weit sie sich mit den vier Abschnitten des hier vorgestellten Radwegs Tessin *(Touren 10, 11, 14, 33)* deckt, konnte bei Drucklegung des Buches nicht festgestellt werden.

Anreise

Mit der Bahn oder dem Bike

Das Tessin liegt wegen des Gotthards an der internationalen Bahnlinie Deutschland–Italien – bequemer und schneller als mit dem Zug geht die Anreise also nicht. Mit dem Eurocity von München/Stuttgart nach Zürich oder mit demjenigen von Dortmund über Basel nach Luzern und weiter Richtung Ticino. Die Euro- und Intercity halten in Bellinzona (wo man in den Zug nach Locarno umsteigt), Lugano und Chiasso, die Schnellzüge auch in Airolo, Biasca und Mendrisio. Ins Locarnese kann ebenfalls die internationale Bahnlinie Lötschberg–Simplon über Basel–Bern–Milano bis Domodossola benützt werden, von wo das Centovalli-Bähnchen nach Locarno kurvt *(Tour 22).* Für die Anreise kommen auch die an Bahnhöfen beginnenden Postautokurse über die vier ins Tessin führenden Alpenpässe in Frage: Nufenen *(Tour 1),* Gotthard *(Tour 40),* Lukmanier *(Tour 2)* und San Bernardino *(Tour 3).* Noch schöner ist freilich: selber fahren und das Gepäck mit der Bahn zum Zielort weiterreisen lassen. Wie auch immer: Buon viaggio!

Ausgangs- und Zielorte

Fahrpläne einpacken

Alle Ausgangs- und Zielorte der Radtouren im Tessin sind mit öffentlichen Verkehrsmitteln gut und rasch erreichbar. Die meisten Touren beginnen und enden an Bahnhöfen, insbesondere an denjenigen von Bellinzona, Locarno und Lugano. Für ein paar Start- und Endpunkte darf das Schiff oder eine Bergbahn benützt werden. Über die Fahrpläne informiert der blaue Band des offiziellen Kursbuchs der Schweiz mit den Bahnen, Seilbahnen und Schiffen; der gelbe Band enthält die Autobusse. Fahrplanauszüge finden sich an den Bahnhöfen und oft in Broschüren der regionalen Verkehrsbüros.

Radtransport

Auskunft

Railservice Tel. 1572222 (Fr. 1.19/Min.) oder direkt an einem der Bahnhöfe. Einen guten Überblick bietet die Broschüre »Wie das Velo zum Zug kommt«, welche auch genaue Angaben zum Velotransport von einem Land zum andern enthält; sie ist an Bahnhöfen oder bei den Vertretungen von Schweiz Tourismus gratis erhältlich.

Durch die Bahn

Das Fahrrad kann als unbegleitetes Reisegepäck versandt werden (wenn man selbst auch Bahn fährt).

National: 12 Fr. pro Strecke, Transportfrist 24 Std.

International: 24 Fr. pro Strecke, Versandzeit 3–4 Tage.

Die obligatorische Kunststoffhülle ist im Preis inbegriffen; eine Versicherung kann zusätzlich abgeschlossen werden. Spezialvelos kosten mehr.

Selbstverladen bei Bahn, Bus und Boot

Bahn: Fahrräder können in allen Regionalzügen (im Kursbuch und auf den Abfahrtstafeln der Bahnhöfe mager gedruckte Abfahrtszeiten) sowie in den IC- und Schnellzügen (fett gedruckte Abfahrtszeiten) selbst verladen werden, vorausgesetzt, daß der Zug nicht mit dem Symbol »Velo verboten« gekennzeichnet ist.

In Personenzügen werden die Fahrräder nur in den speziell für Fahrradverladung vorgesehenen Vorräumen mit Aufhängehaken transportiert; sollten diese fehlen, im Gepäckwagen.

Einschränkungen: Eurocity-Züge sind ausgeschlossen. Keine Transportgewähr; Transport nur solange Platz im Gepäckwagen vorhanden; Entscheidungskompetenz liegt beim Zugpersonal. Frühzeitiges Erscheinen beim Verladen in Schnellzüge (damit man sich erkundigen kann, wo der Gepäckwagen zu stehen kommt).

Preise (1996): Tageskarte 6 Fr. für Regionalzüge, 12 Fr. für IC-, Schnell- und Regionalzüge.

Auch in einigen internationalen Zügen (Deutschland–Schweiz, Österreich–Schweiz etc.) ist der Veloselbstverlad möglich, zum Beispiel im EC 92 von München (Abfahrt 8.15 Uhr) nach Zürich (Ankunft 12.33 Uhr) oder im IC 383 von Stuttgart nach La Spezia, der um 13.38 Uhr in Bellinzona eintrifft; am nächsten Tag steigt man dort um 16.21 Uhr

Leicht zu tragen: Der TranZBag, mit dem Räder kostenlos und einfach in allen Zügen transportiert werden können.

wieder in den Zug zurück nach Stuttgart. Mehr über diese zugkräftigen Verbindungen in der Broschüre »Wie das Velo zum Zug kommt«.

Bus/Postauto: Die meisten Busunternehmungen transportieren Räder nur, wenn es die betrieblichen Verhältnisse erlauben. Auf regelmäßig schwach besetzten Kursen darf auf Anfrage eine begrenzte Anzahl Velos mitgenommen werden. Die Telefonnummern der zuständigen Dienststellen findet man im entsprechenden Fahrplanfeld des gelben Kursbuches.

Schiff: Auf den Schiffen können die Räder mitgenommen werden. Allerdings kann größeren Velogruppen an sonnigen Wochenenden, wenn die Schiffe voll besetzt sind, der Transport aus Platzmangel verweigert werden. Morgen- und Abendkurse sind in der Regel schwach besetzt.

Bergbahn: Einige Bergbahnen transportieren die Räder: Piotta–Lago Ritóm *(Tour 4)*, Monte Brè oberhalb von Lugano *(Tour 24)*, Monte Tamaro *(Tour 28)*, Monte Generoso *(Tour 34)*.

Das beste: Radtransporttasche

Die einfache, saubere und günstige Art, das Rad zu transportieren, ist der TranZBag, den die Schweizer Bike & Hike-Zeitschrift »Move« entworfen hat. Mit dieser Tasche können alle Fahrräder mit 26- oder 28-Zoll-Rädern mit den öffentlichen Verkehrsmitteln transportiert werden, und zwar – das ist das Entscheidende – als (kostenloses) Handgepäck. Im TranZBag wird das Rad zum Gepäckstück wie ein Kinderwagen, ein großer Koffer oder eine Baßgeige. Man muß nur das Vorderrad wegnehmen, was ja bei den heutigen Schnellspannern kein Problem ist. Wenn das Fahrrad vorne allerdings ein fixes Schutzblech hat, muß dieses abmontiert werden; man kann auch mit dem Inbusschlüssel den Vorbau lösen und diesen um 90 Grad drehen, damit das Schutzblech beim Transport nicht quersteht. Der auch von den Schweizerischen Bundesbahnen empfohlene TranZBag hat sich tausendfach bewährt, auch in Eurocity-Zügen, in denen sonst die Mitnahme des Rades verboten ist. Was insofern mühsam ist, da gerade auf der

Gotthardstrecke fast stündlich ein EC verkehrt. Ein paar Mal rollten wir in letzter Sekunde zum Zug, und die Räder verpackten wir erst nach seiner Abfahrt in die Tasche.

In den Waggons wird die Radtransporttasche in der Gepäckplattform beim Einstieg hingestellt; wo keine solche vorhanden ist, fixiert man die Tasche an der Seitenwand gegenüber der Toilette, und zwar so, daß sie den Reisenden und der Minibar nicht den Durchgang versperrt. In Abteilwagen kann die Tasche über beide Gepäckablagen gelegt werden, sozusagen als Raddach. Sogar im hypermodernen Cisalpino von Domodossola *(Tour 22)* nach Bern wurde der TranZBag eingesetzt – der italienische Zöllner schaute zwar fragend auf das schwarze Gepäckstück, doch nachdem man ihm erklärt hatte, es handle sich um eine »bicicletta«, war für ihn die Sache erledigt. Ganz so einfach ist der Radtransport zwischen Deutschland und der Schweiz leider nicht. Die Deutsche Bahn besteht nämlich darauf, daß ein Rad in einer Tasche ein Rad und keine Tasche ist. Aber: Frühzeitig erscheinen, die Tasche unauffällig in eine Ecke stellen, und ab geht's in Richtung Schweiz.

Am Ausgangsort ist das Rad in ein paar Minuten einsatzbereit, und die nur 830 Gramm schwere Tasche aus extrem reißfestem Nylon wird in einer kompakten Hüfttasche auf die Tour mitgenommen, auf der sie bei einem Wolkenbruch als mobiler Unterstand dient. Fährt man zum Ausgangspunkt zurück, wird sie zusammen mit der frischen Wäsche in einem Schließfach deponiert.

Der TranZBag ist in größeren Bahnhöfen der Schweiz am Gepäckschalter für 98 Fr. erhältlich. Er kann auch bestellt werden: 105 Fr. (98 Fr. + 7 Fr. Versandkostenanteil) überweisen auf PC 30-39037-1, Kommunikaze AG, Steigerhubelstraße 94, CH-3008 Bern. Zahlungsabschnitte schicken an: MOVE-Shop, Steigerhubelstraße 94, CH-3008 Bern; Info-Hotline Tel. 031/3887272.

Raddepot

Man kann das Rad in den Bahnhöfen wie ein Gepäckstück deponieren (ins Schließfach paßt es ja kaum). Das kostet zwar 5 Fr.; dafür ist das Rad in sicherer Obhut.

Eigene Räder

Eigene Räder können problemlos in die Schweiz eingeführt werden und brauchen kein Schweizer Nummernschild.

Leicht zu leihen: »Mietet mich« – viele Bahnhöfe verleihen Räder, Citybikes (Bild) und Mountainbikes.

Radverleih

Bahnhof

Über 4000 Fahrräder stehen an den Gepäckschaltern in 230 Schweizer Bahnhöfen zur Miete bereit. Drei Radtypen sind erhältlich:

Citybike (die Bahn nennt es Countrybike) mit Nexus-7-Gang-Nabenschaltung; Rahmengrößen 49 und 54 cm.

Mountainbike mit Shimano-STI-21-Gang-Schaltung; Rahmengrößen 15″ und 17″. Das Mountainbike ist nicht an allen Bahnhöfen erhältlich; im Tessin nur in Bellinzona, Locarno, Lugano und Mendrisio.

Kinder-MTB mit Shimano-SIS-7-Gang-Schaltung; Rahmengröße 43 cm. Das Kinder-Mountainbike ist nicht an allen Bahnhöfen erhältlich; vorher abklären.

Hotel, Radgeschäft, Verkehrsbüro

Hotels, zum Beispiel die meisten Bike & Sleep-Hotels, vermieten Räder oder stellen sie ihren Gästen gar gratis zu Verfügung; vgl. dazu die Kapiteleinleitungen. Weitere Möglichkeit: spezialisierte Radgeschäfte. Und: Im Verkehrsbüro von Tesserete im Zentrum der Valli di Lugano können Mountainbikes ausgeliehen werden.

Mietpreise (1996)

Art des Rades	Halber Tag (bis 13 Uhr, ab 12 Uhr)	ganzer Tag	eine Woche
City-/Countrybike	17.– Fr.	21.– Fr.	84.– Fr.
Mountainbike	24.– Fr.	29.– Fr.	116.– Fr.
Kinder-MTB	13.– Fr.	15.– Fr.	60.– Fr.
Familienpauschale*	–	57.– Fr.	228.– Fr.

*(zwei Countrybikes plus ein Velo pro Kind unter 16 Jahren)

Kindersitz für Countrybike je gratis

Velorückgabe an einem anderen Bahnhof 6.– Fr.

Reservierung: Einzelvelos können telefonisch oder persönlich bis spätestens am Vorabend reserviert werden. Gruppen reservieren so früh wie möglich. Vor allem die Mountainbikes sollten reserviert werden; in Mendrisio zum Beispiel stehen nur gerade zwei zur Verfügung!

Angebote

Swiss Bike Pass

Der Swiss Bike Pass ist ein zeitlich beschränktes Generalabonnement mit folgenden Leistungen: Landesweit unbeschränkte Nutzung der öffentlichen Verkehrsmittel; Fahrradmiete ab einem Schweizer Bahnhof (Citybike; für das Mountain-Bike wird ein Zuschlag erhoben); Transport des eigenen Fahrrades/Mietvelos mit öffentlichen Verkehrsmitteln mit Selbstverladen (Einschränkungen vgl. Radtransport). Der Swiss Bike Pass ist an zwei, drei oder fünf aufeinanderfolgenden Tagen gültig. Er wird an allen bedienten Schweizer Bahnhöfen verkauft.

Tagespauschalen

Vom 1. Mai bis zum 31. Oktober sind Tagespauschalangebote an jedem Bahnhof in der Schweiz erhältlich. Im Pauschalpreis inbegriffen ist: Bahnfahrt ab Wohnort bis Vermietbahnhof, Radmiete (Countrybike), Streckenkarte, Bahnfahrt ab Velo-Rückgabebahnhof bis Wohnort. Folgende Pauschalen werden angeboten: Veloplausch Gotthard Süd *(Tour 10)*, Magadino-Tour *(Tour 15)*, Monte-Generoso-Tour *(Tour 34)*.

Ticino-Radweg

Eurotrek organisiert zwei- bis dreitägige Radtouren im Tessin (Programm »Bici nel Ticino«) und neu ab 1997 den Ticino-Radweg, der von Airolo in drei Tagen nach Cannobio *(Tour 22)* oder in fünf Tagen nach Padua führt. Die Räder werden gestellt, die Unterkünfte vorausgebucht; der Streckenverlauf ist in den Reiseunterlagen genau dokumentiert. Infos: Eurotrek, Malzstraße 17–21, CH-8036 Zürich, Tel. 01/4620203, Fax 01/4629392.

Luganese

Lugano bietet Radwanderpauschalen mit und ohne Begleitung an auch für Mountainbiker; Anmeldung beim Verkehrsverein Lugano. Baumeler Veloferien (Tel. 041/4186565) entführt Fortgeschrittene in die Val Colla. Adventure's Best in Lugano (Tel. 091/9661112) macht Sie mit heißen Sportarten bekannt, unter anderen auch Bikedown. Helm nicht vergessen!

Karten

Karten

Carta ciclistica/Velokarte Locarno–Bellinzona–Lugano–Varese, 1:60000, mit Stadtplänen von Bellinzona, Locarno und Lugano (VCS/Kümmerly+Frey): gute, aber (vor allem bei Mountainbike-Strecken) verbesserungsfähige Radkarte, die im Norden bis Osogna und Cevio reicht. Dazu – und für das Tessin zwischen Gotthard und Biasca ohnehin – empfiehlt sich die Landeskarte der Schweiz in den Maßstäben 1:50000 (drei Ziffern; Ausnahme: die Zusammensetzungen 5001 Gotthard und 5007 Locarno–Lugano, die beide sehr brauchbar sind) sowie 1:25000 (vier Ziffern). Letztere sollte man bei Mountainbiketouren immer dabei haben.

Führer

Broschüren

Ticino Bike: Sammelmappe mit neun Faltblättern, welche itinerari ciclabili/Fahrrad-Wege, die auf Kartenausschnitten eingezeichnet sind, im ganzen Tessin vorstellen; gratis erhältlich beim Tessiner Verkehrsverband. Die Radwege beschränken sich größtenteils auf Straßen; gegenüber der ersten Auflage hat man die im Gelände nur ausnahmsweise markierten Radwege erfreulicherweise vielerorts auf Nebenstraßen verlegt.

Regione Lago di Lugano: Sammelmappe mit 20 itinerari ciclabili/Fahrrad-Touren im Luganese und Mendrisiotto, gratis erhältlich beim Ente turistico von Lugano. Die je auf einem losen Blatt vorgestellten Touren richten sich vor allem an Mountainbiker; allerdings stimmt die fünfstufige Schwierigkeitsskala teilweise so wenig wie die Fahrtrichtung.

Montagne e valli ticinesi in rampichino, herausgegeben von der Banca della Svizzera Italiana, Via Magatti 2, 6901 Lugano, Tel. 091/8093111. Bis 1996 sind fünf schön gemachte Broschüren mit viel Hintergrundinformation erschienen; leider sind die Mountainbikestrecken unausgewogen und die Schwierigkeitsangaben unzuverlässig.

Mit Radkarten und -führern ein Tessin abseits ausgefahrener touristischer Straßen entdecken: der Kirchturm von Cabbio in der Valle di Muggio (Tour 35).

Tessin-Radführer

Kurt Beckel, Mountain Bike aktiv Tessin, Pietsch-Verlag, Stuttgart 1996; brauchbares Werk mit 50 Trails, die allerdings nicht so umweltfreundlich sind, wie der Einbandtext vorgibt.

Henning Böhme, Genußradeln im Tessin und am Comer See, Steiger Verlag, Augsburg 1996; ein widersprüchliches Buch mit Strecken voller Autos und Fotos ohne Radler.

Vital Eggenberger, Mountainbike-Erlebnis Tessin, Climb+Bike Edition, CH-7304 Maienfeld, 1996; die 40 schönsten Rundtouren, präzis, verlockend und zweisprachig vorgestellt, ein Muß für Ticino-Biker.

Benedetto Lepori, Passi e Valli in bicicletta. Canton Ticino, Gottardo e Mesolcina, Ediciclo, Via Po 41, I-30026 Portogruaro, 1992; die Bibel für Rennradler, 64 Aufstiege sind fast Meter für Meter mit Höhenprofilen und Steigungsprozenten erfaßt; die meisten Neigungsangaben in diesem Buch stammen aus Leporis Führer.

Radführer mit Tessin-Teil

Ute Fischer/Bernhard Sigmund, Fahrradführer Schweiz, Moby Dick Verlag, Kiel 1994; sieben Strecken im Tessin für Tourenfahrer.

Urs Lötscher/Bruno Müller, Bike Führer Schweiz, Edition Volair AG, Postfach 541, CH-6403 Küssnacht, 1994; 300 Routen mit 900 Kilometern, im Tessin acht Rundtouren in der Leventina, je vier Touren im Bellinzonese und zwischen den Monti Tamaro und Bar.

Ingrid und Klaus Puntschuh, Rad-Wanderführer Schweiz, Deutscher Wanderverlag, Ostfildern 1994; zehn von 78 Radl-Ausflügen verlaufen im Tessin.

Jürgen Rieck/Uwe Schäfer, Schweiz per Rad. Ein Cyklos-Fahrrad-Reiseführer, Verlag Wolfgang Kettler, Neuenhagen bei Berlin, 1995; zehn Touren im Tessin für Tourenfahrer.

Da muß man (auf sich und Wanderer) aufpassen: leicht ausgesetzter Pfad am Kamm vom Sasso Gordona zum Monte Bisbino (Tour 36).

Fahrregeln

Rücksicht auf andere Leute

Die Tessiner und Tessinerinnen waren vor uns Radfahrern da, die Wanderer ebenfalls. Rücksicht und Toleranz auf den Wanderwegen sind oberstes Gebot. Respekt vor fremdem Eigentum auch. Wer es sich vor einem Rustico bequem macht und dann die Abfälle der Brotzeit auch noch dort liegen läßt, ist unhöflich, um nicht mehr zu sagen. Wer auf schmalen Wegen daherprescht, handelt dumm und gefährlich. Und riskiert zudem, daß das Mountainbiken verboten werden könnte.

Deshalb empfiehlt es sich wirklich, langsam zu fahren und, wenn nötig, vom Rad zu steigen. Es gibt genügend Abfahrten zum Beispiel auf Teersträßchen, wo man es sausen lassen kann und höchstens sich selbst – nicht aber unbeteiligte andere Verkehrsteilnehmer – gefährdet.

Rücksicht auf die Umwelt

Straßen und Wege nicht verlassen. Wenn möglich nur breite Wege oder ausgeschilderte Route befahren. Alpweiden, Hochmoore und Wälder dürfen nicht befahren werden. Sanft bremsen. Wild- und Haustiere in Ruhe lassen, Zäune und Weidegatter wieder schließen.

Rücksicht auf sich selbst

Wer mit einem schlecht gewarteten Rad unterwegs ist, gefährdet sich selbst und die Gefährten (und auch noch die Rettungsmannschaft, wenn ein Unfall passiert). Deshalb vor jeder Fahrt genauestens Bremsen, Schaltung, Reifen und Kabelzüge überprüfen. Reparaturmaterial und Pumpe stets mitführen. Die richtige Bekleidung wählen und genügend Nahrung und Flüssigkeit einpacken, wenn der Führer nicht schreibt, daß man an ein paar gemütlichen Grotti vorbeikommt.

… nach A wie albergo

Auskunft

Im Tessin
Ticino Turismo
Villa Turrita,
Casella postale 1441,
CH-6501 Bellinzona,
Tel. 091/8257056,
Fax 091/8253614;
Internet: http:/www.
tourism-ticino.ch
E-mail: ett@www.
tourism-ticino.ch
Info-Telefon
091/157120190

Dazu gibt es noch 15 regionale Verkehrsbüros; ihre Adressen finden sich in den einzelnen Kapiteln.

In der Schweiz
Schweiz Tourismus,
Bellariastraße 38,
CH-8027 Zürich,
Tel. 01/2881111,
Fax 01/2881205;
Internet:
http://www.switzer-
land-tourism.ch

Schweiz Tourismus in Deutschland …
Kaiserstraße 23,
60311 Frankfurt a. M.,
Tel. 069/2560010,
Fax 069/25600110.

Unter den Linden 24,
10117 Berlin,
Tel. 030/2012050,
Fax 030/2012051.

Kasernenstraße 13,
40213 Düsseldorf,
Tel. 0211/3230913,
Fax 0211/133436.

Speersort 8/IV,
20095 Hamburg,
Tel. 040/321469,
Fax 040/323900.

Leopoldstraße 33,
80802 München,
Tel. 089/333018,
Fax 089/345346.

… und in Österreich
Schweizer Verkehrs-
büro, Kärntnerstraße 20,
A-1015 Wien,
Tel. 0222/5127405,
Fax 0222/5139335.

Unterkunft

Von der Villa bis zur Hütte

Für jedes Budget und jeden Anspruch: Von der Villa Principe Leopoldo in Lugano bis zum Massenlager des Zivilschutzzentrums eines Bergdorfes. Zwei offizielle Jugendherbergen bei Lugano, mehr als 40 Zeltplätze (das wilde Campieren ist aber im ganzen Tessin streng verboten!), zahlreiche Berghütten, die fast immer offen und zeitweise bewirtschaftet sind. Bei vielen ristoranti, osterie und grotti heißt es manchmal noch: con alloggio, also mit Zimmern, in denen man bequem übernachten kann.

Das dicke Verzeichnis »Ticino Hotels« (zu beziehen beim Tessiner Verkehrsverband) enthält die meisten Möglichkeiten; manchmal hilft noch ein Blick ins Telefonbuch, unter »Hôtels«. Viele Ferienwohnungen; die entsprechenden Listen haben die lokalen Verkehrsvereine.

Bike-Hotel und Velohotel

Speziell für Radfahrer sind die Velohotels, die im 1996 erstmals aufgelegten Handbuch »Bike & Sleep« (Kümmerly+Frey) aufgelistet sind sowie die Bike-Hotels, deren Liste in der Broschüre »Die Schweiz. Aus Spaß am Biken« (erhältlich bei Schweiz Tourismus) zu finden ist.

Beide Kategorien von Hotels bieten den Gästen folgende Leistungen wie Empfang auch nur für eine Nacht, Beherbergungsgarantie oder Weitervermittlung an anderes Bike-Hotel bei Buchung bis 17 Uhr, Gepäcktransport Bahnhof oder PTT zum Hotel und zurück, gesicherter und gedeckter Veloabstellplatz/-raum, Werkzeuge und Velopumpen. Bei Velohotels geht die radspezifische Betreuung der Gäste noch weiter: persönliche Routenberatung, Angebot von geführten Touren, hoteleigene Möglichkeit zum Radtransport, eigene Radvermietung.

Essen und Trinken

Einkehr

Kein Problem im Sommer: grotti, jene urtessinerische Form der Gaststätte, finden sich selbst in abgelegenen Bergdörfern *(vgl. Tour 8, 11, 32)*. Und dann gibt es noch die osterie, die ristoranti und die bewirtschafteten capanne.

Und: Wenn nichts geschrieben steht, kann das Wasser der Brunnen problemlos getrunken werden.

Süffiger und kalorienhaltiger ist natürlich schon eine gazosa, mit der auch der herbe americano gesüßt wird. Nur sollte man von diesem Wein nicht zuviel trinken, wenn die Fahrt noch lang ist.

Einkauf

Nicht ganz billig, aber fast alle Leckerbissen des Tessins und erst noch täglich geöffnet: der Aperto im Bahnhof Lugano.

Auch im Bahnhof Bellinzona befindet sich ein solcher Laden.

Da bleibt man stehen: Biker vor dem Ristorante Ponte dei Cavalli (Tour 20).

Feiertage

Am Karfreitag wird gearbeitet

Banken, Büros und Radgeschäfte haben an den folgenden Feiertagen geschlossen; ebenso an
Lunedì di Pasqua/Ostermontag,
Ascensione/Christi Himmelfahrt,
Lunedì di Pentecoste/Pfingstmontag,
Corpus Domini/Fronleichnam,
mehrheitlich aber nicht an Karfreitag:

1. Januar
Capodanno/Neujahr
6. Januar
Epifanìa/Dreikönig
19. März
San Giuseppe/St. Joseph
1. Mai
Festa del lavoro/Tag der Arbeit
29. Juni
Santi Pietro e Paolo/Peter und Paul
1. August
Festa federale/Nationalfeiertag
15. August
Ferragosto/Mariä Himmelfahrt
1. November
Ognissanti/Allerheiligen
8. Dezember
Immacolata Concezione/Mariä Empfängnis
26. Dezember
Santo Stefano/Stephanstag.

Reiseführer

Sechs Beispiele aus dem Tessinbücherberg

Daniel Anker, Gipfelziele im Tessin, Bruckmann Verlag, München 1993; 50 Wanderungen und ein bißchen mehr; zum Biken sind die meisten Gipfel freilich ein wenig zu steil.

Auf den Spuren der modernen Architektur im Tessin, Sammelmappe mit zahlreichen Routenvorschlägen zu den Bauten von Botta und Gefährten; die meisten Strecken eignen sich durchaus zum Radeln.
Gratis erhältlich beim Tessiner Verkehrsverband.

Andreas Bellasi/Ursula Riederer, Tessin. Merian live! Gräfe und Unzer, München 1995; kurz, bündig, nicht verklärend und trotzdem kritisch verführerisch.

Giuseppe Brenna, Cascine. Un omaggio ai signori delle montagne ticinesi e mesolcinesi, Salvioni arti grafiche edizione, Bellinzona 1996; ein Bildband, der viel mehr als nur Berghütten zeigt: die ständige und tiefe Vermischung von dem, was Natur ist, mit dem, was hingegen Werk des Menschen ist.

Roberto Galizzi, Ticino in cucina, Tessiner Kochkunst neu interpretiert, AT Verlag, Aarau 1991.
Radfahren macht bekanntlich Hunger, den der Bildband wenigstens optisch stillt oder auch erst entfacht.

Merian Tessin, Juni 1996; ein sehr schönes Heft, das die Sonnenstube bis in die verborgensten Winkel ausleuchtet; wegen des bittersüßen Artikels über Ascona liegt das Heft dort nicht auf.

Sprache

Noleggio biciclette heißt Radverleih

Auch wenn das Bergrad im Tessin meistens Mountainbike genannt wird: Die Sprache auf der schweizerischen Alpensüdseite ist

So möchte man wohnen: Casa Respini in Cevio, einst Wohnsitz der Landvögte (Tour 19).

italienisch. Gewiß wird an touristischen Knotenpunkten häufig auch deutsch verstanden (aber vielleicht nicht gesprochen). Es zeugt von Anstand, wenn man auf italienisch grüßt und eventuell auf die mangelnden Fremdsprachenkenntnisse entschuldigend hinweist. Wer hingegen vom Bergrad als rampichino spricht, gibt dem Gesprächspartner zu erkennen, daß er im Italienischen schon vom ersten in den zweiten Gang geschaltet hat.

Wichtige Telefonnummern

Notruf

Medizinische Nothilfe (Pronto soccorso): *Tel. 144*
Polizei (Polizia): Tel. 117
Schweizerische Rettungsflugwacht REGA: Tel. 01/3831111
Vergiftungen: Tel. 01/2515151
Straßenzustand, Verkehrsinformationen: Tel. 163

Konsulate

Deutschland, Via Soave 9/11, CH-6900 Lugano, Tel. 091/9227882.
Österreich, Via Pretorio 7, CH-6900 Lugano, Tel. 091/9235681.

Wetter

Mehr Sonne, mehr Regen, mehr Wärme, mehr Wind

Die vielgepriesene Sonnenstube der Schweiz kann sich als feuchtes Regenloch erweisen. Denn gerade Frühling und Herbst bringen viel Regen; das Regenmaximum liegt im Sommer, während der Winter die trockenste Periode ist und die Anzahl der ohnehin schon reichlichen Sonnentage vergrößert. Zusammengefaßt gilt für das auch »insubrisch« genannte Klima des Tessins: größere Niederschlagsmenge als die Alpennordseite bei gleichzeitig geringerer Niederschlagshäufigkeit, denn die Niederschläge sind meistens wolkenbruchartig, wogegen es tagelanges trübes Wetter nur selten gibt; deshalb mehr Sonnenscheindauer und höhere Strahlungsintensität. Diese Charakteristika sind je südlicher desto ausgeprägter und finden in der insubrischen Seenzone von Locarno und Lugano ihren Höhepunkt. Im Sottoceneri trübt allerdings die immer häufiger auftretende Dunstglocke aus den norditalienischen Industriegebieten das Klima auf ihre Art. Deshalb empfiehlt sich ein Ausflug auf die Radwege zwischen dem Monte Ceneri und Chiasso, wenn der Wetterbericht Nordwind bis in die Täler verspricht. Dieser Fallwind ist der Nordföhn, der im Tessin, im Gegensatz zum bekannteren Föhn auf der anderen Seite der Alpen, kalt bläst und das Radeln talaufwärts unmöglich machen kann. Bei einer solchen Wetterlage stauen sich die nordwestlichen atlantischen Strömungen auf der Alpennordseite, wobei die Wolken häufig über den Alpenhauptkamm hinüberschwappen, weshalb die nördlichen Tessiner Täler vom Klima der Alpensüdseite nur in abgeschwächter Form profitieren. Bei Föhnlage auf der Alpennordseite braucht man zum Radfahren im Tessin einen guten Regenschutz.

Wichtig ist die tageszeitliche Planung. Im Sommer setzt am späteren Vormittag ein Talaufwind ein, der am Nachmittag das Fahren talauswärts zu einem mühsamen Erlebnis machen kann. Dann setzt man sich besser in ein Grotto und wartet, bis der Gegenwind abgeflaut ist.

Aber welche Jahreszeit ist nun die beste für die Radtouren im Tessin? Vereinfacht läßt sich es so sagen: für das Sottoceneri der Frühling, für das Sopraceneri der Herbst, für die Berge der Sommer. Auch im Winter kann im Locarnese und vor allem südlich des Ceneri geradelt werden; allerdings sind dann viele Unterkunfts- und Einkehrmöglichkeiten sowie Sehenswürdigkeiten wie Gärten etc. geschlossen. Dafür scheint oft tagelang die Sonne, und die Sicht ist kristallklar. Bis im Juni muß auf der Nordseite der höhergelegenen Regionen mit Schneeresten gerechnet werden.

Der deutschsprachige Wetterbericht der SMA/Meteo Schweiz kann vom Tessin aus unter dieser Telefonnummer gehört werden: 01/162. Ebenfalls auf dieser Nummer im Winter und auf 01/187 im Sommer kann am späteren Vormittag das Wetter in der Schweiz vernommen werden: Die Station Locarno meldet häufiger als die andern Sonne. Schöne Radferien!

Einfahrt

»Daß es von Airolo an hinuntergeht und darum das Radeln zur Freude wird. Kaum waren wir aber ausgestiegen, empfing uns der Föhn. Und was für einer! Ging es ebeneswegs, so mußte man absteigen, weil man gegen solchen Wind nicht aufkam. Ging es ein wenig hinunter, so fuhr man mit knapper Not wie bergauf; und wurde das Gefälle fast senkrecht, so brachte man es endlich mit Mühe auf 20 Kilometer.

Das Gemeine an der Sache war, daß alle Radfahrer, die uns talaufwärts begegneten, mit den Händen in den Hosentaschen die Steigungen erklommen und uns, die wir hinunterrackerten, weidlich auslachten. Ein einziges Mal ließ der Wind für zwei Minuten nach, damit wir merken konnten, wie schön es wäre ohne Föhn. Der Sikki beugte sich über die Lenkstange und nahm die Beine hinten hoch wegen des Luftwiderstandes, und ich glaube, damals hätte er es zu einer Schußfahrt gebracht, aber leider, leider drückte er mit dem Fuß das Schloß hinein, welches eine halbe Sekunde lang mit den Speichen Harfe spielte, aber dann waren die Speichen weg, und der Sikki sank in sich zusammen.

Wie wir nach Tenero gekommen sind, will ich nicht beschreiben: Genau wie Napoleon in Rußland, und das brachte unseren Führer darauf, unterwegs das Beresinalied anzustimmen.«

Klaus Schädelin,
Mein Name ist Eugen,
Zwingli-Verlag, Zürich 1955,
20. Auflage 1988

Die beliebteste Radstrecke des Tessins: von Airolo abwärts in den Süden.

1 Ciao Ticino!

Nufenenpass: Ulrichen – Passo della Novena (2478 m) – Val Bedretto – Airolo

Charakter: Der Nufenenpass ist der höchste ganz in der Schweiz gelegene Straßenpaß. Noch höher ist bloß der Umbrail (2501 m) an der Grenze zu Italien. Mit einer Durchschnittsneigung von 8 Prozent zieht sich die Straße von Ulrichen im Goms auf die Paßhöhe (2478 m), die gleichzeitig auch die höchste, mit dem Rad erreichte Höhe dieses Führers ist. Flachstücke gibt es kaum. Auf dem Paß oben gratuliert uns ein Autofahrer. Nun ist der Weg frei ins Tessin.

Distanz: 39,5 km.
Höhenunterschied: 1130 m Aufstieg, 1340 m Abfahrt.

Zeit:
3½ Std.

Jahreszeit: Straße normalerweise von Ende Juni bis Ende Oktober offen; auf dem Nufenenpass kann es auch mitten im Sommer schneien.

Auf der Paßhöhe oben beginnt das Tessin, und 100 Meter weiter unten entspringt der Tessin. Auf italienisch heißen Kanton und Fluß »il Ticino«. Seit 1969 können wir bequem von ganz oben in das gelobte Land auf der Alpensüdseite hineinrollen: Damals wurde die großzügig ausgebaute Paßstraße zwischen dem Wallis und dem Tessin dem touristischen Verkehr übergeben, der damals eigentlich noch keiner war.

Große wirtschaftliche oder strategische Bedeutung hatte und hat der Nufenenpass nicht. Der nahe Gotthard überwand das Hindernis Alpen an einer einzigen Stelle, während der Nufenen ja bloß über eine Gebirgskette führt, nördlich derer mit den Berner Alpen die nächste Schwelle liegt. Allerdings: Westlich unterhalb des Nufenenpasses verlief jahrhundertelang eine der wichtigen Nord-Süd-Transitrouten, nämlich diejenige vom Berner Oberland über die Grimsel ins Goms und über den Griespass ins Piemont.

Die moderne Nufenenpassstraße, über die wir aus dem Goms in die Val Bedretto radeln, zerstörte auf der Walliser Seite große Teile des historischen Gries-Saumwegs. 1397 hatten sich Städte und Talschaften nördlich und südlich des Alpenkammes über den Paßverkehr auf der Grimsel-Gries-Route geeinigt, 600 Jahre später soll ein neuer Weitwanderweg auf historischen Spuren vom Goms durch die Täler Formazza und Antigorio nach Domodossola hinunterführen.

Neben diesen sanft touristischen Zielen stehen verkehrspolitische Pläne, welche die Val Bedretto nicht nur vom Wallis über den Nufenenpass, sondern auch von Italien über den Passo San Giacomo erschließen wollen. Seit 1927 besteht auf italienischer Seite eine Straße bis zur Schweizer Grenze – nur ein mittlerer Kanonenschuß vom Gotthard entfernt, dem Herz der helvetischen Réduit-Festung im Zweiten Weltkrieg. Begreiflich, daß die Eidgenossen keine Lust zeigten, den möglichen Feinden den Weg hinunter ins Tessin-Tal zu ebnen. Ende des 20. Jahrhunderts arbeitet Italien wieder einmal an dieser inneralpinen Transitroute. Jedenfalls wird die Strecke im Antigorio-Formazza kräftig ausgebaut. Machten die Schweizer mit, hätten die Radfahrer die Möglichkeit, von Süden über einen Alpenpaß ins Nordtessin zu fahren.

Vielleicht ist dies schon heute machbar: Mit einem Mountainbike scheint eine Abfahrt vom Passo San Giocomo ans Ufer des Tessins teilweise möglich. Für den Passo della Novena hingegen genügt ein normales Straßenrad. Und natürlich etwas Kondition und Kraft. Denn wer das Land zwischen der Quelle seines wichtigsten Flusses und der Breggia, dem Fluß aus dem südlichsten Tal der Schweizer Alpen, auf zwei Rädern erkunden will, kann nicht nur dem Lauf des Wassers folgen.

Streckenbeschreibung

Aufstieg: Von der Bahnstation Ulrichen (1346 m) flach zum Weiler Zum Loch, wo der pausenlose Aufstieg durch das Ägenetal beginnt.

Der letzte Antritt kurz vor der Paßhöhe: Rennradlerin am hochsommerlich frisch verschneiten Nufenenpass.

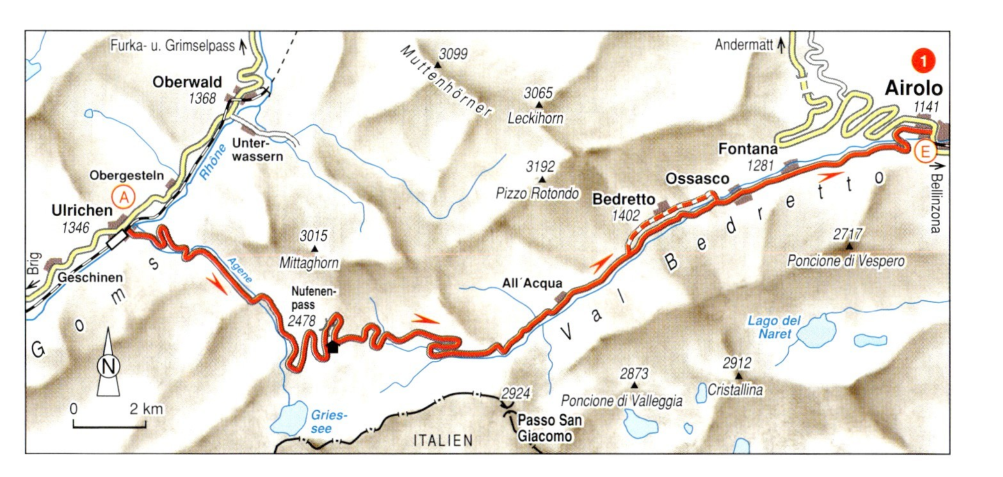

Die Talseiten zweimal wechselnd, steigt die gute Straße ziemlich regelmäßig zur Paßhöhe (2478 m) hinauf.
Abfahrt: Auf der schnellen Straße rasch durch die weiten Kurven nach All'Acqua hinab (1614 m). Unterhalb davon nimmt das Gefälle ab. Durch die Dörfer Ossasco und Fontana nach Airolo (1141 m).

Nützliche Informationen

Ausgangsort: Ulrichen (1346 m) an der Furka-Oberalp-Linie, die Brig im Rhonetal über Andermatt (Anschluß in Göschenen an die Gotthardbahn) mit Disentis im Vorderrheintal verbindet.
Zielort: Airolo (1141 m) am Südportal des Gotthardtunnels.
Streckenlängen: Aufstieg 14,5 km, Abfahrt 25 km.
Unterkunft: In Ulrichen das Hotel Nufenen, Tel. 027/9731644, in Obergesteln das Hotel Grimsel, Tel. 027/9731156. In All'Acqua das Ospizio, Tel. 091/8691185. In Ronco das Hotel Stella Alpina, Tel. 091/8691714. In Bedretto das Orelli, Tel. 091/8691140. Drei Hotels in Airolo.
Einkehr: Raststätte auf dem Paß.
Karten: 265 Nufenenpass; 1250 Ulrichen, 1251 Val Bedretto.
Variante: Statt Ronco, Bedretto und Villa links liegen zu lassen, kann man auch durch die drei Dörfer fahren und zum Beispiel im Ristorante Orelli in Bedretto einkehren, das vor allem für seine Mortadella berühmt ist.
Sehenswertes: Der schrumpfende Blinnengletscher über dem gestauten Griessee. Jenseits des Rhonetals die Spitze des Finsteraarhorns. Die Kirche von Villa, deren Turm eine Spaltecke als Lawinenschutz hat.
Literatur: Dominik Siegrist, Pässespaziergang, Wandern auf alten Wegen zwischen Uri und Piemont, Zürich 1996; viel Hintergrundinformation zum alten Saumweg auf der Walliser Seite des Nufenenpasses. Giovanni Orelli, Der lange Winter; ein atmosphärisch dichter Roman zur Val Bedretto.
Anschlußtouren: *4, 9, 10, 19, 40.*

2 Tor zum Süden

Passo del Lucomagno: Disentis – Curaglia – Val Medel – Lukmanierpass (1972 m) – Acquacalda – Valle Santa Maria – Largario – Ponto Valentino – Valle di Blenio – Acquarossa – Ludiano – Biasca

Charakter: Vom Rhein zum Tessin, von der romanischsprachigen Surselva ins italienschsprachige Valle del Sole, wie das Bleniotal genannt wird. Der Lukmanier ist der tiefste Übergang über den schweizerischen Alpenhauptkamm und die Wasserscheide Nordsee – Mittelmeer: eine bei Auto- und Radtouristen gleichermaßen beliebte, wenig schwierige und gut ausgebaute Strecke vom Norden in den Süden (oder umgekehrt).
Distanz: 59 km, davon 18 km abseits der eigentlichen Paßstraße.
Höhenunterschied: 950 m Aufstieg, 1800 m Abfahrt.
Zeit: 4½ Std.
Jahreszeit: Mai bis November; im Winter und Frühling ist die Straße meistens geschlossen. Am Wochenende und in der Hochsaison ziemlich viel Verkehr; früh am Morgen starten.

Vier Pässe führen von Norden über den Alpenhauptkamm ins Tessin: der Nufenen aus dem Wallis, der Gotthard aus dem Uri sowie der Lukmanier und der San Bernardino aus dem Graubünden. Alle vier Pässe sind attraktive Ziele für Radfahrer.

Der leichteste ist zugleich der schwierigste: vom Dorf Hinterrhein bis San Bernardino Villagio beträgt die wenig steile Strecke bloß 16,5 Kilometer und der Höhenunterschied bloß 450 Meter. Aber beide Paßdörfer liegen nicht an Bahnlinien; mit Start in Thusis und Ziel in Bellinzona ist der östlichste Paß plötzlich 100 Kilometer lang, und der Aufstieg beträgt mehr als 1420 Meter. Verschieben wir deshalb seine Befahrung

Das Lächeln auf der Paßhöhe: Bergradler mit Full-Suspension-Bike auf dem Lukmanier, anläßlich des schweizerischen Alpenbrevets.

auf den Schluß; dann müssen wir zwar von Bellinzona knapp 1900 Meter bis auf die Paßhöhe fahren, doch da die Route vom Transit- und Ausflugsverkehr weitgehend entlastet ist, können wir den Aufstieg durch die Valle Mesolcina trotzdem genießen.

Beginnen wir unsere Fünf-Pässe-Fahrt – zwischen dem Lukmanier und dem Gotthard müssen wir noch zwingend über der Oberalppass (2044 m) radeln – deshalb ganz im Westen mit dem Nufenenpass und dem wohl schwierigsten Aufstieg. Die Straße von Ulrichen auf die Paßhöhe weist mit 8 Prozent nicht nur das größte Durchschnittsgefälle der fünf Paßstraßen auf, sondern steigt auch ununterbrochen an, so daß wir schon etwas außer Atem kommen.

In Airolo beginnt der geschichtsträchtige Aufstieg auf der alten Straße zum Gotthardpass. Wir sind froh, daß wir die Pflastersteine der 24 Haarnadelkurven in der Tremola im Aufstieg erleben. Die Abfahrt nach Andermatt ist dann fast zu kurz.

Der dritte Paß, der Oberalp, verläuft in der größten inneralpinen Längsfurche von Martigny im Rhonetal bis Chur im Rheintal und parallell zum Alpenhauptkamm. Von Andermatt steigt die breite Straße gleichmäßig mit 6,7 Prozent in die weitläufige Paßlandschaft hinauf. Der zahnradbetriebene »Glacier-Express« von Zermatt nach St. Moritz braucht 25 Minuten, wir mindestens das Doppelte oder noch ein paar Minuten mehr. Während dieser Zug oben nicht hält, werden wir schon kurz stoppen, bevor wir die rassige Abfahrt nach Disentis beginnen.

Spätestens um die Mittagszeit sollten wir mit dem Aufstieg auf den Lukmanier beginnen, denn die Reise vom Vorder- zum Hinterrhein via Tessin ist noch lang. Wenn wir Glück haben, hilft uns ein Fallwind, Biasca am Schnittpunkt der drei Täler Blenio, Leventina und Riviera zu erreichen. Häufig müssen wir uns aber bei der Abfahrt vom Lukmanier einem kräftigen Südwind entgegenstellen. Von Biasca ist es nicht weit zur Drei-Burgen-Stadt Bellinzona. Wie schon erwähnt: Die Rückkehr von dort auf die Alpennordseite, die mit der Schußfahrt durch

die berühmt-berüchtigte Via Mala endet, kann nicht als Spazierfahrt bezeichnet werden. Hier die Übersicht:

	Distanz	Aufstieg	Abfahrt
Nufenen Ulrichen–Airolo	39,5 km	1130 m	1340 m
Gotthard Airolo–Andermatt	25,5 km	970 m	670 m
Oberalp Andermatt–Disentis	32 km	610 m	910 m
Lukmanier Disentis–Biasca Biasca–Bellinzona	59 km 24 km	950 m	1800 m 70 m
S. Bernardino Bellinzona–Thusis	100 km	1890 m	1420 m
Ulrichen–Thusis	**280 km**	**5550 m**	**6210 m**

In Ponto Valentino, das in der von der Lukmanierstraße erschlossenen Valle di Blenio liegt, haben wir rund die Hälfte der Strecke gemacht. Genau hier sinkt sie erstmals unter 1000 Meter, und am Straßenrand wachsen die ersten Reben.

Streckenbeschreibung

Disentis – Cuolm Lucmagn: Vom Bahnhof Disentis (1130 m) kurz hinauf ins Dorf und nach links. Hinunter zur Brücke (1075 m) über den Vorderrhein. Der Aufstieg durch die Schlucht des Medelser Rheins nach Curaglia (133 m) ist gleich die happigste Steigung (bis 10 Prozent) und wegen der drei Tunnels, wovon einer knapp 0,5 km lang ist, bei viel Verkehr nicht sehr angenehm zu befahren.

Nach Curaglia beginnt der ruhige Aufstieg

Die Arbeit im Talgrund: Einwohner von Dongio beim frühmorgendlichen Mähen in der Valle di Blenio.

durch die Val Medel; einzig vor Pardatsch, der zweitobersten Siedlung, und in den beiden letzten Haarnadelkurven auf der Höhe der Staumauer ist die Straße spürbar steiler. Durch die Lawinengalerie zum Kulminationspunkt (1972 m) des Lukmaniers und zum Hospiz (1914 m).

Passo del Lucomagno – Biasca: Vorbei am Naturschutzzentrum von Acquacalda und am Langlaufzentrum Campra durch die Valle Santa Maria bis in die Steilstufe zur Valle di Blenio. In der Haarnadelkurve (1059 m) von Larescia, die sich südlich oberhalb Olivone befindet, verläßt man die breite Paßstraße. Auf einer schmalen Teerstraße mit zwei kleineren Gegensteigungen zur zweiten Verzweigung. Links über Largario auf die wiederum breite Straße, die über Ponto Valentino und Prugiasco nach Acquarossa (528 m) sinkt.

Auf der Paßstraße nach Dongio und am Ausgang des Dorfes auf dem Radweg nach Motto. Rechts über den Brenno und auf der wenig befahrenen Straße auf der rechten Talseite über Ludiano und Semione zurück auf die Lukmanierstraße. Durch Biasca hindurch zum Bahnhof (293 m).

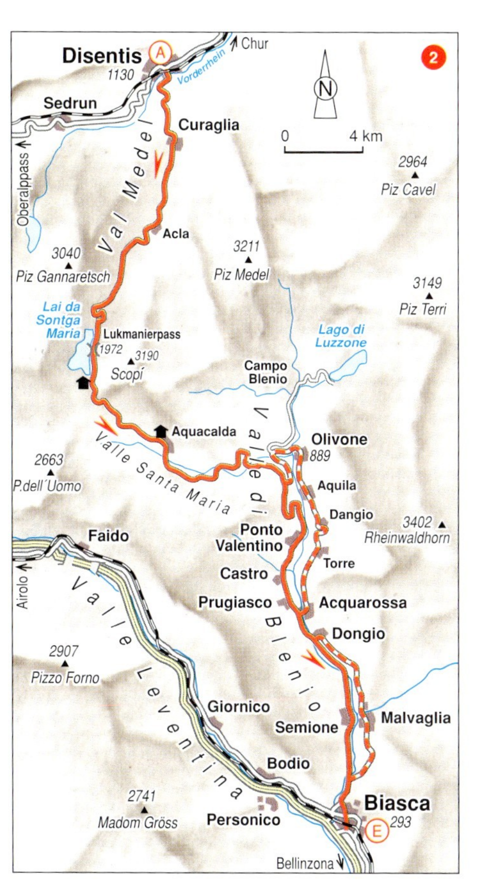

Nützliche Informationen

Ausgangsort: Disentis (1130 m) an der Bahnlinie Chur–Ilanz; von Disentis führt die Linie weiter über den Oberalppass nach Andermatt.

Zielort: Biasca (293 m) an der Gotthardstrecke.

Streckenlängen und Höhenunterschiede: Disentis – Cuolm Lucmagn 20 km, 900 m Aufstieg und 130 m Abfahrt; Passo del Lucomagno – Biasca 39 km, 50 m Aufstieg und 1670 m Abfahrt.

Unterkunft: Bike & Sleep-Hotel Bellavista in Disentis, Tel. 081/9475273. Hotels in Curaglia. Hospezi »Santa Maria« auf dem Passo del Lucomagno, Tel. 081/9475134. Bike-Hotel Acquacalda sowie Camping Ai Cembri in Acquacalda, Tel. 091/8722610. In Olivone: Olivone e Posta, Tel. 091/8721366; Osteria Centrale 091/8721107. Weitere Hotels in Acquarossa, Dongio und Malvaglia. Camping in Acquarossa, Tel. 091/8711603.

Einkehr: In den meisten Dörfern unterwegs und auf der Paßhöhe; mehr Tips bei *Tour 5*.

Karten: 256 Disentis, 266 Valle Leventina; von der 1:25000-Karte braucht es fünf Blätter.

Variante: Immer auf der Hauptstraße bleiben, also durch Olivone, den wichtigsten Ort, und Malvaglia, den größten Ort der Valle di Blenio fahren; 2,5 km länger, mehr Verkehr, dafür bessere Straßen (man vermeidet so die Abfahrt auf dem Sträßchen über Largario nach Ponto Valentino).

Sehenswertes: Der Vegetationswechsel vom Gletscherhahnenfuß zu den Palmen.

Anschlußtouren: *4–11.*

3 Berge und Burgen

Passo del San Bernardino: Thusis – Via Mala – Andeer – Splügen – Hinterrhein – Paßhöhe (2065 m) – San Bernardino – Mesocco – Grono – Bellinzona

Charakter: Einer der klassischen Alpenpässe: die Untere oder Italienische Straße vom deutsch- ins italienischsprachige Graubünden und zuletzt ins Tessin. Härtestes Teilstück ist gleich zu Beginn die Via Mala, und auch der Aufstieg ins Rheinwald verlangt viel Muskelarbeit. Die eigentliche Paßstraße von Hinterrhein nach San Bernardino Dorf dagegen ist perfekt: gleichmäßige Neigung, harmonische Kurven, ruhiger Belag. Die Abfahrt durch die Valle Mesolcina erfolgt bis Soazza auf der guten alten, kurvenreichen Talstraße und dann bis Grono auf geteerten Landwirtschaftssträßchen. Zuletzt auf und neben der Hauptstraße nach Bellinzona.

Distanz: 100 km.
Höhenunterschied: 1420 m Aufstieg, 1890 m Abfahrt.

Zeit: Thusis – Splügen 2½ Std., Splügen – Bellinzona 4½ Std.

Jahreszeit: Wenn die Paßstraße geöffnet ist, also normalerweise Juni bis Oktober. Häufig starke Winde auf dem San Bernardino, und oft heftiger Gegenwind bei der Fahrt durchs Misox.

Der Passo del San Bernardino wurde schon zur Bronzezeit wegen seiner leichten Zugänglichkeit und seinem fast hindernislosen Gelände genutzt. Fahrradfahrer mit ihren Metall- oder Kunststoffgeräten schätzen den Paß aus den gleichen Gründen. Weil seit 1967, als der 6,6 Kilometer lange San-Bernardino-Tunnel eröffnet wurde, eine Autobahn den starken Transitverkehr aufnimmt, gehört die alte Paßstraße etwas mehr denjenigen, die sich lautlos fortbewegen. Und sie tun dies, wenigstens auf dem eigentlichen Paßübergang von Hinterrhein ins Dorf San Bernardino, auf einer Straße, die ihresgleichen sucht: Elegant und perfekt dem Gelände angepaßt schraubt sie sich sanft ansteigend in die weite Paßhöhe hinauf, und auf der andern Seite sinkt sie in gut überschaubaren Kurven nach Süden hinunter. Solche Harmonie von Straßenbau und Landschaft zieht natürlich auch den Ausflugsverkehr an, weshalb die sportlichen Nord-Süd-Reisenden nicht alleine sind. Überhaupt werden sie auf der ganzen Strecke von Thusis nach Bellinzona immer wieder optisch und akustisch daran erinnert, daß der San Bernardino die kürzeste Autobahnverbindung zwischen dem Bodenseegebiet und Mailand ist.

Schlüsselstelle des Übergangs über den Alpenhauptkamm ist immer die Via Mala südlich von Thusis, die furchterregende Schlucht des Hinterrheins, gewesen. Da hinein einen gangbaren Weg zu legen war nie leicht gewesen. 1996 kamen zwei neue Routen hinzu. Einerseits der Autobahntunnel von Thusis nach Rongellen, wodurch die alte Straße durch das Verlornen Loch, den unteren Teil der Via Mala, motorfahrzeugfrei wurde. Andererseits der neue Wanderweg »Veia Traversina«, der dem römischen Hauptweg folgt und diesen dank einer modernen Holzbrücke über das Traversiner Tobel wieder zugänglich macht; er verbindet die Burg Hohenrätien mit dem Kiosk in der oberen Schlucht, wo Touristen in die düstere Tiefe steigen, während die Radfahrer dem Süden entgegenkeuchen.

Die Via Mala, auf deutsch »der schlechte Weg«: Ihn galt und gilt es begeh- und befahrbar zu machen – und gleichzeitig zu sichern. Burgen bei den beiden Eingängen zeugen davon; die spektakulärste ist Hohenrätien, die auf einem Felsvorsprung oberhalb Thusis und der Schlucht thront. Noch mächtiger ist das Castello Mesocco, das auf einem Hügel in einer Verengung der Valle Mesolcina erbaut wurde: Die mittelalterliche Burgruine beherrscht noch immer den Zugang von Süden zum San Bernardino. Mit einem Mountainbike kann man den kurzen Schotterweg hochfahren und ist plötzlich in einer anderen Welt. Von der luftigen Zinne blickt man auf die ehemalige »Kommerzialstraße«, auf der moderne Saumwägelchen und Post-

Wuchtige Talsperre in der Valle Mesolcina: das Castello Mesocco, das die Route über den San Bernardino bewachte.

kutschen unentwegt vorbeidonnern. Weiter unten, wo die Mesolcina flach gegen das Tessintal ausläuft, bleibt der Blick der radelnden Fernfahrer vielleicht am Turm hängen, der auf einem Vorsprung 380 Meter oberhalb des Dorfes Roveredo steht. Darüber türmt sich die Talflanke knapp zwei Kilometer hoch in den südlich blauen Himmel.

In der Via Mala verengt sich der Horizont zu einem schmalen Spalt. Im Schams öffnet sich die Landschaft etwas. Das gleiche Gefühl von Befreiung stellt sich bei der Fahrt aus der Roflaschlucht ins Rheinwald ein. Während man am hochaufragenden Einshorn vorbeirollt, sieht man hinten den Firn des Rheinquellhorns leuchten. Dann das weite Gelände auf dem Paß, von wo man in rasanter Fahrt in den Süden abtaucht: Eben war man noch bei den Alpenrosen, und schon fährt man den Palmen und Reben entgegen, während unbekannte Gipfel immer noch fast 3000 Meter erreichen. In Bellinzona, dem burgenbewehrten Sperriegel gegen Norden und Einfallstor nach Süden, sind wir nur noch 30 Meter oberhalb des tiefsten Punktes der Schweiz. In der Bar »700°« an der Piazzella Mario della Valle am Fuß des Castel Grande trinken wir eine gazosa, auf deren Flasche wir das Kastell ebenfalls sehen. Seine Ursprünge reichen in die Steinzeit zurück.

Streckenbeschreibung

Thusis–Splügen: Vom Bahnhof Thusis (697 m) südwärts und hinauf zu den Kreuzungen am Südrand des Dorfes. Hinein in die Via Mala: Bis Rongellen folgt man der alten, seit Herbst 1996 weitgehend verkehrsfreien, ehemaligen Kantonsstraße (heute ist Kantonsstraße, was bisher Autobahn war; die A13 ihrerseits wurde in einen Tunnel verlegt), die man im oberen Teil der Schlucht wieder mit dem Ausflugsverkehr teilt. Nach Zillis und Andeer, Zentrum des Schons; durch das hübsche Dorf hindurch und weiter auf der Kantonsstraße über

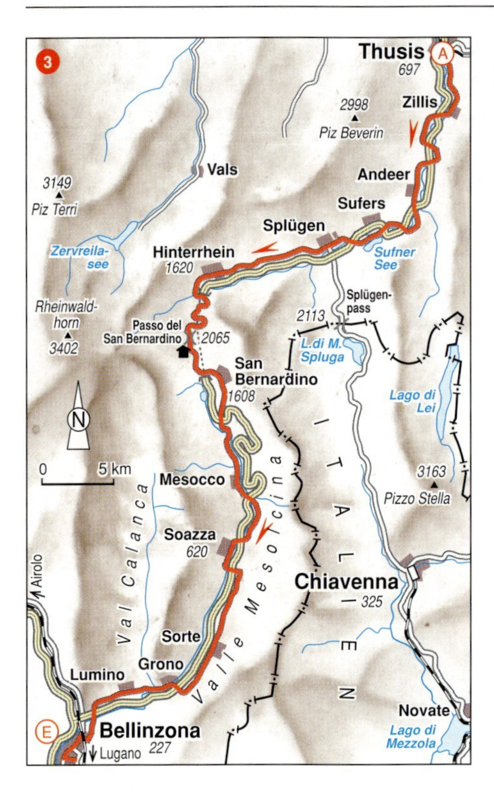

Bärenburg zum Eingang der Roflaschlucht. Durch den Engpaß zum Staudamm des Sufner Sees und nach Sufers. Ohne groß anzusteigen erreicht die alte Straße, mehrheitlich in der Nähe der Autobahn bleibend, Splügen (1457 m).

Splügen – Passo San Bernardino – Mesocco: Die Weiterfahrt durch das Rheinwald bringt den Radlern nur wenig Spaß, da ihre Route weitgehend der A13 folgt. Neben dem Nordportal des San-Bernardino-Straßentunnels in Hinterrhein (1612 m) beginnt die geruhsame Fahrt auf der durchschnittlich 5 Prozent geneigten Straße über den San-Bernardino-Pass (2065 m). Durch das Dorf San Bernardino (1608 m) hindurch, Gegenaufstieg zu einer Kuppe (1662 m), wo die rassige Abfahrt auf der alten, ebenfalls gut ausgebauten und kaum benützten Straße durch das Misox in den Hauptort Mesocco (790 m) fortgesetzt wird.

Mesocco–Bellinzona: Unterhalb Mesocco passiert man die wuchtige Burganlage. Gut 1,5 Kilometer nach der Abzweigung für Soazza, beim Punkt 538 Meter, zweigt links ein Sträßchen ab, das über die Moesa und die Autobahn in den Weiler Fordecia führt (Wegweiser des Radweges nach Grono). Das gut geteerte und gut autobreite Sträßchen über- und unterquert in der Folge nochmals die Autobahn, doch danach bleibt man immer links von ihr, auch wenn der Radweg eine andere Routenführung vorschlägt. Allerdings: Unterhalb des Weilers Sorte (den man geradeaus durch- und nicht rechts umfährt!) trifft man nach schneller Abfahrt auf eine kurze ungeteerte Strecke; um diese zu vermeiden, bremst man stark ab und macht einen kurzen Umweg rechts der Autobahn. Auf der Höhe von Grono, wenn links eine Stichstraße zu einem Elektrizitätswerk führt, fährt man rechts über die Moesa und die A13 ins Dorf Grono. Auf der Hauptstraße nach San Vittore: nach der Rechtskurve beim Friedhof die nächste (schmale) Gasse links nehmen, gleich bei einem Restaurant. Entlang den Geleisen der nicht mehr regelmäßig verkehrenden Bahn (sie führte 1909 bis 1972 bis Mesocco): zuerst rechts, bei einer Kapelle links und bei Industriegebäuden rechts zurück auf die Hauptstraße. Auch im nächsten Dorf Lumino lohnt sich nochmals der Abstecher auf eine Nebenstraße: beim Wegweiser zum Motel Lumino zu Beginn des Dorfes nach links, aber dann gleich wieder rechts; auf schmaler Teerstraße über die Ebene, an einer Kapelle vorbei. Zuletzt wieder auf die Hauptstraße. Auf ihr Richtung Bellinzona bis Arbedo, wo rechts die Straße von Gorduno einmündet. Dort beginnt der Radweg nach Locarno und Ascona. Ihm folgt man durch die Außenquartiere von Bellinzona bis in die Via Mirasole, biegt aber nach dem Stadio comunale links in die Via Vincenzo Vela ein. Sie zieht direkt zur Piazza del Sole am Fuß des Castel Grande. Zuletzt durch den Viale Stazione hinauf zum Bahnhof Bellinzona.

Nützliche Informationen

Ausgangsort: Thusis (697 m) an der Linie Chur – St. Moritz der Rhätischen Bahn.
Zielort: Bellinzona (227 m). Direkte Postautos zwischen Chur und Bellinzona.
Streckenlängen und Höhendifferenzen: Thusis – Splügen 26 km, 760 m Aufstieg;

Stillgelegte Talverbindung durchs Misox: Bei der Kapelle in der Ebene von San Vittore verkehren nur noch unregelmäßig Züge.

Splügen – Hinterrhein 10 km, 160 m Aufstieg; Hinterrhein – San Bernardino Villaggio 16,5 km, je 450 m Aufstieg und Abfahrt; San Bernardino Villaggio – Bellinzona 47,5 km, 50 m Aufstieg, 1430 m Abfahrt.
Unterkunft: In vielen Dörfern unterwegs. In Thusis Hotels, Jugendherberge und Zeltplatz; Verkehrsverein Tel. 081/6511134. Klassisch das Hotel Bodenhaus in Splügen Tel. 081/6509090; hier auch Zeltplatz; Verkehrsverein Tel. 081/6509030. In San Bernardino Villaggio Hotels und Zeltplatz; Ente Turistico, Tel. 091/8321214. In Bellinzona: vgl. Einleitung zum Kapitel *»Bellinzonese«*.
Einkehr: In den meisten Dörfern unterwegs und auch im Ospizio auf der Paßhöhe, wo ebenfalls übernachtet werden kann, Tel. 091/8321116.
Karten: 257 Safiental, 267 San Bernardino, 277 Roveredo, 276 Val Verzasca.
Variante: Mit dem Postauto bis Splügen (1457 m) oder gar bis Hinterrhein (1612 m), wo die eigentliche Paßstraße beginnt; einzelne Kurse fahren im Sommer und Frühherbst auch über den Paß, so daß die Fahrt auch dort oben begonnen werden könnte. Unbedingt vorher anfragen, ob Platz für das Rad ist; Postautodienste Thusis, Tel. 081/6511185. Bei der Fahrt durch die untere Mesolcina muß nicht auf die Landwirtschaftssträßchen ausgewichen werden; man kann auch immer auf der Hauptstraße bleiben.
Sehenswertes: Die Kirche von Zillis mit der weltweit einzigartigen Deckenmalerei aus dem 12. Jahrhundert. Das Walserdorf Splügen mit den Steinpalästen und den Holzhäusern. Die Kuppelkirche Rotonda in San Bernardino mit dem Steinplattendach.
Literatur: Ursula Bauer, Jürg Frischknecht, Grenzschlängeln. Zu Fuß vom Inn an den Genfer See, Rotpunktverlag, Zürich 1995. Wahrscheinlich das beste Wanderbuch zur Schweiz; das Kapitel zum Misox ist überschrieben mit »Keine Bahn, nur Autowahn«.
Besonderes: Von 1998 an soll der San-Bernardino-Tunnel während drei Jahren restauriert werden; in dieser Zeit wird mit Ausnahme der schweren Brummer der gesamte Verkehr über die Paßstraße geleitet.
Anschlußtouren: *11–16, 27, 38.*

Biasca und die Tre Valli

Biasca im Schnittpunkt der drei Täler Leventina, Riviera und Blenio war der letzte Etappenort auf unserer viertägigen Radreise von Bern über die Pässe Grimsel und Nufenen nach Locarno. Auf der 262 Kilometer langen Fahrt mit 2800 Höhenmetern im Aufstieg holten wir uns das nötige Sitzleder für viele Stunden Kino. Ausgeruht wollten wir am Eröffnungstag des Filmfestivals in Locarno eintreffen. Deshalb suchten wir in Biasca eine Bleibe und fanden zufällig das »Olimpia« an der Via Lucomagno. Signora Pini aus dem angesehenen Geschlecht der Pini führte das kleine Hotel. Ein paar Zimmer mit dem nötigen, aber nicht mit allem Komfort. Im »Olimpia«, so erzählte uns die Signora, sei nach Ende des Zweiten Weltkrieges bis Mitte der achtziger Jahre das Kino von Biasca gewesen, im jetzigen Gemeinschaftssaal. Man habe sogar einen schwenkbaren Projektor gehabt, um auch draußen im Garten Filme zu zeigen; nach der Pause, wenn die Damen leicht gefröstelt hätten, habe man die zweite Hälfte des Films im Saal gezeigt. Ob wohl auch mal der Italo-Klassiker »Ladri di biciclette« auf dem Programm stand?

Biasca, das Tor zum Süden an zwei wichtigen Alpenpässen: an dem schon von den Römern benützten Lukmanier und am Gotthard, dem seit dem Mittelalter wichtigsten Übergang über das Hindernis der Alpen. Seit der Eröffnung der Gotthard-Autobahn im Jahre 1986 ist die alte Kantonsstraße von Airolo durch die Leventina hinunter nach Biasca die beliebteste Radstrecke des Tessins geworden; Dutzende von Mieträdern transportiert die Bahn an schönen Tagen jeweils zurück zum Gotthard-Südportal.

Deutlich weniger Radverkehr weist die Valle di Blenio auf, obwohl es zwischen Dangio und Motto gar einen markierten Radweg von 2 km Länge gibt... Die von 1911 bis 1973 betriebene Schmalspurbahn von Biasca nach Acquarossa wird wohl kaum wieder reaktiviert; aber vielleicht wird es einmal möglich sein, die Räder ohne Mühe in den Blenio-Bus zu verladen. Dann könnte man, vielleicht sogar vom Passo del Lucomagno, mühelos talauswärts in den Süden rollen. Nun startet man halt jeweils in Biasca zur Radtour oder nächtigt im sonnenverwöhnten Tal. Folgendes ist auch möglich: Man radelt durch die Valle di Blenio bis Olivone (889 m) oder legt die Strecke mit dem Bus zurück und mietet bei Mannhard-Sport ein Bike (Tel. 091/8721450). Durch den langen Tunnel (man kann auch auf dem atemberaubenden und kräftezehrenden Saumweg durch die Sosto-Schlucht vorankommen) gelangt man nach Campo Blenio und Ghirone, wo das Grotto Osteria Greina liegt, das im Sommer an jedem Sonntag eine Bike-Tour organisiert (Tel. 091/8721833).

Wir wählten im Sommer 1996 einen anderen Ort. Wir mieteten ein Ferienhaus in Dongio im mittleren Blenio-Tal. Schön flach ist hier das Tal, ideal zum Radfahren mit Kindern, mit denen wir zum Baden an den Brenno fuhren. Biasca selbst eignete sich natürlich ebenfalls bestens für eine Radwoche in den Tre Valli.

Nützliche Informationen

Unterkunft: In Biasca: Bike & Sleep Hotel al Giardinetto, Tel. 091/8621771; Bike-Hotel Nazionale, Tel. 091/8621331; Olimpia, Tel. 091/8621366; Ostello Comunale, Tel. 091/8623327. Weitere Unterkünfte in Biasca und den Tre Valli, insbesondere auch Ferienwohnungen, in der guten Übersicht »buonanotte – ospitalità in Alto Ticino«; erhältlich bei den Verkehrsvereinen.

Einkehr: Fast ein Muß der Besuch der berühmten Grotti von Biasca; an lauen Sommerabenden herrscht dort eine ausgelassene Stimmung.

Karten: Radkarten für die Tre Valli sind nicht erhältlich. In der Faltblatt-Broschüre »Ticino Bike – itinerari ciclabili« gibt es die beiden Blätter »Leventina« und »Biasca e Riviera, Blenio«.

Radverleih: Am Bahnhof von Biasca sind

Die kurvenreichste Anreise nach Biasca: Abfahrt von Bitanengo nach Bodio in der unteren Leventina (Tour 9).

leider nur Citybikes mit sieben Gängen mietbar, Tel. 091/8621141. Mountainbikes können im Velotel al Giardinetto in Biasca gemietet werden.
Radgeschäfte: In Biasca: Mario Bernardini an der Via Lugano 9, Tel. 091/8623838; Cicli Caccialanza, Tel. 091/8621216.
Sehenswertes: Die aus dem 11. Jahrhundert stammende romanische Stiftskirche SS. Pietro e Paolo in erhöhter Lage oberhalb des alten Dorfteiles von Biasca.
Besonderes: Biasca ist Station der Gotthard-Schnellzüge; die Intercity- und Eurocity-Züge halten nicht – deshalb bei der Anreise von Norden bereits in Arth-Goldau umsteigen.
Auskunft: Ente turistico Biasca e Riviera, 6710 Biasca, Tel. 091/8623327, Fax 091/8624269. Ente turistico Blenio, 6716 Blenio, Tel. 091/8711765, Fax 091/8712545. Ente turistico Leventina, 6760 Faido, Tel. 091/8661616, Fax 091/8662329.

4 Urgestein herzhaft

Schweizerisches Alpenbrevet:
Paßfahrten rund
um den Gotthardpass

Charakter: Ein Muß für alle ambitionierten Radfahrer: Das Alpenbrevet, das der Schweizerische Rad- und Motorfahrerbund SRB jeweils anfangs September rund um den patriotischen Gotthardpass veranstaltet. Auf vier verschiedenen Strecken überqueren die 2000 bis 3000 mutigen Teilnehmer drei bis vier Pässe; am schönsten ist die hier beschriebene Mountainbike-Route, weil sie fast ganz abseits der stark befahrenen Paßstraßen verläuft. Als Devise gilt immer: Mitmachen ist wichtiger als gewinnen.

Distanz: Mindestens 100 km; MTB-Strecke 100 km.

Höhenunterschied: Mindestens 3100 m; MTB-Strecke 3200 m.

Zeit: Je nach Strecke 11 bis 13 Fahrstunden; 1996 erhielten auch diejenigen MTB-Fahrer, die nach Kontrollschluß um 18 Uhr eintrafen, die begehrte Auszeichnung.

Jahreszeit: Jeweils anfangs September. Natürlich kann der Rundkurs auch außerhalb der Veranstaltung absolviert werden.

Die ersten Teilnehmer am Alpenbrevet starten jeweils schon im Morgengrauen, die letzten treffen am Ausgangsort ein, wenn es schon wieder dunkel ist, und manchmal sind es die gleichen. 13 Stunden – den Mountainbikern 1996 gar nur elf Stunden – stehen zur Verfügung, um über die Pässe im Gotthard-Gebirge zu radeln, und manche Sportler brauchen noch ein wenig länger, wenn die Kondition schwächer, Kälte und Wind stärker werden. Erschöpft rollen die meisten Radler ins Ziel, und trotzdem notieren sie die nächste Austragung der vom Schweizerischen Rad- und Motorfahrerbund organisierten Breitensport-Veranstaltung. Sie wollen wieder dabei sein, leiden und mitleiden, und einfach noch ein bißchen mehr trainieren im nächsten Jahr, vielleicht noch ein besseres Rad anschaffen und ganz sicher noch besser auf die Ernährung achten, damit der Hungerast einen nicht kurz vor der Paßhöhe einholt.

Seit 1978 wird das Alpenbrevet durchgeführt, seit 1992 gibt es auch eine eigene Strecke für Mountainbiker. Laut SRB-Programm führt sie über fünf Pässe, wobei zwei, nämlich der Lukmanier- und der Oberalppass, eigentlich gar nicht überquert werden, da man von noch höheren Pässen zu ihnen hinabfährt. Bleiben also noch drei Pässe, die es zu überwinden gilt: der Gotthard, der Uomo und der Tiarms. Doch zwischen die beiden letzten Pässe stellt sich noch die Anhöhe von Stagias zwischen der Val Medel und dem Vorderrheintal, und dieser überraschende Gegenanstieg ist schon manchen Teilnehmern böse in die Beine gefahren. Auch der letzte Aufstieg zum Pass Tiarms, wo das Rad über einen sehr steilen Pfad geschoben und getragen werden muß, erfordert nochmals alle Energie. Doch dann

Der Lohn: Wer eine der Alpenbrevet-Strecken beendet, erhält eine Auszeichnung.

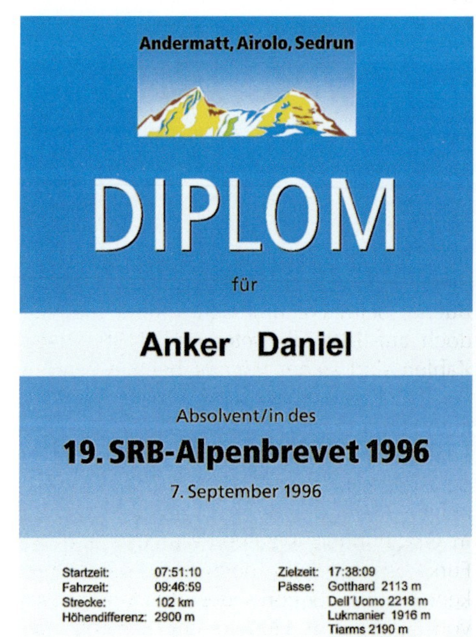

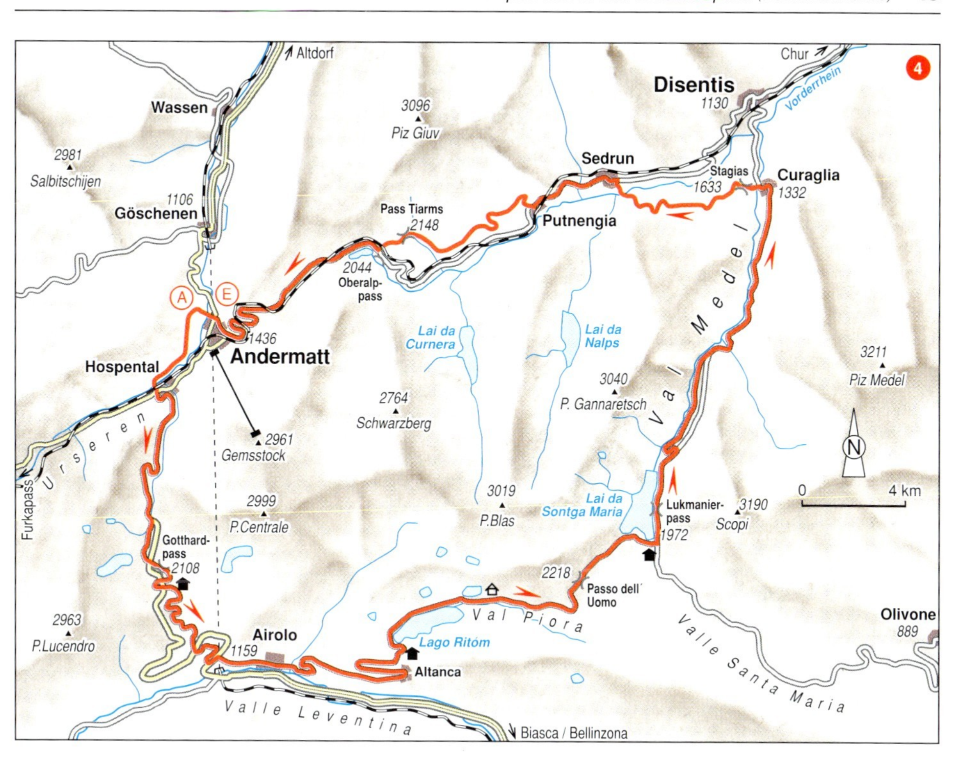

erfolgt die Abfahrt über die breite Oberalpstraße nach Andermatt, in der Sonne, die sich eben anschickt, hinter dem Furkapass zu verschwinden.

Straßenfahrer können zwischen drei verschiedenen Strecken wählen: die schwierigste führt über die vier Pässe Oberalp, Lukmanier, Nufenen und Furka (212 km, 4720 m Höhendifferenz), die kürzeste über Gotthard, Nufenen und Furka (104 km, 3098 m Höhendifferenz). Laut Programm von 1996 schlägt die Mountainbike-Strecke mit 102 Kilo- und 2900 Höhenmetern zu Buche; beim Nachmessen kommt man jedoch auf 100 Kilometer und 3190 Meter. Zahlen sind sicher wichtig beim Alpenbrevet. Doch was ebenso zählt unterwegs: die gute Stimmung unter den Teilnehmern; das Erfahren verschiedener Kulturen mit dem deutschsprachigen Uri, dem italienischsprachigen Tessin und der romanischen Surselva in Graubünden (wer den Nufenen und die Furka macht, lernt noch kurz das Wallis kennen); das Erlebnis des Wasserschlosses von Europa im Herzen der Schweiz mit Reuss, Ticino, Rhein und eventuell noch der Rhone. Drei bis vier Pässe, Kantone, Sprachen und Flüsse an einem langen Tag – dafür lohnt es sich schon, früh aufzustehen.

Streckenbeschreibung

Andermatt–Airolo: Vom Bahnhof Andermatt (1436 m) kurz Richtung Dorf und links. 150 Meter nach dem Bahnübergang wieder links über andere Gleise, dann rechts, unter der Autoumfahrung durch und über die Reuss. Immer nördlich des Flusses, zuletzt über einen Hügel, nach Hospental. Durchs Dorf hindurch, die Paßstraße überqueren und links in den alten Saumweg einbiegen (gegenüber der Abzweigung nach Realp). Er führt in drei Kehren zur Paßstraße hoch. Auf ihr bis zum Brüggloch, wo man rechts auf der alten, gepflasterten Paßstraße zum Passo del Gottardo (2108 m) weiterfährt. Flach zum Hospiz. Durch die 24 Haarnadelkurven der Tremola hinab und weiter auf der alten Paßstraße nach Airolo (1159 m).

Airolo–Curaglia: Nach der Einmündung der Straße, die vom Bahnhof Airolo heraufkommt, links in die Nebenstraße einbiegen,

Die Anstrengung: Mountainbiker oberhalb des Lago Ritóm am weiten Weg zum Passo dell'Uomo.

die leicht ansteigend in den Ortsteil Valle führt. Bei der Kirche rechts, bei der ersten Haarnadelkurve auf dem schmalen Wanderweg geradeaus hinunter zu einer Brücke (ca. 1140 m). Auf dem Weg nach Madrano und auf dem geteerten Sträßchen über Brugnasco und Altanca zum gestauten Lago Ritóm. Auf dem nicht asphaltierten Sträßchen am nördlichen Ufer entlang, hinauf zur San-Carlo-Kapelle, zum Lago Cadagno und unterhalb der gleichnamigen Hütte vorbei in die Val Piora. Ein Wanderweg zieht nun direkt in den Passo dell'Uomo hinauf. Die Bike-Route folgt dem bis auf ein paar Abschnitte gut fahrbaren, breiten Alpweg bis zur Weggabelung (ca. 2250 m) unterhalb des Passo delle Colombe. Nordwärts hinab auf den Piano dei Porci und hinauf in den Passo dell'Uomo (2218 m). Auf der Abfahrt durch die Val Termine zum Lukmaniersee müssen die Räder auf ca. 1 Kilometer geschoben werden; nur ausgezeichnete Fahrkünstler schaffen den bachbettähnlichen Weg ohne abzusteigen. Vom Talausgang auf gutem Natursträßchen zum Hospiz (1914 m) des Passo del Lucomagno. Nordwärts durch die Galerie zur eigentlichen Paßhöhe (1972 m). Kurz nach der zweiten Haarnadelkurve links zur Talstation einer Seilbahn. Nun 4 Kilometer auf einem Schottersträßchen unterhalb der modernen Paßstraße (man darf natürlich auch diese benützen) in den Weiler Sogn Gions und wieder auf der Autostraße nach Curaglia. Im Dorf scharf links Richtung Mutschnengia und hinab auf die Brücke (ca. 1270 m) über den Medelser Rhein.

Curaglia–Sedrun–Andermatt: Auf einem schön geteerten Sträßchen zur Stagias-Höhe (1633 m). Abfahrt in der Nordflanke des Vorderrheintales, auf Schotter- und Asphaltsträßchen und zwei Tobel querend, über Cavorgia zur Brücke (1286 m) über den Nalpser Rhein. Hinauf gegen den Weiler Surrein und über eine Brücke nach Sedrun (1406 m). Auf der Oberalpstraße nach Rueras beim Dorfausgang, nach einer Brücke, zweigt rechts ein geteertes Sträßchen nach Mulinatsch und Milez ab. Die originale Alpenbrevet-Route folgt aber noch weiter der Oberalpstraße bis Putnengia: nach der Talstation eines Sesselliftes rechts, unter den Bahngeleisen hindurch, dann gleich links. Auch die nächste Abzweigung nach rechts sein lassen und auf einem Weg, den sehr konditionsstarke Fahrer durchaus schaffen, hinauf gegen Mulinatsch, wo man auf das erwähnte Teersträßchen kommt (P. 1687 m). Auf ihm nach Milez und auf einem Schottersträßchen in die Val Val. Von der Brücke (1970 m) müssen die Räder auf einem steilen Pfad auf den Pass Tiarms (2148 m) geschoben bzw. getragen werden. Auf einem Schottersträßchen gegen den Oberalppass und auf der breiten Paßstraße zurück nach Andermatt. Uff …

Nützliche Informationen

Ausgangs- und Zielort: Andermatt (1436 m) an der Bahnlinie Brig–Furka–Oberalp–Disentis–Chur sowie erreichbar von Göschenen an der Gotthardstrecke.

Streckenlängen und Höhenunterschiede: Gotthardpass von Andermatt nach

Airolo/Madrano 25 km, 720 m Aufstieg und 1010 m Abfahrt; Passo dell'Uomo von Airolo/Madrano nach Curaglia 42 km, 1250 m Aufstieg und 1120 m Abfahrt; Stagias von Curaglia nach Surrein/Sedrun 8 km, 360 m Aufstieg und 350 m Abfahrt; Paß Tiarms von Surrein/Sedrun nach Andermatt 25 km, 860 m Aufstieg und 710 m Abfahrt.

Unterkunft: Zahlreiche Hotels und Touristenunterkünfte in 6490 Andermatt; Verkehrsverein, Tel. 041/8871454; empfehlenswert das Hotel Schlüssel, Tel. 041/8887088. Wer die MTB-Tour außerhalb der SRB-Veranstaltung macht, findet folgende Unterkünfte: auf dem Gotthardpass *(vgl. Tour 40)*, auf dem Lukmanierpass *(vgl. Tour 2)*, in den Dörfern Airolo, Curaglia, Sedrun und Rueras sowie im Ristorante bei der Staumauer des Ritómsee, Tel. 091/8681424, und in der Capanna Cadagno SAT (1986 m), immer offen, im Sommer bewirtschaftet, Tel. 091/8681323.

Einkehr: Die Verpflegung unterwegs wird organisiert; für die MTBler in Andermatt, Airolo, Lukmanierpass und Sedrun. Trotzdem empfiehlt es sich, zusätzliche, auf die eigenen Bedürfnisse abgestimmte Verpflegung mitzuführen. Dazu finden sich an der MTB-Route einige (Berg)gasthäuser; *vgl. Unterkunft.*

Karten: Alle Strecken, auch die MTB-Strecke, sind während der Veranstaltung ausreichend signalisiert. Sonst am besten die 1:50000 Blattzusammensetzung Gotthard.

Variante: Es lassen sich auch nur Teilstrecken befahren; Airolo liegt an der Gotthard-Linie, Sedrun an der Oberalp-Bahn Disentis – Andermatt. Zudem kann vom Lukmanierpass gut auf der Route durch die Valle di Blenio *(vgl. Tour 2)* nach Biasca gefahren werden.

Sehenswertes: Das helvetische Ur-Gebirge von fast allen Seiten.

Besonderes: Das 20. SRB-Alpenbrevet findet am 6. September 1997 statt; Anmeldefrist ist Ende Juli. Auskunft und Anmeldeunterlagen bei: FK Radtourisms, Werner Wymann, Spittelhof, CH-4806 Wikon, Tel./Fax 062/7518035. Bike adventure tours führen ein MTB Weekend auf der Strecke durch, Tel. 01/7613765.

Anschlußtouren: *1, 2, 5–10, 19, 40.*

5 Ein sonniges Tal

Valle di Blenio: Biasca – Semione – Dongio – Acquarossa – Ponto Valentino – Aquila – Dangio – Torre – Prugiasco – Acquarossa – Biasca

Charakter: Mit ein paar Anstiegen gewürzte Fahrt durch die Valle di Blenio. Eine romantische Burg und eine stillgelegte Schokoladefabrik, besondere Grotti und pittoreske Dörfer mit noblen Häusern: die Valle del Sole ist ein Leckerbissen für kulturell interessierte Radler. Der Genuß wäre mit einer durchwegs markierten Radroute noch größer.

Distanz: 42 km.
Höhenunterschied: 600 m.

Zeit:
4–5 Std.

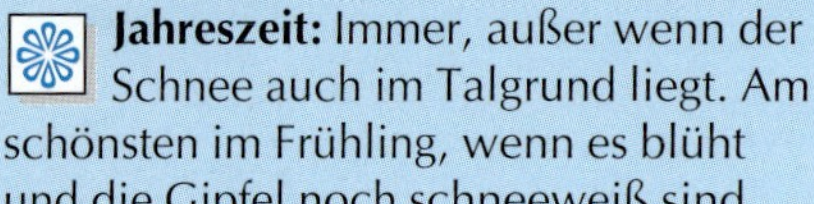

Jahreszeit: Immer, außer wenn der Schnee auch im Talgrund liegt. Am schönsten im Frühling, wenn es blüht und die Gipfel noch schneeweiß sind. Im Sommer mit teils heftigem Talaufwind rechnen.

Bloß 20 Kilometer lang ist die Valle di Blenio, gut doppelt so lang unsere Radtour durchs Tal. Manchmal heißt es auch, das Blenio-Tal sei 30, ja 40 Kilometer lang. Es kommt darauf an, wo man zu zählen anfängt: oben auf dem Lukmanierpass, von wo sich die Valle Santa Maria nach Olivone hinunterzieht – oder oben beim Piz Medel, wo die Val Camadra beginnt, die sich unterhalb des Dorfes Campo Blenio zur Gola del Sosto verengt. Der Brenno della Greina durchfließt diese Schlucht; er vereinigt sich in Olivone mit dem Brenno del Lucomagno.

In Olivone also beginnt die Valle di Blenio. Sie wird auch Valle del Sole genannt, mit gutem Grund: Das nach Süden geöffnete Tal ist die niederschlagsärmste Region des Tessins. In Olivone auf 900 Metern über Meer gedeihen Obstbäume und in Ponto Valentino weiter vorne im Tal die ersten Reben. Schade ist, daß Olivone nur auf der ziemlich stark befahrenen Paßstraße erreicht werden kann. Deshalb ist bereits Aquila der Umkehrpunkt der Radtour durch das Tal, auf der wir bloß während 4 Kilometer die Hauptstraße benützen.

Es gibt auch so genügend zu sehen. Dörfer wie Semione und Ludiano zum Beispiel, wo neben den typischen Tessiner Häusern feudale Villen stehen, erbaut von heimgekehrten Auswanderern, die in Paris oder in London als Marronibrater oder Chocolatiers zu Wohlstand kamen. In der Valle di Blenio soll schon im 17. Jahrhundert Schokolade hergestellt worden sein. Die Schokoladefabrik Cima-Norma von Dangio, 1909 in den Gebäuden einer stillgelegten Brauerei eingerichtet, ist seit 1968 geschlossen. Übrigens: Bei dieser industriearchitektonischen Ikone erreicht unsere Radtour den höchsten Punkt, und die Fabrik wiederum liegt am Ausgang der Val Soi, welche den Bresciana-Gletscher am Rheinwaldhorn, dem mit 3402 Metern höchsten Gipfel des Tessins, entwässert.

Von Dangio ist es nicht weit nach Torre, wo freie Talleute von Blenio und Leventina anno 1182 einen Beistandspakt abschlossen, in dem sie sich gegen die herrischen Ansprüche des Dynastengeschlechts da Torre wehrten und sich für mehr Autonomie aussprachen. Der Pakt von Torre gilt als Vorläufer des Rütlischwurs von 1291, als die drei Waldstätte-Kantone Uri, Schwyz und Unterwalden den Kern der heutigen Schweiz gründeten. Ironie der Geschichte: Die gleichen Urschweizer eroberten 1495 das Blenio-Tal und gaben es erst nach dem Zusammenbruch der Alten Eidgenossenschaft im Jahre 1798 frei. In der Casa dei Landfogti in Lottigna, dem ehemaligen Gerichts- und Vogteigebäude, ist heute das Talmuseum untergebracht.

Erlebbar ist die Geschichte des Tales ebenfalls in der aus dem 12. Jahrhundert stammenden Burg Serravalle, zu der wir von einer Kapelle an der Straße zwischen Ludiano und Semione gelangen. Der Name ist treffend: Serravalle heißt Talsperre. Die Bleniesi stürmten die von Alcherius da Torre erbaute Burg gleich mehrfach, zuletzt 1402. Gut erhalten blieb einzig die Kapelle Santa Maria di Castello: einer der stimmungsvollen Rastplätze auf der gut 40 Kilometer langen Radfahrt durch die Valle di Blenio.

Ein besonderer Höhepunkt der Talfahrt: Die seit 1968 geschlossene Schokoladenfabrik Cima-Norma in Dangio.

Streckenbeschreibung 

Biasca–Acquarossa: Vom Bahnhof Biasca (293 m) nordwärts auf der Straße ins Zentrum von Biasca. Geradeaus, bis rechts eine Straße zu den Grotti abzweigt. Links abbiegen und gleich wieder rechts auf die breite Straße, die in die Lukmanierstrasse führt. Auf ihr gut 1 km bis zur Abzweigung nach Semione, wo man über den Brenno auf die andere Talseite wechselt. 1,5 Kilometer nach der Abzweigung zweigt rechts ein Schottersträßchen ab: zwei Möglichkeiten zur Weiterfahrt.

1. Weiter auf der Landstraße nach Semione.

2. Auf dem Schottersträßchen hinab in die Talebene; einen Kanal entlang; nach gut 1 Kilometer links über eine Brücke und gleich wieder rechts auf dem nun geteerten Sträßchen; man erreicht die Verbindungsstraße Malvaglia–Semione und steigt auf ihr in den Dorfkern von Semione hinauf, wo man wieder auf die Landstraße kommt.

Auf ihr nach Ludiano (466 m). Am Ortseingang links zu den Grotti; nach 150 Meter links zum Grotto Sprügh oder nach rechts zum Grotto Milani. Ausgangs Ludiano, nach dem Passieren einer prächtigen Villa in erhöhter Lage, rechts auf einen geteerten Feldweg einschwenken, der zur Kirche San Pietro hinabführt. Über die Brenno-Brücke nach Motto (441 m) auf die Hauptstraße und gleich wieder rechts. Auf einem Feldweg (kurz ungeteert) östlich der Hauptstraße

nach Dongio; am oberen Dorfrand, dem Wanderweg folgend, auf geteerten und ungeteerten Sträßchen zur Brenno-Brücke nördlich des Dorfes. (Wer auf asphaltierten Straßen bleiben will, folgt von Motto dem offiziellen Radweg westlich der Hauptstraße nach Dongio). Nun auf der Hauptstraße gegen Acquarossa, bis links die Straße nach Corzoneso abzweigt. Man folgt ihr 300 Meter und fährt dann geradeaus auf einer Nebenstraße am Spital vorbei nach Acquarossa (538 m).

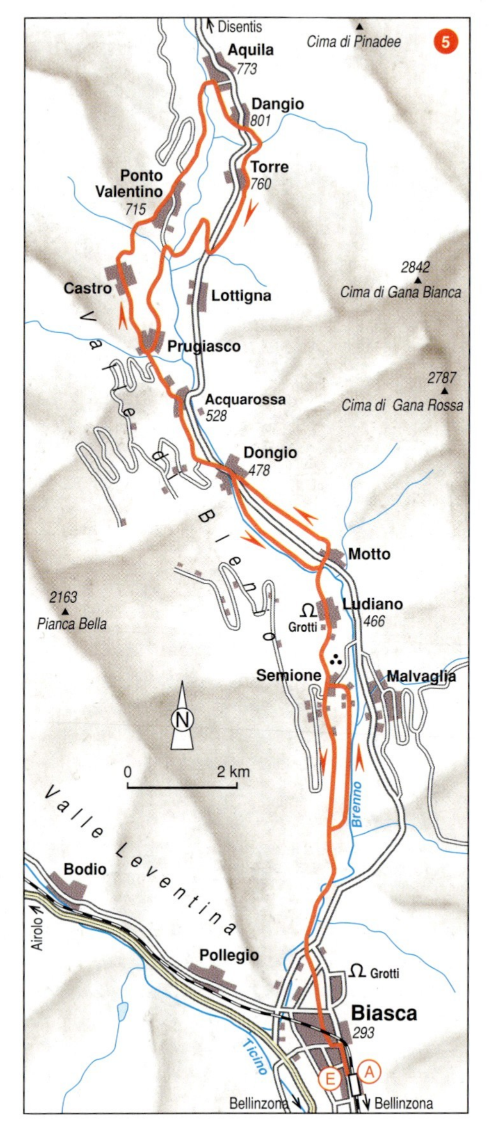

Inschrift in Ponto Valentino: Wer das Fahrzeug nicht bremste, mußte mit einer Buße rechnen.

Acquarossa–Aquila–Acquarossa: Von Acquarossa auf der wenig befahrenen Landstraße über Prugiasco und Castro nach Ponto Valentino. Die Straße steigt noch bis zur Abzweigung (753 m) nach Largario an und sinkt dann sanft zur Brenno-Brücke (740 m) von Grumarone, den unteren Dorfteil von Aquila. 100 Meter nach der Kirche von Grumarone rechts in das Feld hinaus, links an Bauernhaus vorbei und hinauf gegen die Umfahrungsstraße; nach dem Sportplatz unter der Straße hindurch und kurz steil hinauf nach Dangio (801 m); höchster Punkt der Radtour.

An der Schokoladefabrik Cima-Norma vorbei nach Torre und auf die Hauptstraße. Nach 1 Kilometer scharf rechts nach Grumo und hinunter zum Brenno (594 m). Auf dem andern Ufer hinauf zu einer Kreuzung, wo man links hält. Zuerst flach, dann ansteigend durch die Felder. Wieder links abbiegen nach Prugiasco (618 m), wo man die Hauptstraße mit einem kurzen Aufstieg erreicht. Rasche Abfahrt nach Acquarossa; die Abzweigung zum Spital nicht verpassen!

Acquarossa–Biasca: wie Anfahrt, mit einer Ausnahme: In Dongio bleibt man auf der Hauptstraße, bis am Ausgang des Dorfes rechts der markierte Radweg nach Biasca abzweigt; er führt allerdings nur bis Motto.

Nützliche Informationen

Ausgangs- und Zielort: Bahnhof Biasca (293 m).
Streckenlängen und Höhenunterschiede: Biasca – Acquarossa – Biasca 27 km und 300 m Aufstieg/Abfahrt; Acquarossa – Aquila – Acquarossa 15 km und 300 m Aufstieg/Abfahrt.
Unterkunft: Hotels in Malvaglia, Dongio, Acquarossa, Torre und insbesondere Olivone. Und vielleicht öffnen die in den siebziger Jahren geschlossenen Thermen von Acquarossa wieder ihre Pforten: Das wäre natürlich der schönste Ort zum Bleiben. Camping in Acquarossa, Tel. 091/871 1603.
Einkehr: In den meisten Dörfern unterwegs. In Ludiano: Grotto Milani (tägl. offen Mai–Okt.), Grotto Sprügh (Mo. Ruhetag).
Karten: 266 Valle Leventina; 1253 Olivone, 1273 Biasca.
Variante: Das oberste und das unterste Dorf der Valle di Blenio können auch gut mit dem Rad erreicht werden, allerdings nicht auf Nebenstraßen. Nach Olivone: Von Aquila (773 m) gut 3 km auf der Hauptstraße nach Olivone (889 m). Nach Malvaglia: In Motto auf der großen Straße bleiben; links nach Malvaglia hinein und gut 2 km durchs Dorf hindurch, bis man wieder auf die große Straße Richtung Biasca kommt.
Sehenswertes: Der Tante-Emma-Laden von Dongio, wo die drei über 80jährigen Peduzzi-Schwestern alles haben, was es zum Leben braucht – und noch ein bißchen mehr: die Weine »Serravalle« sowie der Grappa und der Liquor da Nus aus eigener Produktion schmecken sündhaft gut.
Literatur: Zum Lesen: Sandro Beretta, Die armen Seelen der Chiara, Limmat Verlag – dichterische Erzählungen aus dem Tal. Zum Sehen: Roberto Donetta, pioniere della fotografia nel Ticino di inizio secolo, Edizioni Charta, 1993 – eindringliche Fotografien aus der Valle di Blenio vom Anfang des 20. Jahrhunderts.
Besonderes: Gute Bademöglichkeit bei der Brenno-Brücke von Motto. Die Volksmusikgruppe Vox Blenii organisiert jedes Jahr im Oktober in Acquarossa die Konzerttage »Musica Popolare«.
Anschlußtouren: *2, 6–11.*

6 Pedalen statt schwingen

Nara: Biasca – Leontica – Addi (1575 m) – Prugiasco – Acquarossa – Biasca

Charakter: Bergfahrt mit dem Rennrad oder besser mit dem Trekking- oder Mountainbike auf eine sonnige Weideterrasse im Skigebiet Nara, von der sich ein prächtiger Blick auf das Rheinwaldhorn (3402 m), den höchsten Gipfel des Tessins, bietet. Flach bis wenig ansteigend bis Dongio, mäßig ansteigend bis Leontica, steil (bis 14 Prozent Steigung) bis Addi. Bis Leontica bzw. ab Prugiasco gute, breite Straßen. Rundtour über Nara auf teils mäßig geteerten, schmalen Sträßchen, die auch für den Verkehr geöffnet sind.
Distanz: 50 km.
Höhenunterschied: 1280 m.
Zeit: 4½Std.
Jahreszeit: Mai bis Oktober.

Nara leitet sich ab vom Wort »arla«, das wiederum vom lateinischen »hara« stammt und Tierstall bedeutet. Tatsächlich: Im Nara-Gebiet stehen viele Ställe; in den meisten verbringen allerdings nicht mehr Kühe den Alpsommer, sondern Menschen. Doch im Gegensatz zu vielen andern Gebieten der Tessiner Alpen ist hier die Berglandwirtschaft nicht zusammengebrochen. Bei der Mittelstation der Sessellifte von Leontica gegen die Bassa di Nara beginnt der markierte »ul gir di alp«, eine Rundwanderung zu den Alpen, wo Käse und Butter hergestellt werden, die dann wiederum zum Beispiel im Ristorante »La Pernice« auf Cancorì verkauft werden. Auf der großen Terrasse dieses Restaurants sonnen sich im Winter und Frühling Skifahrer und Snowboarder. Nara ist das größte Skigebiet der Valle di Blenio: zwei Sessellifte, drei Skilifte, ein Kinderlift, 30 Kilometer Piste; zwei Pisten sind rassig, die unter Schneemangel leidende Abfahrt zur Talstation ist witzig. Viele Tessiner, aber fast

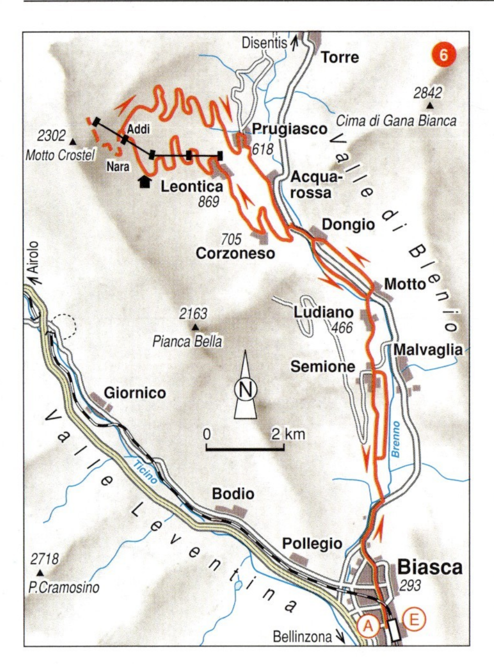

kaum Italiener oder Deutschschweizer blicken von der Bassa di Nara in die Leventina hinab und gegenüber auf das Rheinwaldhorn, das im Tessin Adula heißt.

Mit Nara wird das Gebiet auf der Ostseite der Bassa di Nara benannt, eines früher wichtigen Übergangs zwischen den Tälern Blenio und Leventina. 1500 Höhenmeter liegen auf der Bleniese Seite zwischen dem Paß und dem Talboden. In zwei Drittel Höhe, auf gut 1500 Meter, breitet sich eine gekrümmte Wiesenterrasse aus, an deren Rand sich die Mittelstation Cancorì befindet. Verschiedene Sommersiedlungen liegen auf der Terrasse, unter ihnen Addi (1575 m), der Kulminationspunkt der Nara-Rundfahrt.

Drei Straßen führen aus der Valle di Blenio nach Addi hinauf. Diejenige vom Hangdorf Leontica ist die direkteste und auch kürzeste. Die knapp 400 Höhenmeter von der Talebene nach Leontica werden auf einer breiten, bequem zu befahrenden Bergstraße zurückgelegt. Das Bergsträßchen von Leontica nach Addi wird auch von den meisten Autos benützt, welche nach Nara hochfahren. Deshalb empfiehlt sich diese Route für den Aufstieg mit dem Rad, auch wenn das Kreuzen mit den Fahrzeugen beim Bergauffahren nicht immer ganz leicht ist. Die Route von Prugiasco über Negrentino nach Addi eignet sich besser für die Abfahrt, weil sie weniger befahren wird und ihr Zustand besser ist. Schließlich gibt es noch weiter nördlich eine Straße, die von Acquarossa über Ponte Valentino und Largario führt. Sie ist länger und flacher. Und noch ein Straßenhinweis: Von Piede del Sasso auf der Weideterrasse kann auch hinabgefahren werden, teilweise auf dem alten Saumweg, der von Chiggiogna in der Leventina über die Bassa di Nara nach Prugiasco führte; Teer- und Naturbelag wechseln sich auf dieser Abfahrt ab.

Und dann gibt es noch eine andere Möglichkeit: Man verlädt das Bike auf die Sesselbahn und schwebt bis zur Mittelstation Cancorì (1462 m) oder gar noch weiter zur Bergstation Pian Nara (1904 m), von wo man auf einem Schottersträßchen auf die Wiesenterrasse von Addi hinunterfährt.

Viele Wege führen nach Nara, alte und neue, Fußpfade, Teerstraßen, Sessellifte, Pisten. Sie verbinden Alpwirtschaft und Tourismus.

Streckenbeschreibung

Biasca–Addi: Vom Bahnhof Biasca (293 m) auf der Talroute *(Tour 5)* durch die Valle di Blenio bis zur Brenno-Brücke (488 m) am Ausgang von Dongio. Kurz danach zweigt die Straße nach Corzoneso und Leontica (869 m) ab, wo man den Wegweisern zur Kirche San Carlo in Negrentino und zur Seggiovia folgt. Kurz vor der Talstation der Sesselbahn zweigt links das schmale Sträßchen ab. Es führt in elf Haarnadelkurven nach Addi (1575 m), der höchsten Siedlung auf der Wiesenterrasse. Unterwegs kommt man am Ristorante »La Pernice« auf Cancorì (1462 m) und fast an der Osteria Alpina im Weiler Foppa (1562 m) vorbei.

Addi–Biasca: Von Addi nordwärts durch drei weitere Häusersiedlungen und 1 Kilometer hinter Pianezza zu einer Verzweigung, wo rechts ein Schottersträßchen ab-

Eine der Sehenswürdigkeiten am Weg nach Nara: die Pfarrkirche San Nazario von Corzoneso.

biegt, das schon bald wieder geteert ist. Auf ihm durch vierzehn Haarnadelkurven nach Prugiasco (618 m) hinunter; bei der zehnten Kurve, nördlich von Negrentino, die Abzweigung nach Marolta links liegen lassen. Von Prugiasco nach Acquarossa, von wo man wieder *Tour 5* zurück nach Biasca folgt.

Nützliche Informationen 

Ausgangs- und Zielort: Bahnhof Biasca (293 m).
Streckenlängen: Biasca – Dongio 11 km; Dongio – Corzoneso – Addi 14 km; Addi – Prugiasco – Dongio 14 km.
Unterkunft: In Biasca und in einzelnen Dörfern des Tales. In der Höhe im Ristorante »La Pernice« auf Cancorì, 40 Lager, Juli–Oktober, Tel. 091/871 2095. Zeltplatz in Acquarossa, Tel. 091/871 1603.
Einkehr: In den Dörfern unterwegs (z. B. in den Grotti von Ludiano; *vgl. Tour 5)* sowie im Ristorante »La Pernice« bei der Bergstation der unteren Sesselbahn und in der »Osteria Alpina« auf Foppa.
Karten: 266 Valle Leventina; 1253 Olivone, 1273 Biasca.
Variante: Mit der Sesselbahn nach Cancorì (6 km und 580 m Aufstieg weniger); wer noch den oberen Lift benützt, reduziert den Aufstieg nochmals um 100 m, erhöht dafür den Abfahrtsgenuß um gut 300 m. Die Sesselbahnen sind von Juni bis September samstags, sonntags und an allgemeinen Feiertagen in Betrieb; täglich von Mitte Juli bis Ende August.
Sehenswertes: Pfarrkirche San Nazario in Corzoneso; Kirche San Carlo in Negrentino aus dem 11.–12. Jahrhundert (der markierte Fußweg zu diesem Heiligtum zweigt bei der Siedlung Negrentino ab). Der Kegel des Sosto, der »Cervino del Ticino«, im Hintergrund der Valle di Blenio; die höchsten Spitzen der Adula-Alpen mit dem leuchtenden Gletscher des Rheinwaldhorns.
Besonderes: Im August jeweils ein Mountainbike-Rennen von Cancorì über Püscett und Semione nach Acquarossa. Information: Nara del 2000 SA in Leontica, Tel. 091/871 2361.
Anschlußtouren: *2, 5, 7–11.*

7 Das Tal der Täler

Val Malvaglia: Biasca – Malvaglia – Val Malvaglia – Dandrio – Dagro (1411 m) – Biasca

Charakter: Abwechslungsreiche Fahrt mit dem Renn-, Trekking- oder Bergrad in und durch die Val Malvaglia auf einen Sonnenbalkon an der Kante dieses Seitentales hoch oberhalb der Valle di Blenio. Die Bergstraße ist nie anhaltend steil (bis 12 Prozent Steigung); auf den ersten 600 Höhenmetern oberhalb des Dorfes Malvaglia gibt es allerdings nur ein Flachstück, dann mehrere. Die auf den letzten 6 km schmale und stellenweise ausgesetzte Straße nach Dagro ist auf 1,8 km nicht geteert.
Distanz: 52 km.
Höhenunterschied: rund 1200 m.

Zeit: Hinfahrt 3 Std., Rückfahrt 1½ Std.

Jahreszeit: Mai bis Oktober.

Es gibt Hunderte von Tälern im Tessin. Allein die Centovalli im Hinterland von Locarno bestehen, wie es der Name sagt, aus hundert Tälern. Davon verdienen vielleicht nicht alle die Bezeichnung Tal. Doch das Land südlich des Gotthard ist ein ungemein zerfurchtes Land.

Ein ganz besonderes Tal ist die Val Malvaglia. Und dies nicht nur, weil sie am 29. Januar 1980 ins Bundesinventar der Landschaften und Naturdenkmäler von nationaler Bedeutung aufgenommen wurde, zusammen mit der Val Bavona. Dieses Tal zuhinterst in der Vallemaggia erstreckt sich von Bignasco (443 m) bis hinauf zum vergletscherten Basòdino (3272 m). Noch größere Dimensionen sind in der Val Malvaglia anzutreffen. Vom Rheinwaldhorn, dem mit 3402 Metern höchsten Gipfel des Tessins, senkt sich das Tal auf nur 13 Kilometer bis ins Dorf Malvaglia (376 m) ab, was ein mittleres Gefälle von 23 Prozent ergibt.

***Steinplatten:** Radfahrer oberhalb den Dächern von Ciavasch, einer der früher auch im Winter bewohnten Siedlungen der Val Malvaglia.*

Die vielbenutzte Formel, daß sich das Tessin von den Palmen zu den Gletschern erstrecke, ist vielleicht in der Val Malvaglia gefunden worden. Das Rheinwaldhorn sieht man zwar auf der Radtour nach Dagro nirgends, aber die ungeheure Reliefenergie des Südabfalls des Alpenhauptkammes erblickt man bei der Fahrt von Madra nach Dandrio, den Hauptort im Tal: Plötzlich entdeckt man, daß das Wasser des Ri della Fürbeda nicht nur über die untersten Stufen fällt, sondern schon von ungeheur weit oben herabkommt – ein weißes Band in graugrüner Senkrechte. Bei der Weiterfahrt von Dandrio nach Dagro überblicken wir die ganze Wand, an dessen Fuß Dandrio kauert.

Dandrio: steinplattenbedeckte Häuser aus Holz und Stein, drumherum gemähte Wiesen. Auch die andern Dörfer des Tales, Madra zum Beispiel oder Ciavasch, wirken kompakt und gepflegt. Bei dendrochronologischen Untersuchungen an Rustici der Val Malvaglia wurde ein Gebälk aus dem Jahre 1320 entdeckt. Der Kanton Tessin unterstützt, wie in der Val Bavona, die alte Bausubstanz. Diese Maßnahme konnte freilich nicht verhindern, daß sich das Tal entvölkerte. Früher gab es in Dandrio und Anzano eine Schule, heute wohnen nur noch ein paar Leute das ganze Jahr über im Tal. Aber im Sommer kehrt Leben in das größte östliche Seitental der Valle di Blenio zurück. Da wird geheuet und gebadet, da werden Gebäude und auch die Seele restauriert. Einheimische und Touristen kehren im »Ristoro alpino della Furbeda« in Dandrio ein. Gilda Sassella-Baggi führt das Ristorante seit 1942. Früher konnte man in ihrem Haus auch noch übernachten.

Seit dem Sommer 1996 kann im Ostello Monte Dagro genächtigt werden. Die Gaststätte befindet sich etwas oberhalb der neuen Seilbahn, die Dagro direkt mit dem Dorf Malvaglia verbindet. Dagro liegt auf einem Flachstück an der Kante zwischen dem Malvaglia- und Bleniotal. Ein Flecken voll Sonne und Aussicht. Beeindruckend zum Beispiel die Val Madra und Val Combra: wilde und vergessene Seitentäler, die auf der Höhe des in den fünfziger Jahren erbauten Malvaglia-

Stausees (990 m) fußen und bis auf 3000 Meter hinaufreichen. Gegenüber von Dagro die Sommersiedlung Muncréch, abseits von Straßen und Bahnen: ein Ruhepunkt fürs Auge in haltlosen Flanken. Und talauswärts schließlich die Gipfel zwischen der Leventina und Verzasca: je nach Lichteinfall erahnt man tief eingeschnittene Seitentäler.

Es gibt Hunderte von Tälern im Tessin. Die Val Malvaglia ist einzigartig. Wir können sie – wenigstens teilweise – mit dem Rad erfahren.

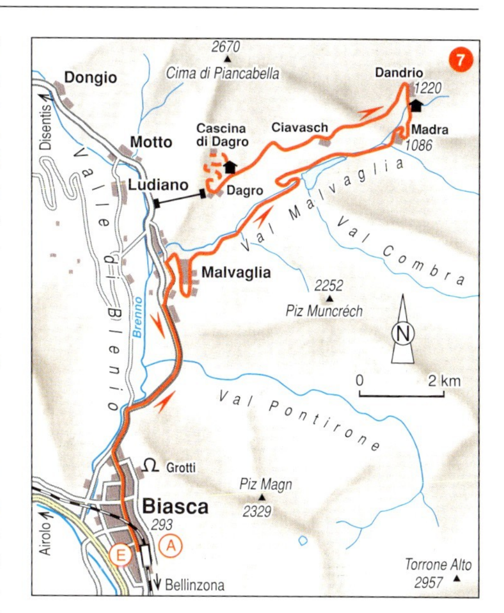

Streckenbeschreibung

Biasca – Malvaglia: Vom Bahnhof Biasca (293 m) nordwärts auf der Straße ins Zentrum von Biasca. Geradeaus, bis rechts eine Straße zu den Grotti abzweigt. Links abbiegen und gleich wieder rechts auf die breite Straße, die in die Lukmanierstrasse führt. Auf ihr 3 km an den südlichen Dorfrand von Malvaglia (366 m), wo man auf die Dorfstraße wechselt.

Malvaglia – Dandrio: Gleich nach der Pfarrkirche von Malvaglia rechts in die Seitenstraße: Der Aufstieg beginnt. Bei der nächsten Kreuzung scharf rechts und durch den Ortsteil Grüssa auf die Bergstraße, welche die beiden Seitentäler Pontirone und Malvaglia erschließt. Bei der Verzweigung auf 640 m nach links. Nach knapp 1 km rollt man in die Val Malvaglia ein. Nach dem kurzen, aber wegen der Krümmung ziemlich finsteren Tunnel steigt die Straße auf 600 m steil an, worauf ein kurzes Erholungsstück kommt. Unterhalb des Staudamms wechselt die Straße die Talseite. Entlang dem Stausee steigt die Straße zuerst an und fällt dann gegen eine Brücke über den Orino ab. Über Madra nach Dandrio (1220 m).

Dandrio – Dagro: Von Dandrio sinkt die Straße ein weiteres Mal gegen den Orino. Nun folgt die Panoramafahrt über den großen, abschüssigen Südhang der Val Malvaglia. Zuerst zieht sich die nun schmale Straße ziemlich steil gegen den unteren Dorfrand von Anzano hinauf, worauf es in leichtem bis mäßigem Auf und Ab oberhalb von Ciavasch vorbei nach Dagro (1367 m) geht. Der Schlußspurt bringt uns in zwei Kehren zum Berggasthaus (1411 m) oberhalb der Bergstation der Seilbahn.

Betonmauer: der 92 Meter hohe Malvaglia-Staudamm, dessen Wasser vor allem im Winter Strom und Gewinne erzeugt.

Nützliche Informationen

Ausgangs- und Zielort: Biasca (293 m) an der Gotthardlinie.
Streckenlängen: Biasca – Malvaglia 6 km; Malvaglia – Dagro 20 km.
Unterkunft: Ostello Monte Dagro, 12 Betten, tägl. geöffnet April–Nov.; Fr.–So. geöffnet Dez.–März, Tel. 091/8702032. Hotels in Biasca und Malvaglia.
Einkehr: Ostello Monte Dagro. »Ritrovo alpino della Furbeda« in Dandrio, offen vom 1. Mai bis Ende November, Tel. 091/8701168. Ristoranti in Malvaglia. Grotti in Biasca.
Karten: 266 Leventina; 1273 Biasca.
Variante: Vom Berggasthaus Dagro über die schmale Teerstraße durch Wiesen hinauf nach Cascina di Dagro (1614 m), von wo es nur noch zu Fuß weitergeht; 200 Höhenmeter und 2 km mehr.
Sehenswertes: Die meterhohe Freskofigur des Christophorus an der Kirche im Dorf

Malvaglia. Der 92 m hohe Staudamm, an dessen Fuß man zweimal vorbeirollt. Der Wasserfall des Ri della Fürbeda, der sich von 2700 m über mehrere Stufen bis 1300 m ergießt. Der Blick von Dagro auf Biasca, 1100 m weiter unten.
Besonderes: Vom Nordrand des Dorfes Malvaglia (eigene Bushaltestelle) fährt seit Sommer 1996 eine neue Seilbahn, die Filovia, nach Dagro. Sie transportiert keine Räder, jedoch Nicht-Bergradler, die ebenfalls die Aussicht von Dagro genießen wollen; Tel. 091/8702430.
Anschlußtouren: *2, 5, 6, 9–11.*

8 Bis ans Ende

Val Pontirone: Biasca – Malvaglia – Val Pontirone – Capanna Cava (2066 m) – Biasca

Charakter: Strenge, aber technisch einfache (außer ganz zuoberst) Mountainbiketour von den Palmen durch ein herbes, tief eingefurchtes Seitental bis an den Rand der offenen Alpweiden zu einer Hütte. Dank 40 Haarnadelkurven nirgends brutal steil (Stellen bis 14 Prozent Steigung). Wer von unten gegen die Berge der Val Pontirone hochstarrt, wird's nicht glauben, daß man da hochfahren kann, aber man kann tatsächlich, auch per Auto.
Distanz: 60 km; davon 10 km auf Schottersträßchen und 1 km auf Pfad.
Höhenunterschied: insgesamt 2040 m; davon 1400 m auf Asphalt, 580 m auf Schotter und 60 m auf Gras und Stein.
Zeit: Hinfahrt 4 Std., Rückfahrt 2 Std.
Jahreszeit: Sommer und Herbst.

Hüttenwirtin Pina Monighetti-Pinoli begrüßte uns freundlich. Daß wir nur knapp antworten konnten, lag nicht an unserem (reduzierten) körperlichen Zustand. Pina sprach im Tessiner Dialekt – eigentlich eine Ehre für uns, daß sie die beiden müden ciclisti für Einheimische hielt. Nachdem Pina aber merkte, daß Markus und ich bloß in nicht ganz akzentfreiem Italienisch antworten konnten, wechselte sie von Dialekt auf Hochsprache.

Sie beglückwünschte uns zur Fahrt. Bergradfahrer sind auf der steinplattenbelegten Terrasse der Capanna Cava (noch) selten anzutreffen. Pina erzählte uns allerdings von einem ciclista, der sein rampichino noch bis in die Forcarella di Lago hinaufgetragen habe, obwohl sie ihm davon abgeraten habe. Denn an eine Fahrt zurück zur Hütte ist kaum zu denken, geschweige denn an eine Abfahrt auf die andere Seite, nach Biasca. Auf nur vier Kilometern senkt sich die Valle Santa Petronilla 2000 Höhenmeter in die Talsohle: zuviel Gefälle für Mountainbiker.

Ihnen genügt die Val Pontirone. Puristen und Freaks werden freilich die Nase rümpfen: zuviel Asphalt, zuwenig Erde. Doch das Rad bietet die einzige vernünftige Möglichkeit, das Tal aus eigener Kraft zu durchmessen. Auch Fußgänger müssen nämlich zwischen dem Dorf Pontirone und dem Ponte Sceng auf die gut befahrbare Straße. Und angesichts der Ausflugsfreude unserer vierrädrigen Freunde war es uns auf unseren zwei Rädern doch noch ein bißchen wohler als zu Fuß. Auf der Alpe di Sceng, wo wir uns nach dem ersten Teilstück auf der Schotterstraße erholen mußten, fuhr ein Geländewagen vorbei, der ebenso frisch gewaschen und gefönt war wie seine Insassen. Vermutlich waren die bequemen Zeitgenossen unterwegs zu ihrem »Stall«. In der Val Pontirone sind die meisten Häuser im Sommer belebt; früher waren die drei Dörfer des südlichsten Seitentals der Valle di Blenio auch im Winter bewohnt.

Die Bewohner des Tals, die Pontironesi, waren vor Jahrhunderten bekannt dafür, daß sie über schwindlige Abgründe und entlang von himmelhohen Felsen Brücken schlagen konnten. Brücken und Bahnen aus Holz, auf denen dann im Winter Holzstämme zu Tale sausten. Von da soll auch der Name des Tales kommen: ponte heißt Brücke. Uns schien es bei der Fahrt kaum möglich, daß irgendwo in den haltlosen Talflanken solche

Ausgleich zum Alltag: ciclista vor der Capanna Cava, die Arbeiter-Bergfreunde von Biasca in den dreißiger Jahren erbauten.

Rutschbahnen angebracht werden konnten. Und für Bäume und Hänge hatten wir bei der Biketour zur Capanna Cava ein Auge: Wir wußten, daß die Hütte oberhalb der Waldgrenze liegt, und noch immer keuchten wir im Schatten der Bäume über die Schotterstraße.

Gerade als der Schotter immer gröber und die Beine immer schwerer wurden, ging die Straße in ein Teersträßchen über, das sich durch Alpweiden zur bestoßenen Alpe di Cava windet. Nun war das Ziel nicht mehr fern: die 1935 eingeweihte Hütte der Unione Ticinese Operai Escursionisti, einer linken Bergsportvereinigung, deren Mitglieder dort oben einen Ausgleich zum Arbeiteralltag in Biasca fanden. Ihre Gesichter blickten uns aus den alten Fotos in der Hüttenstube entgegen. Stolz schrieben wir unsere Namen ins Hüttenbuch und setzten noch hin: »con la bicicletta«. Richtig hieße es: »colla«, aber wie gesagt, in Italienisch sind wir nicht sattelfest. Das waren wir später bei der Abfahrt über die Schotterstraße gegen den Ponte Sceng auch nicht; ein Vollfederbike hätte Arme und Gesäß spürbar entlastet.

Bevor wir mit den rampichini von den Alpweiden wieder zu den Palmen hinunterfuhren, hatten wir in der Capanna Cava noch zwei caffè bestellt. Wie, fragte Pina, mit Zucker, Milch oder Grappa? Wir wählten erstes und letzteres: sicher nicht das absolute Sportlergetränk. Doch authentisch. Genauso wie das Grotto »Al Morign« in Pontirone. Im Garten warten Tische und Bänke aus Granit, im Schatten alter Kastanienbäume und am Rande einer Geröllhalde, die sich an senkrechte Wände lehnt. Wir bestellten zwei Fläschchen gazosa, eine halbe Flasche nostrano und einen Teller mit patate e mascarpa. Was mascarpa ist, wußten wir nicht. Aber es schmeckte herrlich.

Streckenbeschreibung

Biasca–Malvaglia: Vom Bahnhof Biasca (293 m) nordwärts auf der Straße ins Zentrum von Biasca. Geradeaus, bis rechts eine Straße zu den Grotti abzweigt (sich diese Kreuzung merken, für die Rückkehr!). Links abbiegen und gleich wieder rechts auf die breite Straße, die in die Lukmanierstrasse

Nur für Könner: der oberste Teil der Abfahrt von der Cava-Hütte.

führt. Auf ihr 3 km an den südlichen Dorfrand von Malvaglia (366 m), wo man auf die Dorfstraße wechselt.

Malvaglia – Fontana: Gleich nach der Pfarrkirche von Malvaglia rechts in die Seitenstraße: Der Aufstieg beginnt. Bei der nächsten Kreuzung scharf rechts und durch den Ortsteil Grüssa auf die Bergstraße, welche die beiden Seitentäler Pontirone und Malvaglia erschließt. Bei der Verzweigung auf 640 m nach rechts gegen die Val Pontirone. Bis zur Siedlung Pontirone (867 m) steigt die Straße eher gemütlich an; kurz nach der Taleinfahrt sinkt sie gar ein paar Meter. Hinter Pontirone schraubt sich die gute Straße mit durchschnittlich 10 Prozent Steigung und zwölf Kehren nach Fontana (1347 m) hinauf.

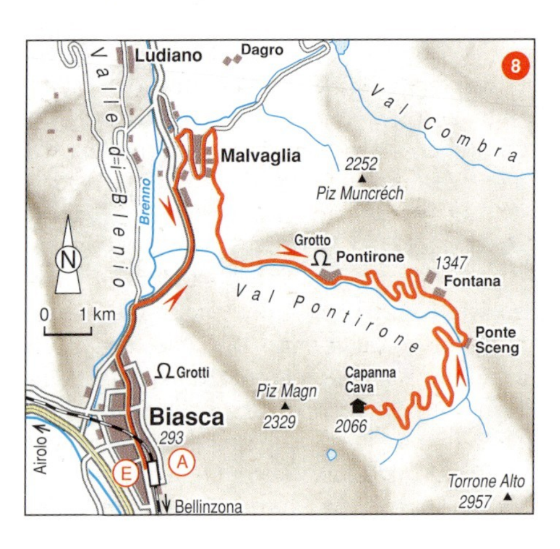

Fontana – Cap. Cava: Abfahrt von Fontana auf einer schmalen Teerstraße zum Ponte Sceng (1216 m), wo die Schotterstraße ansetzt. Sie kurvt über die Alpe di Sceng meistens im Wald auf die untersten Weiden (knapp 1800 m) der Alpe di Cava. Von hier bis zu den Wirtschaftsgebäuden (2005 m) ist die Straße wieder geteert (teilweise sehr welliger Untergrund).

Links um die großen Ställe der Alpe di Cava auf Graspfaden herum zum markierten Wanderweg, der über Alpweiden, durch drei Bäche und über Steinplatten die Capanna Cava (2066 m) erreicht; beim Aufstieg Räder schultern; bei der Abfahrt können sie meistens benutzt werden.

Nützliche Informationen

Ausgangs- und Zielort: Biasca (293 m) an der Gotthardlinie.
Streckenlängen: Biasca – Malvaglia 6 km; Malvaglia – Cava 24 km.
Unterkunft: Capanna Cava UTOE (2066 m), 52 Plätze, immer offen, von Juli bis September bewirtschaftet, Tel. 091/8701444. Hotels in Biasca und Malvaglia.
Einkehr: Capanna Cava. Grotto »Al Morign« in Pontirone (Juli/Aug. immer offen, Mai/Juni und Sept./Okt. nur Sa. und So.; Nov.–April geschlossen; Tel. 091/8701181). Grotti in Biasca.
Karten: 266 Leventina; 1273 Biasca.
Sehenswertes: Das Tal: eng unten, weit oben. Die Hütte: Logenplatz gegenüber der gezackten Gruppe des Torrone Alto (2957 m). Das Grotto: Oase in der gezähmten Wildnis.
Anschlußtouren: *2, 5–7, 9–11.*

Schwere Beine: Rast auf der Alpe di Sceng.

9 Strada asfaltata

Valle Leventina: Airolo – Altanca – Deggio – Rodi-Fiesso – Dalpe – Gribbio – Lavorgo – Anzonico – Sobrio – Bitanengo – Bodio – Personico – Biasca

Charakter: Eine sportliche Alternative für Leventina-Radfahrer: die Strada asfaltata, eine lockere Mischung aus der Wanderautobahn Strada alta mit der Radhauptstraße Airolo–Biasca. Bis auf 1,75 km schmaler und teils ausgesetzter Wanderweg sowie 1,25 km Schotterweg (mit Bikes gut befahrbar) verläuft die ganze Strecke auf geteerten Straßen und Sträßchen, aber nur gerade rund 4 km auf der Kantonsstraße.

Distanz: 58 km.

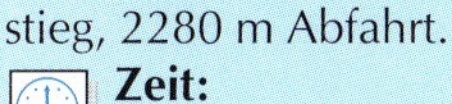

Höhenunterschied: 1430 m Aufstieg, 2280 m Abfahrt.

Zeit: 4½ Std.

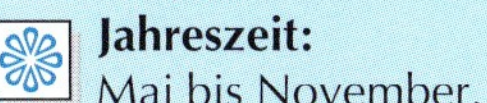

Jahreszeit: Mai bis November.

Die Fahrt auf der Hauptstraße durch die Valle Leventina von Airolo nach Biasca ist seit der Fertigstellung der Autobahn im Jahre 1986 die meistgbefahrene Radstrecke des Tessins, so wie die Strada alta auf der Sonnenseite des gleichen Tals als die beliebteste Mehrtageswanderung gilt. Der Fußweg ist 46 Kilometer lang, 8 Kilometer länger als der Radweg; beide sind asphaltiert, die Wanderroute zum Glück nur auf 10 Kilometern; nämlich dort, wo Erschließungsstraßen die alten Verbindungswege überdecken. Doch dies hat der Strada alta auch schon den Übernamen Strada asfaltata eingebracht.

Und genau diese für Füße und Beine harten Tatsachen führten zur Idee, daß die Strada alta doch auch mit der bicicletta möglich sein müsse. Allerdings sollten die eigentlichen Wanderwege nicht benützt werden – die Biker möchten es ja mit den Hikern nicht verderben. Deshalb wird im mittleren Teil auf die rechte Talseite gewechselt, weil der

weiß-rot-weiße Sentiero auf der linken Seite zwei Stellen aufweist, die mit dem Rad nur mühsam zu befahren wären.

Allerdings: Von Sobrio, dem untersten Terrassendorf auf der Sonnenseite der Leventina, führt nur der Wanderweg durch die Schlucht des Vallone, weshalb das Rad hier geschultert werden muß. Das ist weiter nicht schlimm, denn dieser kurze Abschnitt der Strada alta gehört zu den schönsten der ganzen Fußstrecke überhaupt. Anschließend müssen Wanderer und Radfahrer in die flache Talsohle hinunter. Während die einen über eine Stunde die Oberschenkelmuskulatur belasten, sausen die andern in einer Viertelstunde durch 32 Haarnadelkurven in die Tiefe: Höhepunkt der Berg- und Talfahrt an der Südrampe des Gotthards.

Um die atemberaubende Abfahrt nach Bodio zu erleben, muß man vorher natürlich kräftig in die Pedale treten. Insgesamt sind drei Aufstiege zu bewältigen, zuerst auf der linken Talflanke über Altanca, dann auf der rechten Seite über das idyllische Maiensäss Gribbio und zum Schluß wieder auf der linken, wobei die Aufstiege jeweils weniger Höhenmeter aufweisen als die anschließenden Abfahrten zurück in den Talgrund. Drei voneinander klar getrennte Streckenabschnitte, die bei zu wenig Kondition oder zuviel Gegenwind teilweise ausgelassen werden können; der Wind stört übrigens eher die reinen Talfahrer auf der Kantonsstraße, während die Bergradler mehr vom Windschatten der gewellten Talhänge profitieren.

Drei Abschnitte auf der Strada asfaltata, die der Einteilung der Valle Leventina in eine obere, mittlere und untere entsprechen. Die Stalvedro-, Piottino- und Biaschina-Schlucht unterteilen die drei Talebenen. Der alte Gotthard-Saumweg umging die Engpässe auf den Talseiten, zuerst links, dann

Rad-Wanderer: Die Durchquerung des Vallone erfolgt größtenteils zu Fuß.

Strada alta für Biker: Nach Sorbrio verläuft die Radstrecke auf einem der schönsten Abschnitte des Höhenweges – Rücksicht auf Wanderer ist geboten.

rechts und gleich nochmals rechts, im Unterschied zu den modernen Radfahrern, welche vor dem unteren Livinental auf die linke, sonnige Seite ausweichen. Auch die Strada alta weist übrigens drei Etappen auf, und die Gotthard-Bahn ihrerseits überwindet die Talstufen mit drei Kehrtunnels.

Streckenbeschreibung

Airolo–Rodi-Fiesso: Vom Bahnhof Airolo (1141 m) talauswärts hinauf auf die Hauptstraße. Nach rechts und gleich wieder links in den Dorfteil Valle (1175 m). Rechts an der Kirche vorbei und auf schmalem Teersträßchen hinab zur Brücke (1130 m) und hinauf nach Madrano. Auf der Bergstraße über Brugnasco nach Altanca, wobei sie sich zwischendurch 60 m absenkt. Nach Altanca kommt man zum ersten »Gipfel«: Cresta di sopra (1421 m), der höchste Punkt der Strada alta. Abfahrt über Ronco, Deggio (rechte Straße wählen) nach Varenzo in der Talsohle. Über Autobahn und Ticino auf die Hauptstraße und nach Rodi-Fiesso (952 m) zur Abzweigung nach Dalpe.

Rodi-Fiesso–Lavorgo: Auf der breiten und bequem ansteigenden Straße über Prato Leventina in einen Sattel (1235 m) und Abfahrt nach Dalpe. Durchs Dorf hindurch zur Brücke über die Piumogna (1187 m). Aufstieg, zuletzt mit 10 Prozent Steigung, in einen Sattel (1430 m) nordwestlich des Motta di Gribbio. Abfahrt auf schmaler Straße mit bis zu 12 Prozent Gefälle über Gribbio gegen Chironico; bei der Kreuzung hinab nach Nivo. Über die Autobahn und den Ticino und gleich nach der Brücke links. Durch die

Personenunterführung zum Bahnhof Lavorgo (615 m).

Lavorgo – Biasca: Beim Bahnhof Lavorgo die Straße nehmen, die sich talauswärts nach Anzonico (984 m) hinaufwindet, wo man wieder auf die Strada alta stößt. Auf der Panoramastraße über Cavagnago nach Sobrio. Auf einemIttersträßchen noch sanft ansteigend zum Aussichtspunkt Valècc (1144 m). Nun erfolgt die Durchquerung des Vallone auf teilweise ziemlich ausgesetzten Pfaden, auf denen das Rad meistens getragen werden muß. Ab dem Wegweiser (1070 m) von Bidrè kann wieder gefahren werden. Auf einem Schottersträßchen nach Bitanengo (918 m). Ein schmales, nicht zu steiles Teersträßchen schraubt sich atemberaubend nach Bodio (330 m) hinab. 200 m auf der Hauptstraße, dann rechts nach Personico. Am Ortsausgang kommt man zu den Grotti. Nach der Brücke über den Fluß aus der Val d'Ambra über den Ticino (Radwegweiser). Über die Ebene, dann links unter Auto- und Eisenbahn hindurch nach Pollegio auf die Hauptstraße. Auf ihr nach Biasca (293 m). Wer nicht gleich zum Bahnhof muß, fährt ins Zentrum hinein und nimmt links die Via Lucomagno. Auf ihr soweit, bis rechts Wegweiser zu den vier Grotti von Biasca einladen.

Tiefblick auf Bodio: Radroute, Hauptstraße, Schienenweg und Autobahn.

Nützliche Informationen

Ausgangsort: Bahnhof Airolo (1141 m).
Zielort: Bahnhof Biasca (293 m).
Streckenlängen und Höhenunterschiede: Airolo – Rodi-Fiesso 15 km, 380 m Aufstieg und 570 m Abfahrt; Rodi-Fiesso – Lavorgo 19 km, 520 m Aufstieg und 860 m Abfahrt; Lavorgo – Biasca 24 km, 530 m Aufstieg, 850 m Abfahrt.
Unterkunft: In Airolo, den größeren Dörfern unterwegs und in Biasca, z. B. im Bike & Sleep-Hotel Al Giardinetto, Tel. 091/8621771.
Einkehr: In den meisten Dörfern unterwegs. Rustikal die Usteria ul Ciurlin in Gribbio. Ein Muß das Grotto Val d'Ambra am Ortsausgang von Personico (Mo. geschlossen sowie von Mitte Oktober bis Mitte Mai).
Karten: 266 Valle Leventina; 1252 Ambrì-Piotta, 1272 Pizzo Campo Tencia, 1273 Biasca.
Variante: *Tour 10,* auf die natürlich ausgewichen werden kann, falls ein Bergpreis der Strada asfaltata zu hoch scheint. Statt Talseite wechseln, die Route über Prodör wählen *(Tour 39):* mehr Sonne, mehr Höhenmeter, mehr Hauptstraße. Und: Mountainbiker, die noch durch die Riviera *(Tour 11)* nach Bellinzona fahren wollen, können nach Personico alles rechts des Ticino auf einer Schotterstraße vorankommen, wobei zuletzt ein kurzer, ruppiger Aufstieg wartet.
Sehenswertes: Transitkorridor Leventina in all seinen Aspekten: Auto- und Eisenbahn, Dörfer auf der Sonnen- und Schattenseite, jähe Talflanken und sanfte Wiesenterrassen.
Besonderes: Am Bahnhof Airolo kann nur das normale SBB-Rad mit sieben Gängen gemietet werden; Reservation Tel. 091/8691222; 21 Fr. pro Tag. Nur Radschuhe tragen, die sich auch zum Gehen eignen.
Anschlußtouren: *1, 2, 4–8, 10, 11, 39, 40.*

10 Wie auf Schienen

Gotthard-Südrampe: Airolo – Faido – Giornico – Biasca

Charakter: Eine der beliebtesten Radstrecken der Schweiz: die Fahrt durch die Valle Leventina in den Süden. Seit die Blechlawine nicht mehr durch die Dörfer flutet, erleben Radfahrer, oft in Gruppen, den »Veloplausch Gotthard Süd«. Bis zum sehenswerten Giornico benützt man die Haupt-, danach Nebenstraßen. Anforderungen braucht es keine für den Radtransit durch die herbe Wirklichkeit der Leventina, aber vielleicht ein Mietrad.

Distanz: 38 km.
Höhenunterschied: Ein paar Meter Aufstieg und 860 m Abfahrt.

Zeit:
2–3 Std.

Jahreszeit: März bis November; wenn kein Schnee liegt, auch im Winter machbar; im Sommer oft hartnäckiger Gegenwind; bei Föhnlage im Süden dafür kräftiger Nordwind.

Unter dem Alpenhauptkamm hindurch und an die Sonne. So will es das Klischee. Und so ist es manchmal: In Göschenen Regen, in Airolo Sonne. Sollte es umgekehrt sein, gibt es nur eines: Zurück durch den Berg und die Gotthard-Nordrampe hinuntersausen. Für 177 Tunnelarbeiter gab es kein Zurück. Das Denkmal von Vincenzo Vela beim Bahnhof Airolo erinnert an die Opfer beim Bau des Gotthard-Eisenbahntunnels, der 1882 eingeweiht wurde.

Schußfahrt gegen den Militärflugplatz Ambrì-Piotta, der 1994 stillgelegt wurde. Träumer wollten ihn in einen Golfplatz umwandeln. Nun findet alle Jahre im Spätsommer eine lärmige Flugshow statt. Laut und freudig geht es zu und her im Winterhalbjahr, wenn der lokale Eishockey-Club ein Heimspiel in der Valascia-Halle austrägt. Der 1937 gegründete HC Ambri-Piotta gehört seit Jahren zu den besten Mannschaften der Schweiz. Ohne ihn wäre das Leben in den beiden Dörfern sehr viel schattiger als es im Winter ohnehin schon ist. Die dunklen Holzhäuser und die hellen Häuser im Tessiner Stil entlang der Hauptstraße sind nicht herausgeputzt.

Die obere Leventina verengt sich: die Piottinoschlucht, durch die sich der Verkehr zwängt. Auf der rechten Seite verläuft die Autobahn in einem Tunnel, unter der sogenannten strada romana, einem Steinplattenweg aus dem 14. Jahrhundert. Links im Felsen der Tunnel der Kantonsstraße und der Kehrtunnel der Eisenbahn. Und mitten durch die Schlucht, an dieser Stelle Dazio Grande genannt, die strada urana, die 1560 von Urnern erbaut und erst 1934 aufgegeben wurde, als sie dem Automobilverkehr nicht mehr genügte. Auf hohen Stützmauern steht sie senkrecht über dem Ticino an der Felswand. Einst holperten die berühmten Gotthard-Postkutschen über die Pflasterung, nun soll sie nach der Restaurierung Wanderern und vielleicht auch Radfahrern zur Verfügung stehen.

Vor Faido das Gelände, wo das Konsortium Alpi den Sondierstollen zum Basistunnel der Neuen Eisenbahn Alpentransversale NEAT bohrt. Der Stollen soll Aufschluß über die Pioramulde mit ihrem mürben Gestein geben. Valle Leventina: Transitkorridor auf Gedeih und Verderb. Unerträglich waren die Kolonnen von Autos und Lastwagen, die sich Tag und Nacht durch Faido zwängten. Seit den achtziger Jahren rauscht der Verkehr über die Autobahn. Nun rollen die Zweiräder lautlos durch das stille Dorf. Der Gotthard-Basistunnel wird die Valle Leventina ganz beiseite lassen.

Der Stalvedro-Engpaß unterhalb Airolo markiert den Übergang von der Val Bedretto in die Valle Leventina. Die Piottino-Schlucht führt von der oberen in die mittlere Leventina und zu den Kastanien. Die Biaschina-Talstufe: von der mittleren in die untere Leventina und zu den Reben. Wer auf der Autobahn über die hohen Brücken und durch die zahlreichen Tunnels rast, nimmt die Stufen nicht wahr.

In Giornico spätestens beginnt der Süden. Zeit, Halt zu machen und die Windjacke auszuziehen. Im hübschen Dorf steht die bedeutendste romanische Kirche des Tessins:

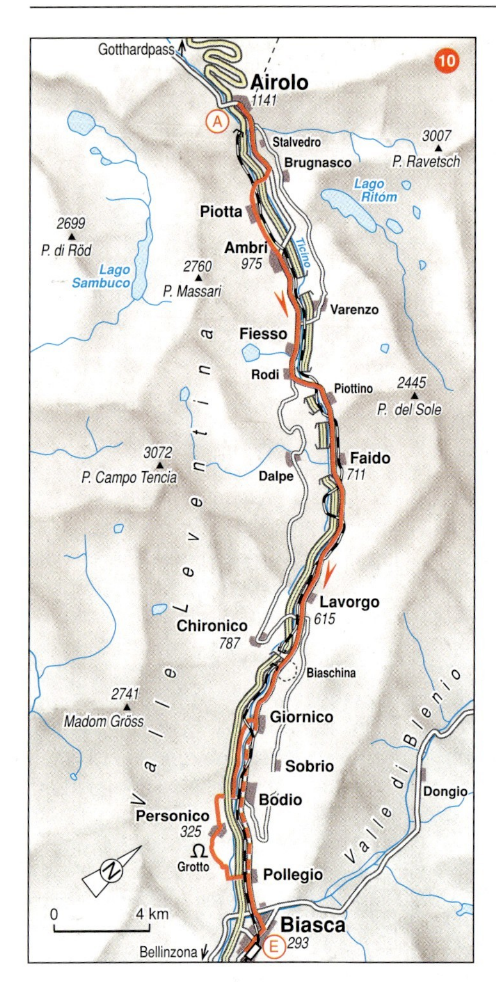

San Nicolao. Kunstvolle Schlichtheit, Reduktion auf das Wesentliche, Romanik pur und schnörkellos. Man muß sich Zeit lassen, muß den Raum auf sich wirken lassen. So hätte vielleicht Mario Botta im 12. Jahrhundert gebaut. Wenige Meter neben der mit Granitquadern erbauten Kirche rattern pausenlos die Gotthard-Züge vorbei.

Die Schlacht von Giornico: 1478 erlitten die übermächtigen Mailänder Truppen eine Schlappe gegen die Eidgenossen. Martin Stanga war der Anführer der Tessiner Söldner. In der wappengeschmückten Casa Stanga ist das Talmuseum untergebracht. Von der Konservierung der Vergangenheit läßt sich schlecht leben. Das Stahlwerk Monteforno des von Roll-Konzerns in der Ebene von Giornico nach Bodio war einer der wichtigsten Industriebetriebe des Tessins. Gegen erbitterten Widerstand wurde das Werk 1994 stillgelegt, obwohl es eines der leistungsfähigsten Europas war. 1000 Arbeitsplätze gingen verloren. Die ohnehin schon hohe Arbeitslosenrate stieg noch an. Freizeitsportler radeln unter den verrostenden Anlagen durch.

Einfahrt nach Biasca. Zwischen Bodio und Biasca soll dereinst der Gotthard-Basistunnel den Süden erreichen. Ob dann auch ein Denkmal errichtet wird?

Streckenbeschreibung

Airolo–Giornico: Vom Bahnhof Airolo (1141 m) talauswärts hinauf auf die Hauptstraße, wo die Abfahrt beginnt. Durch den Engpaß von Stalvedro (zwei kurze Tunnels) in den Talboden der oberen Leventina mit Piotta, Ambrì und Rodi-Fiesso. Danach kommt die Piottinoschlucht mit dem Kernstück des Dazio Grande. Entweder auf der Hauptstraße bleiben, oder schöner vor dem Tunnel abbremsen und rechts auf die restaurierte (oder sich immer noch in Restaurierung befindende) strada urana durch die Schlucht selbst wechseln; diese historische Gotthardroute erreicht die Hauptstraße bei deren zweiter Haarnadelkurve. Hinab nach Faido, Hauptort der Leventina. Durch Chiggiogna und Lavorgo. Die Talstufe der Biaschina überwindet die Straße mit zwei Haarnadelkurven, die Bahn mit zwei Kehrtunnels und die Autobahn mit einer 180 m hohen Brücke.

Giornico–Biasca: In Giornico in der unteren Leventina biegen wir beim Wegweiser zur Kirche San Nicolao rechts ab, schwenken dann aber gleich wieder links. Wir fahren kurz hinab und über die beiden geschwungenen Steinbrücken. Über eine gepflasterte Straße hinauf zur Pfarrkirche San Michele und rechts zur San Nicolao. Zurück zur Pfarrkirche, rechtshaltend unter der Eisenbahn hindurch. Nun auf einer Nebenstraße durch Rebberge und Felder und dann mitten durch die Industriezone von Bodio hindurch. Die Abzweigung ins Dorf selbst lassen wir sein und pedalen nach Personico. Am Ortsausgang kommt man zu den Grotti. Nach der Brücke über den Fluß aus der Val

Velorausch Gotthard Süd: Mit Mieträdern durch die Kehren der Biaschina-Talstufe sausen.

d'Ambra über den Ticino (Radwegweiser). Über die Ebene, dann links unter Auto- und Eisenbahn hindurch nach Pollegio auf die Hauptstraße. Auf ihr nach Biasca (293 m). Wer nicht gleich zum Bahnhof muß, fährt ins Zentrum hinein und nimmt links die Via Lucomagno. Auf ihr bis zu den Wegweisern der vier Grotti von Biasca.

Nützliche Informationen

Ausgangsort: Airolo (1141 m) am Südportal des Gotthard-Tunnels.
Zielort: Biasca (293 m) an der Gotthard-Linie.
Unterkunft: In vielen Dörfern unterwegs. Zeltplätze in Primadengo bei Faido (Tel. 091/8661043) und in Chiggiogna (Tel. 091/8661562).
Einkehr: In den meisten Dörfern unterwegs. Sehr schön gelegen das Grotto dei due Ponti mitten in Giornico (Di. geschl., offen von Anfang Mai bis Ende Oktober); sehr typisch das Grotto Val d'Ambra am Ortsende von Personico (Mo. geschlossen sowie von Mitte Oktober bis Mitte Mai).
Karten: 266 Valle Leventina; 1252 Ambrì-Piotta, 1273 Biasca.
Variante: Zwischen Airolo und Giornico kann streckenweise auf Nebenstraßen

Im Schatten der San Nicolao von Giornico: die romanische Kirche Santa Maria di Castello.

ausgewichen und von Giornico nach Biasca auf der Hauptstraße gefahren werden: Beides lohnt sich nicht. Lohnend sind hingegen die Ausflüge zu den Dörfern in den Talflanken; *vgl. Tour 9 und 39.*
Sehenswertes: Granitkirchen und Betonbrücken, Holzhäuser und Stahlwerke.
Literatur: Emilio Geiler, Gotthard-Express 41 verschüttet. Ein Eisenbahnerroman von 1942; kitschig, spannend und leider vergriffen.
Besonderes: Die Schweizerischen Bundesbahnen bieten Tagespauschalen für den »Veloplausch Gotthard Süd« an. Das Mietrad im Bahnhof Airolo unbedingt reservieren, Tel. 091/8691222; nur Citybikes erhältlich.
Anschlußtouren: *1, 2, 4–9, 11, 19, 39, 40.*

11 Hohe Berge, flache Tische

Riviera: Biasca – Lodrino – Gorduno – Bellinzona; Monastero di Santa Maria

Charakter: Eine geruhsame Fahrt über den ebenen Grund des am tiefsten eingeschnittenen Tales des Tessins, das höchstens als Transitkorridor wahrgenommen wird und doch einen sehr bekannten Namen trägt: Riviera. Badestrände sind allerdings rar; für Erfrischung sorgen Grotti. Wem die Strecke zu kurz und zu flach ist, besucht noch das in der jähen Talflanke auf einem Felsen sitzende Monastero di Santa Maria: ein magischer Ort.

Distanz: 24 km; Abstecher von Claro zum Monastero di Santa Maria 10 km.

Höhenunterschied: Rund 100 m Abfahrt mit einigen kurzen und flachen Gegenanstiegen; mit Kloster zusätzlich je 400 m Aufstieg und Abfahrt.

Zeit: 2 Std.;
1 Std. mehr mit dem Kloster.

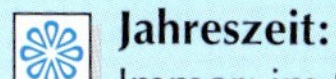

Jahreszeit:
Immer; im Sommer heiß.

Welch ein Name: Riviera! Diejenige des Tessins ist der zweitunterste Abschnitt des vom Ticino durchflossenen Alpentals vom Nufenenpass zum Lago Maggiore, verläuft gradlinig und ziemlich genau von Norden nach Süden, ist 16 Kilometer lang und besteht aus einer gut einen Kilometer breiten Sohle, die zu beiden Seiten von hohen Bergketten eingerahmt wird. Iragna (287 m) zum Beispiel wird im Westen überragt vom Pizzo Ricuca (2279 m) und vom Masnàn (2505 m) im Osten. Dieser Gipfel steigt auf nur 2,75 Kilometer Horizontaldistanz 2200 Meter in die Höhe, was für seine zerfurchte Westwand eine Durchschnittsneigung von 42 Grad oder 80 Prozent ergibt. Nur zum Vergleich: Die höchste Wand der Nördlichen Kalkalpen, die Watzmann-Ostwand, mißt bloß 1800 m. Während dort Bergsteiger zum Vergnügen hochklettern, bauten hier Bergbauern Pfade und Steinhütten in die ausgesetzte Wand, um kümmerliche Plätze für Haustiere und Wildheu zu haben. Wenn wir über die Ebene von Iragna nach Lodrino radeln und links in die Flühe hinaufsehen, können wir uns kaum vorstellen, daß an solchen Orten Leute ein Auskommen suchen mußten. Und plötzlich sehen wir rechts der Masnàn-Abstürze noch höhere Berge durch die Val d'Osogna herableuchten: Der Torrone Alto verpaßt die 3000er-Grenze um nur 43 Meter. Auf der gegenüberliegenden Seite der Riviera türmen sich die Gipfel etwas weniger hoch, doch mehr als zwei Kilometer Höhendifferenz liegt immer zwischen den Höhen und dem Talgrund. Nur wer mitten im Tal auf dem geteerten Landwirtschaftssträßchen lautlos dahingleitet, kann die Dimensionen der Tessiner Riviera überhaupt wahrnehmen. Wer im Auto oder mit der Bahn durchrast, sieht den Himmel nicht.

Arme, reiche Riviera: Korridor für ungestüme Winde, für ungebremsten Verkehr von Norden oder Süden. Nördlich von Biasca soll dereinst der geplante Gotthard-Basistunnel münden: Ob die lokale Wirtschaft von dieser Riesenbaustelle auch profitieren wird? Die Arbeit mit Stein jedenfalls kennt man in der Riviera. Zahlreiche Steinbrüche zeugen davon. Stein, vor allem Granit sowie Marmor in Arzo und Peccia, ist der wichtigste Rohstoff des Tessins. Das Bellinzonese und die Riviera zählen zusammen rund die Hälfte der Betriebe und Beschäftigten der Tessiner Steinbrüche, nämlich 33 bzw. 291. Bei unserer Fahrt kommen wir an Stellen vorbei, wo der Fuß der hohen Berge angeknabbert wird. Und auf einmal fühlen wir hautnah diesen Granit, auf und an den zentnerschweren Bänken und Tischen des Grotto Sacchi in Lodrino. Einfach und schön sind diese Tische, haltbar, solange die Felsmassen nicht zusammenstürzen. Wo das Grotto liegt, zeugen riesige Blöcke davon, daß die Berge nicht ewig stehen. Die Menschen haben sich den Ort zunutze gemacht. Zwischen den Blöcken legten sie Keller an, bauten sie aus: ideale Räume, um die Produkte der Land- und Viehwirtschaft zu lagern. Und weil Käse, Salami und Wein am besten gleich bei den Vorratsgrotten unter den

schattenspendenden Bäumen schmecken, setzte man noch Bänke und Tisch hinzu, zuerst nur für sich, später teilweise auch für andere. Die Entwicklung des Grotto vom privaten Kühlraum zur öffentlichen Wirtschaft ist gerade in Lodrino eindrücklich zu sehen. Da vorbeizuradeln, ohne ein formaggino zu essen und eine gazosa zu trinken, wäre eine Sünde.

Gestärkt schwingen wir uns auf die Mieträder im Emmentaler-Design der Schweizerischen Bundesbahnen. Weil die rechte Talseite der Riviera schon in den Schatten getaucht ist, möchten wir noch etwas die Sonne genießen. Oberhalb von Claro auf der anderen Talseite leuchtet eine Kirche aus dem Wald. Es ist das Monastero di Santa Maria, ein Benediktinerinnenkloster, das 1490 gegründet wurde. Früher war es nur zu Fuß erreichbar, heute führen eine schmale Teerstraße und eine kleine Luftseilbahn hinauf. Die Straße verläuft meistens im prächtigen Kastanienwald, und trotzdem schwitzen wir beim Hinaufstrampeln heftig. Endlich stehen wir vor der Klosterkirche. Direkt zu Füßen der flache Talboden und gegenüber die mächtige Talflanke, an deren Spitzen sich das Sonnenlicht bricht, wodurch Strahlenlinien herabstürzen. Einzelheiten sind nicht mehr erkennbar, nur noch der lichterfüllte Raum im tiefsteingeschnittenen Tal des Tessins. Und aus dem Grunde der Riviera dringt das Rauschen der Auto- und Eisenbahn herauf.

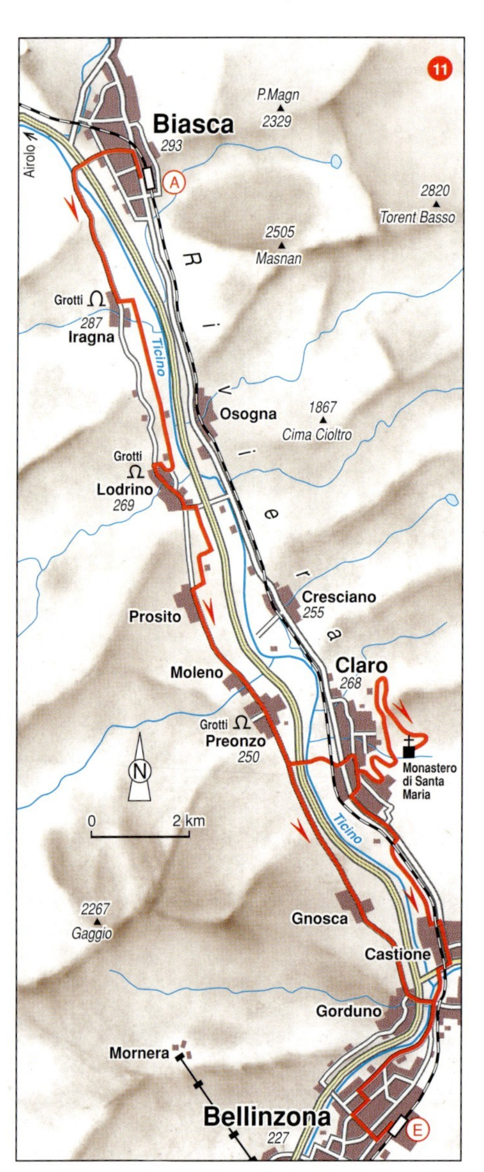

Streckenbeschreibung

Biasca–Bellinzona: Vom Bahnhof Biasca (293 m) kurz nordwärts, dann links Richtung Iragna. Unter der Autobahn hindurch und über den Ticino. Am Nordrand von Iragna, beim Wegweiser rechter Hand zum Grotto Angela, links in kleine Teerstraße einbiegen (Wegweiser zum Sportplatz). Bei der zweiten Verzweigung nach rechts und sehr schön auf nahezu verkehrsfreiem Landwirtschaftssträßchen nach Lodrino. Bei Bildstock rechts auf die Landstraße und wieder rechts kurz auf dieser zurückfahren, bis links eine Stichstraße zu den Grotti führt. Später durch Lodrino hindurch, entweder auf der Hauptstraße oder direkt von den Grotti weg leicht ansteigend gegen die Kirche und dann hinab. Am Ausgang des Dorfes links die Straße nach Osogna nehmen. 200 m nach der Abzweigung rechts in asphaltierten, auf 12 Tonnen begrenzten Wirtschaftsweg einbiegen. Durch die Ebene; wo es nicht mehr weiter geht, nach rechts und gleich wieder links. Zuletzt nach Prosito. Auf der Landstraße über Moleno, Preonzo (Grotto Damiano) und Gnosca nach Gorduno, wobei man die Dörfer um- oder durchfahren (mehr

Herausragend: die von Bergbauernpfaden und Sportkletterrouten durchzogenen Abstürze des Masnàn, gesehen von Lodrino.

Anstieg!) kann. Hinunter zum Ticino und rechts in den Radweg nach Locarno und Ascona. Ihm folgt man durch die Außenquartiere von Bellinzona bis in die Via Mirasole, biegt aber nach dem Stadio comunale links in die Via Vincenzo Vela ein. Sie zieht direkt zur Piazza del Sole am Fuß des Castel Grande. Zuletzt durch den Viale Stazione hinauf zum Bahnhof Bellinzona.

Monastero di Santa Maria: Nach Preonzo links auf der Autostraße nach Claro. Die Hauptstraße überqueren, linkshaltend hinauf und rechts flach zur Kirche, wo das geteerte Sträßchen zum Monastero beginnt (Durchschnittsgefälle 9 Prozent; kurze Abschnitte bis rund 15 Prozent). In mehreren Kehren, zuerst durch die Einfamilienhäuser von Claro, dann steiler durch Kastanienwald zu einer Verzweigung (etwa 660 m). Steil rechts hinab zum Parkplatz und zu Fuß entlang den Klostergebäuden zur Kirche (621 m). Später zurück zur Kirche von Claro. Halblinks hinab auf die Hauptstraße. Kurz nach dem Motel Riviera zweigt rechts eine

Hervorragend: Die vielen Grotti der Riviera sorgen auch bei der Fahrt mit einem ganz heißen Bike für erfrischende Abwechslung.

markierte Radroute ab. Unter der Bahn hindurch und links. Wo der Bahnhof von Castione in Sicht kommt, darf man linker Hand eine auch für Radfahrer gestattete Personenunterführung nicht verpassen. Auf der Hauptstraße nach Arbedo zum Beginn des obenerwähnten Radweges.

Nützliche Informationen

Ausgangsort: Bahnhof Biasca (293 m).
Zielort: Bellinzona (227 m).
Unterkunft: Schöner Zeltplatz mit Schwimmbad in Claro, Tel. 091/863 17 53.
Einkehr: In Iragna: Grotto Angela (Di. geschlossen im Winterhalbjahr); in Lodrino: Grotto Sacchi (Nov. bis April geschlossen); in Preonzo: Grotto Damiano (Mo. Ruhetag).
Karten: 266 Valle Leventina; 276 Val Verzasca; 1273 Biasca, 1293 Osogna, 1313 Bellinzona.
Variante: In Biasca empfiehlt sich ein Besuch der Grotti: Vom Bahnhof ins Zentrum, durch die Via Lucomagno sanft ansteigen und rechts den Wegweisern folgend zu den vier Grotti. Und: Die Rivierareise kann sehr gut mit den Abfahrten durch die Valle Leventina *(Touren 9, 10)* und mit den Radwegen Bellinzona – Locarno *(Touren 15, 16)* verbunden werden.
Sehenswertes: Das 1996 eingeweihte und bereits mit einem Architekturpreis geehrte Gemeindehaus von Iragna und das moderne Postgebäude am Viale Stazione von Bellinzona, je erbaut aus Riviera-Granit.
Literatur: Folgende Grotto-Bücher sind empfehlenswert: Marco Stöckli-Spano, Delikat essen – Tessiner Grotti- und Weinführer, G & T Verlag; Tessiner Grotto-Führer/Guida ai Grotti del Ticino e Mesolcina, Edito da Fornasier in Aldesago (in grossen Kiosks erhältlich).
Besonderes: Bademöglichkeiten in Moleno, wo der Wildbach aus dem gleichnamigen Tal herunterkommt, sowie bei der Ticino-Brücke unterhalb Gorduno, beim Beginn des Radweges. Und: Ab 1998 wird die Route Nr. 3 der Schweizer Radwanderwege, die Nord-Süd-Route von Basel nach Chiasso markiert sein. Wie weit sie sich auf dem Riviera-Abschnitt mit der oben vorgestellten Strecke deckt, konnte bei Drucklegung des Buches nicht festgestellt werden.
Anschlußtouren: *2, 3, 5–10, 12–16, 27, 38.*

Bellinzonese

Im Negozio Galli an der Piazza Collegiata mitten in Bellinzona wollte ich noch eine Flasche Merlot del Ticino kaufen; nach der langen Fahrt über den Passo del San Bernardino durfte schon etwas gefeiert werden. Ich lehnte mein Rad an das Schaufenster des Geschäftes. Doch damit war Signor Galli gar nicht einverstanden. Er kam heraus, nahm mein Rad und stellte es an den Gehsteig, wobei er ein Pedal so auf den Randstein drehte, daß das Rad nicht umfiel. Dann gingen wir ins Geschäft zurück, und während ich aus den zahlreichen Weinen denjenigen mit der Etikette der Radweltmeisterschaft von Lugano im Oktober 1996 wählte, arbeitete der Geschäftsinhaber weiter an seinem Rad mitten in all den kulinarischen Köstlichkeiten.

Bellinzona eignet sich bestens zum Radfahren. Während der Verkehr vor allem in Lugano, aber auch noch in Locarno überbordet und zu radfahrerischen Schleichwegen zwingt, kann man sich in Bellinzona, abgesehen von den paar Verkehrsachsen, recht gut auf dem Rad bewegen. Man darf sogar in der verkehrten Richtung durch die Altstadt fahren. Kommt hinzu, daß das Gelände vom Bahnhof zum Ufer des Ticino, im Gegensatz zur Topographie von Lugano und Locarno, ziemlich flach ist. Die Ausnahme macht der wuchtige Burgfelsen des Castel Grande, dessen zwei schlanken Türme zum Symbol der Hauptstadt des Tessins geworden sind. Ein moderner Lift erspart uns die Aufstiegsmühen. Zu den beiden andern Burgen von Bellinzona, dem zinnenbekrönten Castello di Montebello gleich oberhalb der Kathedrale Santa Maria Collegiata sowie dem Castello di Sasso Corbaro weit oben am Hang, muß man schon selbst gehen bzw. radeln.

Berühmtester Radfahrer von Bellinzona ist der 1921 geborene Giorgio Orelli, der als größter Dichter des Tessins gilt. Er hat sein ständiges Fortbewegungsmittel auch schon dichterisch verewigt. Ein anderer Schweizer Schriftsteller hat in dem auf den ersten Blick spröden Bahnknotenpunkt ebenfalls literarische Radspuren gelegt. In »Ascona. Jahrmarkt des Geistes« schrieb Friedrich Glauser

Schußfahrt nach Bellinzona: Die Hauptstadt des Tessins eignet sich bestens zum Radfahren, in der Ebene wie am Motto d'Arbino (Tour 13).

1931: »In Bellinzona mietete ich ein Velo, versuchte es zu verkaufen, der Händler schöpfte Verdacht und benachrichtigte die Polizei. Ich nahm das Velo wieder mit (der Händler ließ mich gehen) und fuhr nach Locarno zurück. Als ich am Abend nach Bellinzona zurückfuhr, wurde ich auf dem Bahnhof verhaftet.«

Nützliche Informationen

Unterkunft: Mehrere Hotels, aber keines ist wirklich romantisch. Ein Bike-Hotel ist das Internazionale gegenüber dem Bahnhof, Tel. 091/8254333. Zeltplatz Bosco di Molinazzo bei Arbedo, am Beginn des Radweges nach Locarno, Tel. 091/8291118. Zeltplatz in Cadenazzo und zwei Campeggi in Gudo.
Einkehr: Grotto Ticinese mit hausgemachten Teigwaren und Kinderspielplatz (Sa. und im Jan. geschlossen). Stimmungsvoll das Corona in der Altstadt. Nur für Edelbiker mit dem nötigen Kleingeld: Das Schloßrestaurant im Castel Grande (Mo. geschlossen). Unbedingt empfehlenswert: der Markt am Samstag morgen in der Innenstadt. Da stellt man sich sein Picknick mit frischem Brot, würzigem Alpkäse und schmackhafter Salami selbst zusammen. Und kauft bei Galli noch eine gute Flasche. Aber bitte nicht – Sie wissen schon was.
Karten: Die Velokarte Locarno–Bellinzona–Lugano–Varese ist brauchbar; was fehlt, sind oberste Riviera und nördliche Mesolcina.
Radverleih: Stazione FFS Bellinzona, Tel. 091/8217244, Fax 091/8217249; zu mieten sind City- und Mountainbikes.
Radgeschäfte: Camada Sport, Viale Porton 12; Gastone Milesi, Via San Gottardo 80; Carlo Rivolta, Via Orico 7.
Sehenswertes: Die drei Burgen: Castello di Montebello ist eine Bilderbuchburg, die größtenteils begehbar ist, und das Castel Grande mitten in der Stadt zeigt eine perfekte Verbindung von mittelalterlicher mit neuzeitlicher Architektur von Aurelio Galfetti. Zahlreiche weitere Gebäude in Bellinzona und Umgebung zeugen von der Moderne; das Faltblatt des Tessiner Verkehrsvereins zu Rate ziehen.
Auskunft: Ente turistico Bellinzona e dintorni, Via Camminata 2, 6500 Bellinzona, Tel. 091/8252131, Fax 091/8253817.

12 Sonnenterrasse mit Schatten

Giova: Bellinzona – Arbedo – Valle Mesolcina – San Vittore – Giova (950 m) – Bellinzona

Charakter: Mit dem Touren-, Renn- oder Bergrad von der Hauptstadt des Tessins auf eine unbekannte Sonnenterrasse von Graubünden: sonnige und nach Verlassen des Talgrundes ruhige Fahrt auf einer neuen und schön angelegten Straße mit einer Durchschnittsneigung von gut 9 Prozent zu einer noch ganzjährig bewohnten Siedlung hoch über der Valle Mesolcina am Eingang der Val Calanca. Empfehlenswerte Tour für beginnende Bergfahrer und Bergfahrerinnen.

Distanz: 33 km.
Höhenunterschied: Rund 750 m.
Zeit: 3 Std.
Jahreszeit: März bis November; im Hochsommer heiß; wenn kein Schnee liegt auch im Winter, da die Bergfahrt über einen Südhang erfolgt.

Signora Marcacci bringt uns Calanda Bräu, gazosa aus dem bündnerischen Grono, Salametti, Alpkäse und Brot. Marco Volken, ein in Zürich lebender Tessiner mit Walliser Abstammung, und ich sitzen im April 1996 draußen vor der Osteria Marcacci auf Giova. Am Vortag waren wir mit den Skiern durch eine 730 Meter hohe, durchschnittlich 33 Grad steile Nordrinne in Italien gleich jenseits der Westgrenze des Tessins hinuntergefahren. Und nun sind wir mit den Mountainbikes über einen Südhang auf eine Sonnenterrasse gleich jenseits der Ostgrenze des Tessins hinaufgefahren. Giova liegt rund 1000 Meter hoch am Südrand der Adula Alpen, auf einer Bergrippe, welche die abgeschiedene Val Calanca von der Valle Mesolcina, auf deutsch Misox, trennt. Die beiden Täler gehören mit Bergell und Puschlav zu den vier italienischsprachigen, auf der

Alpensüdseite liegenden Tälern des Kantons Graubünden.

Der Durst ist groß. Die Signora bringt uns nochmals Bündner Bier sowie die Zitronenlimonade, die typisch fürs Tessin ist – und für die Valli Mesolcina und Calanca. Ob sie das ganze Jahr hier oben wohne, wollen wir von ihr wissen. Ja, sagt sie, und mit ihr würden noch weitere fünf Personen überwintern. Ein sechster Einwohner von Giova befände sich im Spital; es sei nicht sicher, ob er jemals wieder heraufkomme. Früher hätten hundert Leute hier oben gewohnt, da sei das Schulhaus noch benützt worden. Die letzte Schulklasse sei 1952 unterrichtet worden. Nun steht das Gebäude leer auf der gemähten Dorfwiese von Giova. Die Scheiben sind teilweise eingeschlagen. Aber der Briefkasten, der am Schulhaus hängt, wird noch geleert.

Seit 1989 kann der Briefträger mit dem Auto hochfahren, seit 1990 ist die bei Radfahrern beliebte Bergstrecke geteert. Früher mußte man von Roveredo zu Fuß hochsteigen. »A pè«, wie Signora Marcacci sagt. Mit der Straße kamen auch mehr Leute zurück, zum Ferienmachen in den alten, nun renovierten Steinhäusern. Die meisten würden von hier stammen, erzählt die Wirtin, ein paar wenige aus dem Tessin und aus der Deutschschweiz. Mit »hier« meint sie Roveredo und San Vittore unten im Misox, während das Tessin schon nicht mehr dazugehört, obwohl die Grenze nur knapp drei Kilometer westlich von Giova verläuft.

Die Nachmittagssonne bringt die gegenüberliegenden weißen Berge zwischen der Mesolcina und Italien immer mehr zum Leuchten. Es wird Zeit, die Oase oberhalb der Autobahn Bodensee–Mittelmeer zu verlassen. Arrivederci, Signora!

Tourist statt Schüler: Das Schulhaus von Giova steht seit 1952 leer. Der Briefkasten wird aber noch geleert.

Streckenbeschreibung

Bellinzona – San Vittore für Rennradler: Vom Bahnhof Bellinzona (238 m) nordwärts in die Via Lodovico il Moro und durch die Fortsetzung, die Via Santa Maria, in die Via San Gottardo und links zum Piazzale Mesolcina (der Name paßt!). Westwärts durch die Via Giuseppe Motta, durch die nach der Einmündung der Via Mirasole auch der Radweg Ascona–Arbedo verläuft. Auf diesem zur großen Kreuzung bei der Brücke von Arbedo nach Gorduno. Nun sich in die Hauptstraße einfädeln und auf ihr Richtung Roveredo, Mesocco und San Bernardino (aber nicht die gleichnamige Autobahnauffahrt wählen!). 500 m nach der Verzweigung – und ein paar Meter, nachdem man die Gleise der nur unregelmäßig in Betrieb stehenden Misoxer-Schmalspurbahn gekreuzt hat – rechts in eine Nebenstraße abbiegen. Bei der ersten Möglichkeit links. Das Teersträßchen führt über die Ebene der Valle Mesolcina, an einer Kapelle vorbei, nach Lumino. Hier muß man leider wieder für 2 km auf die Hauptstraße. Westlich von San Vittore (279 m) zweigt links die neue Straße nach Giova ab.

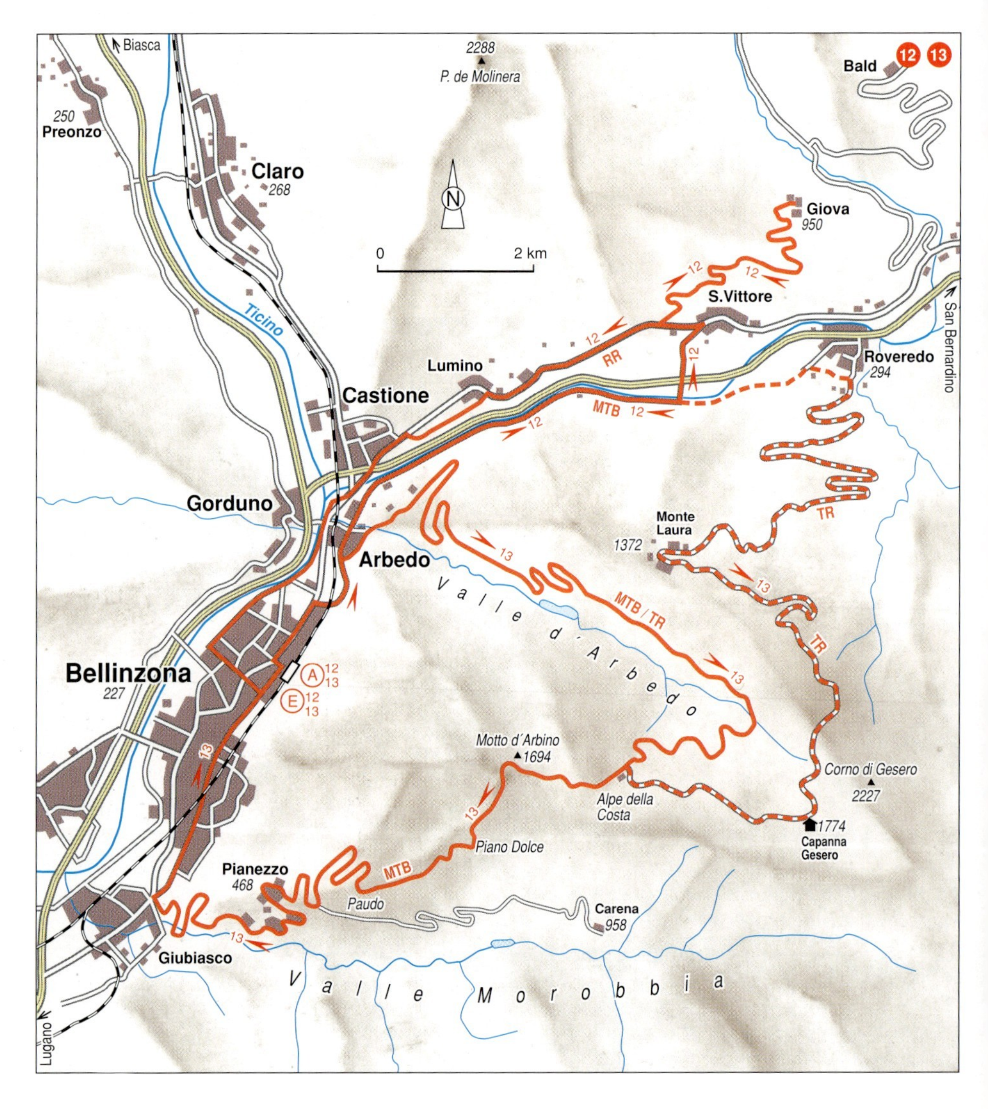

Bellinzona – San Vittore für Mountainbiker: Vom Bahnhof Bellinzona nordwärts hinab und rechts in den Viale Officina, welcher in die große Via San Gottardo mündet. 250 m nach der Einmündung rechts in die Via Paradiso abbiegen. Unter den Gleisen hindurch und oberhalb davon auf einem Weg, teilweise auf Naturbelag, nach Arbedo. Linkshaltend zu einer modernen Kirche. Nun immer auf etwa gleicher Höhe durch die Wohnstraßen von Arbedo in die Nordecke des Dorfes. Auf dem südlichen Ufer der Moesa auf Sträßchen (mit Teer- und Naturbelag) sowie Wegen 4 km bis Fornas (wer nach Roveredo und zur Capanna Gesero will, fährt geradeaus). Über die Moesa zur Kapelle Santa Croce und weiter auf dem Sträßchen nach San Vittore; im Dorf links und zur Abzweigung nach Giova.
San Vittore–Giova: Die Straße nach Giova kurvt stetig hoch; die untersten 2 km sind die härtesten (und auch heißesten). Oben links über eine kurze, steile, ungeteerte Rampe hinauf zur Kirche, oder gleich rechts auf einem ungeteerten Sträßchen in den Weiler Giova (etwa 950 m); die Osteria befindet sich rechts am Ende der großen Wiese. Die geteerte Straße ihrerseits steigt noch zu den oberen Häusern von Giova (1000 m) an, von wo man in die Val Calanca hinunterblickt, und dann noch rund 100 Höhenmeter weiter gegen die Monti di Faedo.

Nützliche Informationen

Ausgangs- und Zielort: Bellinzona (227 m).
Streckenlängen: Bellinzona – San Vittore 9 km; Straße nach Giova 7,5 km.
Einkehr: Osteria Marcacci auf Giova (immer offen). In San Vittore gibt es vier Grotti.
Karten: 276 Val Verzasca, 277 Roveredo; 1294 Grono, 1313 Bellinzona, 1314 Passo San Jorio.
Sehenswertes: Die Ende der achtziger Jahre von Franco Pessina projektierte Chiesa Madonna di Fatima auf Giova: ein weißes Kleinod aus Beton und Stahl.
Besonderes: Oberhalb der untersten Rampe der Straße nach Giova verlocken sonnige Platten zum Klettern; mehr über Bike and Climb bei *Tour 38.*
Anschlußtouren: *3, 11, 13–16, 27, 38.*

13 Eher fortissimo als piano

Motto d'Arbino: Bellinzona – Arbedo – Valle d'Arbedo – Motto d'Arbino (1694 m) – Piano Dolce – Paudo – Giubiasco – Bellinzona

Charakter: Eine konditionell und fahrtechnisch anspruchsvolle Biketour auf einen phantastischen Aussichtspunkt oberhalb Bellinzona. Eine neue, massive Erschließungsstraße durch die zuvor nur halbwegs befahrbare Valle d'Arbedo ermöglicht den Aufstieg. Die Abfahrt erfolgt auf einem nicht durchwegs befahrbaren, aber immer ungefährlichen Wanderweg meistens durch lockeren Wald zu den Monti di Paudo und dann auf einer Straße zu den Rebbergen von Giubiasco. Trekkingradler kämpfen sich von Roveredo zur Capanna Gesero (1774 m) hoch und stürzen sich nach Arbedo hinab, verpassen jedoch die idyllisch-knifflige Abfahrt hoch oberhalb des Piano di Magadino.

Distanz: 35 km
Höhenunterschied: knapp 1500 m.
Zeit: Aufstieg 3 Std., Abfahrt 1½ Std.

Jahreszeit: Mai bis Oktober; am schönsten im Herbst. Im Hochsommer den schattigen, aber langen Aufstieg von Roveredo wählen.

Oktober 1996, 11 Uhr: Der Eurocity »Raffaello« bringt uns nach Bellinzona, wo Giovanni Stricker schon mit seinem gefederten Bike auf dem Bahnsteig wartet. Azurblauer Himmel, schneeweiße Bergspitzen, gelb und rot verfärbter Wald: Schöner kann das Tessin nicht sein. Kastanien auf der Straße durch die Valle d'Arbedo; wie weit sie uns wohl führt? Die Karte verzeichnet sie nur entlang dem Südhang des Tales. Wir steigen und steigen, und die Straße wird nicht schmäler, im Gegenteil: Lastwagenbreit ist sie in die jähen, bewaldeten Hänge gebaut, befestigt mit großen Blöcken. Sollen wir es bedauern: eine Straße mehr, ein nur Fußgän-

gern zugängliches Tal weniger? Zwei Biker kommen uns entgegen. Sie sind von Roveredo in der Valle Mesolcina gestartet, bei der Capanna Gesero durch Neuschnee geschlingert und nun enttäuscht, daß sich die erhoffte (und in einem Bikeführer auch so vorgestellte) Off-Road-Abfahrt nach Arbedo als frisch geteerte Bergstraße erweist. Auf der Alpe della Costa verlassen wir die Straße, fahren über einen Feldweg zum Motto d'Arbino und setzen uns auf die Gipfelwiese. Unten glitzern die Gewächshäuser der Magadino-Ebene, dahinter schimmert der Lago Maggiore, darüber leuchtet die unverwechselbare Skyline der Walliser Viertausender. Und auf der anderen Seite blinzelt zwischen gelben und grünen Nadelbäumen die Cima delle Cicogne hervor.

Winteranfang 1990: Ein Taxi brachte uns von Bellinzona nach Carena (958 m) in der Valle Morobbia. Das Postauto hatten wir verschlafen. Verspätet begannen wir die auf keiner Skiroutenkarte und in keinem Führer vermerkte Skitour auf die Cima delle Cicogne (2201 m). Weit war der Weg, wechselnd der Schnee, eng das Skigelände im Wald, schmal der lange Westgrat. Den Umkehrpunkt legten wir auf 14 Uhr fest. Fünf Minuten später kamen wir beim Gebäude an, das den Gipfel verunziert. Viel Zeit blieb nicht übrig, das bis in die Magadino-Ebene hinunter verschneite Tessin zu bewundern. In den Nordhängen gegen die Alpe di Gesero genossen wir Pulverschnee, auf den verbuschten Südhängen oberhalb Carena verfluchten wir den Naßschnee.

Und bloß zehn Monate später: Gegen 17 Uhr erreichten wir zu Fuß die Capanna Gesero. An diesem Abend gehörte die laut Tessiner Hüttenverzeichnis immer offene Gesero-Hütte ausschließlich dem Militär: Ein Wehrmann des Füsilierbataillons 190, wahrscheinlich der Küchenchef, verweigerte uns in arrogantem Ton ein Übernachten mit dem Hinweis, die Armee halte die Hütte für zwei Wochen total besetzt und diese sei deshalb für Zivilisten nicht zugänglich. Wenig erfreut über solche Zurückweisung stiegen wir 800 Höhen- und fünf Kilometer ins Dorf Carena und in die Nacht ab; wie es andern Wanderern ergangen wäre, die nicht über Wegkenntnis und Stirnlampe verfügten, schien dem selbsternannten feldgrünen Hüttenwart wurscht zu sein. Daß die Capanna Gesero zweckentfremdet wurde, lag auch an ihrer leichten Erreichbarkeit. Fünf Jahre später führen gar zwei Straßen zur Hütte.

Oktober 1996, 15 Uhr: Wir folgen einem Wanderweg hinunter in die Ebene. Ob er befahrbar ist, wissen wir nicht. Der Rücken, auf dem der Weg verläuft, ist nicht steil. Es könnte gehen. Es geht, und wie! Herrliche Passagen durch Wald und über Wiesen wechseln ab mit Stellen, wo wir absteigen müssen. Aber nie für lange. Die Freude, eine Abfahrt entdeckt zu haben, wird noch gesteigert durch die farbige Landschaft, die schöne Lage der Maiensässe, den alten Verbindungsweg, auf dem wir sachte in die Tiefe sinken.

Auf einem Teppich von roten Blättern fahren wir in eine sonnige Lichtung, auf der eine Bank zur Rast einlädt und ein Brunnen plätschert. Hier hätten wir lange verweilen mögen. Auf den Monti di Paudo, knapp 800 Meter oberhalb Giubiasco, schauen wir auf die Uhr: Noch 25 Minuten bis zur Abfahrt des Intercity »Ticino« in Bellinzona. Für einmal wird es nicht zu einer gazosa in einem Grotto reichen.

Streckenbeschreibung

Bellinzona–Arbedo: Vom Bahnhof Bellinzona (238 m) nordwärts hinab und rechts in den Viale Officina, welcher in die große Via San Gottardo mündet. 250 m nach der Einmündung rechts in die Via Paradiso abbiegen. Unter den Geleisen hindurch und oberhalb davon auf einem Weg, teilweise auf Naturbelag, nach Arbedo. Linkshaltend zu einer modernen Kirche und rechts abbiegen. Leicht ansteigen und geradeaus durch den alten Dorfkern von Arbedo. Über die Traversagna, den Fluß aus der Valle d'Arbedo. Rechts abbiegen und gleich wieder links durch ein Einfamilienhaus-Quartier an den Beginn der Straße in die Valle d'Arbedo.

Augen-Blicke: Wenn der Bergradler auf Piano Dolce nicht fährt, sieht er den Lago Maggiore und am Horizont Walliser Viertausender.

Arbedo–Motto d'Arbino: Die Straße steigt mit einem Durchschnittsgefälle von 10 Prozent durch das ganze Tal hoch; die Strecke im Talhintergrund und in der Nordflanke wurde in den neunziger Jahren erbaut und 1996 geteert. Nach der Abzweigung der Stichstraße zu den Monti di Cò wird die Straße sehr steil (bis 18 Prozent) und kommt zu einer Verflachung bei einem weißen Haus (1553 m). Hier zieht die geteerte Straße links zur Alpe di Gesero weiter. Wir folgen rechts einem Feldweg zur Alpe della Costa. Er führt uns immer auf der Nordseite in einen Sattel. Rechts (Wegweiser beachten) in eine Senke hinab und kurz sehr steil hinauf in wenigen Minuten zu den Antennenanlagen und zur Gipfelwiese des Motto d'Arbino (1694 m).

Motto d'Arbino–Bellinzona: Vom Motto d'Arbino zurück in den erwähnten Sattel und auf dem breiten Wanderweg im Wald auf die Alpe d'Arbino. Scharf nach links und wieder durch Wald zu einer Wegkreuzung mit Wegweiser. Nun alles über den gut markierten Wanderweg auf einem Rücken über Piano Dolce (links abbiegen nicht verpassen!) bis Monti di Paudo (etwa 1000 m). Der Weg ist stellenweise mit Steinen versetzt, wo das Rad geschoben werden muß: selten oder ab und zu, je nach Fahrkönnen und Mut. Auf Monti di Paudo rechts zu einem geteerten Fahrweg, der in die Straße mündet, die von den Monti di Ravecchia herabkommt. Rasche Abfahrt über Paudo und Pianezzo nach Giubiasco. Von der großen Kreuzung im Zentrum 750 m Richtung Bellinzona, bis halbrechts eine Verbindungsstraße zur Via Lugano abzweigt. Nun immer geradeaus, mitten durch die Altstadt von Bellinzona (für Radfahrer offene Einbahnstraße) und zum Bahnhof.

Nützliche Informationen

Kartenskizze: Siehe Seite 74.
Ausgangs- und Zielort: Bahnhof Bellinzona (238 m).
Streckenlängen: Bellinzona – Valle d'Arbedo – Alpe della Costa 17 km; Alpe della Costa – Motto d'Arbino – Bellinzona 18 km; Bellinzona – Roveredo – Capanna Gesero – Alpe della Costa 33 km.
Unterkunft: Capanna Gesero (1774 m) der UTOE (Unione ticinese operai escursionisti), 60 Plätze, immer offen, Hüttenwart von Mitte Juni bis Ende September, Tel. 091/8271271. Grotto Paudese in Paudo, Tel. 091/8571468.
Einkehr: In Paudo das Ristorante Cimetta und das Grotto Paudese. Grotto della Salute im Ortsteil Palasio von Giubiasco (noch vor der großen Kreuzung rechts halten), Mo. und im Aug. geschlossen, Tel. 091/8576167.
Karten: 276 Val Verzasca, 277 Roveredo; 1313 Bellinzona, 1314 Passo San Jorio.
Variante: Von Bellinzona auf den Strecken von *Tour 12* nach San Vittore und hinüber nach Roveredo (294 m). Auf der durchschnittlich 9,5 Prozent geneigten Bergstraße über Monte Laura zur Alpe di Cadinello (etwa 1830 m), die durch einen Tunnel erreicht wird (Licht von Vorteil). Auf einer Naturstraße gut 2 km abfahrend und anstei-

Schön, aber nicht ganz einfach: Abfahrt vom Motto d'Arbino.

gend zur Capanna Gesero (1774 m), wo die Teerstraße wieder beginnt. Hinunter zur Einfahrt in die Valle d'Arbedo. Biker, welche die Route über den Monte d'Arbino wählen, fahren nicht zum unteren Haus (1553 m) ab, sondern wählen links den Fahrweg zur Alpe della Costa (1615 m). Höhenunterschied für Trekkingradler 1640 m, für Biker 1720 m.
Sehenswertes: Gras- und Gneisberge, Eis- und Rebberge.
Anschlußtouren: *3, 11, 12, 14–16, 27, 38.*

14 Nebenstraßen

Monte Ceneri: Bellinzona – Cadenazzo – Quartino – Monte Ceneri (554 m) – Taverne – Origlio – Porza – Lugano

Charakter: Abseits der Verkehrsstränge von der politischen Hauptstadt in die wirtschaftliche Metropole des Tessins: Von Bellinzona über den Monte Ceneri nach Lugano, mit Ausnahme von 5 km immer auf Nebenstraßen. Idyllisch und anstrengend ist der 350-Meter-Aufstieg über den gepflasterten, historischen Saumweg auf den Paß, wo man das Rad wird schieben müssen. Wer darauf verzichten will, nimmt den Zug – oder die Abgase und den Lärm der Ceneri-Straße in Kauf.

Distanz: 36,5 km.
Höhenunterschied: 540 m Aufstieg, 450 m Abfahrt.

Zeit: 3½ Std.

Jahreszeit: Immer; am schönsten, wenn im Lago d'Origlio ein verbotenes Bad genossen werden kann.

Der Monte Ceneri trennt und verbindet das Tessin. Nördlich des Passes breitet sich das Sopraceneri aus, welches vom Ticino entwässert wird. Südlich davon liegt das Sottoceneri, in dem die schroffen Gebirgsformen langsam etwas mildere Formen annehmen. Oben das große Nordtessin, unten das kleine Südtessin. Der einzige wegsame Übergang dazwischen: der Monte Ceneri. Bloß 550 Meter hoch, bloß 350 Meter oberhalb des Piano di Magadino. Ein Klacks, wenn man an die Höhenunterschiede im Tessin denkt. 2000 Meter erstrecken sich zwischen jener Ebene und dem Camoghè, dem höchsten Gipfel des Sottoceneri. Doch wie hatte Stefano Franscini, der erste Minister aus dem Tessin in Schweizer Bundesrat, gesagt: »Wie ist er doch fatal für uns Tessiner, dieser Zwerg von Monte Ceneri.« Durch die ganze Geschichte des Landes auf der Alpensüdseite spukt der verhängnisvolle Paß. Und noch heute ist der Gegensatz zwischen den klar abgegrenzten Landesteilen spürbar. Im Norden der HC Ambri-Piotta, im Süden das Eishockeyteam von Lugano, und beim Kantonalderby geht es mehr als nur um Punkte. Übertragen werden die Matches vom Radio svizzera di lingua italiana, deren Sendeanlagen auf dem Monte Ceneri stehen.

Früher, als Nachrichten noch zu Fuß und per Kutsche überbracht wurden, galt der Ceneri als gefährlicher Paß. Im Niemandsland verschiedener Gerichtsbarkeiten – das Tessin war damals kein selbstständiger Kanton der Schweiz, sondern aufgeteiltes Untertanenland der Eidgenossen – lauerte lichtscheues Gesindel den Saumpfadtransporten und Reisenden auf. Die dichten Wälder boten guten Unterschlupf. Wer heute auf der Autobahn Dänemark–Kalabrien oder im Eurocity »Tiziano« von Hannover nach Milano fährt, merkt nicht allzuviel vom Monte Ceneri. Ein Tunnel mehr, und schon geht es endgültig gegen die lombardische Tiefebene hinunter. Radfahrer hingegen lernen den historischen Saumweg kennen – und wie! Kräftige Mountainbiker werden auf dem ziemlich steilen Weg mit den runden Steinen nicht vom Rad steigen wollen, Tourenfahrer hingegen schieben es gemütlich bergan.

Auch Paolo Fava blieb am 30. Juli 1889, anläßlich der Tessiner Radmeisterschaft von Locarno über Bellinzona nach Lugano, nichts anderes übrig. Seine schärfsten Konkurrenten, die Radhändler und -fabrikanten Carlo Bruni und Jean Morel, hatten vor dem Rennen am Beginn der Steigung ein zweites Rad mit einer kleineren Übersetzung depo-

Wie auf Schienen: Rennradler in Lugano, als auf den Straßen noch Tramwagen verkehrten.

niert – damals gab es ja noch keine Räder mit mehr als einem Gang. Fava blieb der dritte Rang und ein Protest. Übrigens: Bruni brauchte für die 54 km genau eine Stunde und 53 Minuten – eine Herausforderung für Nachfahrer.

Wer sich diesen Aufstieg ersparen will, nimmt von Bellinzona den Lokalzug nach Rivera gleich südlich des Paßübergangs. Aber die Radstrecke Bellinzona–Lugano ganz beiseite lassen, wie dies die offizielle Broschüre »Die Schweiz. Aus Spaß am Biken« von 1996 empfiehlt? Mitnichten. Denn die Fahrt durch die Valle del Vedeggio und durch das hügelige Hinterland von Lugano macht Spaß. Zudem fand auf der – für den Verkehr allerdings gesperrten – Ceneri-Straße durchs Vedeggio-Tal das Zeitfahren der Straßen-Rad-Weltmeisterschaft von Lugano im Oktober 1996 statt. Tausende von Zuschauern, aus dem Norden und aus dem Süden, säumten die Strecke.

Streckenbeschreibung

Bellinzona–Quartino: Vom Bahnhof Bellinzona (238 m) links hinab ins Zentrum. Immer geradeaus, durch die Altstadt und über die Piazza Indipendenza. Kurz danach kommt man auf eine stark befahrene Straße. Nach rechts und bei der dritten Straße nach links, in die Via Canonico Ghiringhelli. Nach 750 m rechts in die Via Carlo Maderno einbiegen. Bei der Kreuzung geradeaus, dann gleich links auf den ausgeschilderten Radweg nach Locarno und Ascona. Er kommt bei einem Schützenhaus vorbei, folgt in Giubiasco kurz der Eisenbahn und führt durch ein Außenquartier. Wenn er nach der Brücke über die Morobbia rechts gegen den Ticino sinkt, fahren wir weiter geradeaus über die Autobahn und durch den Piano di Magadino bis Cadenazzo, wo die Straße leicht nach rechts knickt. An ihrem Ende nach links, unter den Geleisen hindurch und über eine stark befahrene Straße. Auf einer Nebenstraße am Hangfuß des Monte Ceneri entlang über Contone (205 m) bis Quartino.

Quartino – Monte Ceneri – Taverne: Noch vor der Brücke in Quartino zweigt links der Wanderweg ab, der auf dem historischen Saumweg durch Wald hinaufkurvt. Die Pflasterung beginnt nach den letzten Häusern; zuoberst ist der Weg wieder geteert. Geradeaus, dann gezwungenermaßen links auf die Paßhöhe (554 m) und die große Straße.

800 m auf der Autostraße in die Valle del Vedeggio hinabrollen, bis rechts ein Schild zum Santuario del Ciclista weist. Unter der Ceneristraße hindurch und geradeaus. Immer die rechten Abzweigungen ignorierend (so auch beim Bahnhof Rivera) auf schöner, schmaler Straße durch Wald und Feld nach Bironico. Beim Stoppsignal nach rechts und bei der nächsten Kreuzung links nach Camignolo (gleiche Route wie Wanderweg); vor der Vedeggio-Brücke ein kurzes gepflastertes Stück Straße. In Camignolo immer geradeaus, auch durch eine schmale Straße mit Fahrverbot. Sie mündet in eine größere Straße, auf der man die Talseite wechselt. An der Kirche San Mamete vorbei. Schließlich muß man linkerhand auf die große Straße, die nach Taverne hinunterführt.

Taverne–Lugano: Am Eingang des Dorfes, in Taverne Superiore, zweigt rechts die Variante ab. Die Hauptroute überbrückt noch den Vedeggio. Gleich am Ende der Brücke (356 m) zweigt links von der Hauptstraße (Vorsicht beim Abbiegen!) eine kleine, geteerte Straße ab; Wegweiser »Al Mulino«; das Sträßchen ist nicht identisch mit der Autostraße nach Tesserete! Die Nebenstraße steigt nach Ponte Capriasca (447 m) hinauf. Durchs Dorf hindurch und am Ortseingang von Carnago rechts in eine mit einer Barriere für Autos gesperrte Nebenstraße einbiegen. Sie führt nach Origlio hinab. Im Dorf links zum gleichnamigen See (416 m) und auf dem ungeteerten und sehr gut befahrbaren (was eigentlich verboten ist) Wanderweg entlang dem Westufer. In einer Villensiedlung links und dann rechts. Die schmale Straße (ein kurzer Abschnitt ist nicht geteert) führt nach Cureglia. Man benützt die Hauptstraße nur auf 100 m und schwenkt links in eine Nebenstraße ein, die zum Fernsehzentrum der italienischen Schweiz führt. Wo man wieder auf die große Straße trifft, hält man sich wieder links und dann gleich rechts. Durch eine Senke hindurch nach Porza (489 m) hinauf. Hinab gegen Savosa, aber 300 m nach der zweiten Haarnadelkurve links in eine kleine Straße hinein und dann gleich rechts (wir kennen das Spielchen bereits ...) in die Via Navresco. Hinunter zu einer Kreuzung und hinauf in den Weiler Rovello. Durch die schmale Via Rovello (teilweise Fahrverbot). An ihrem Ende links und gleich rechts (zum letzten Mal!) auf die sehr stark befahrene Via San Gottardo. Hinunter und auf der Höhe der Gleise rechts zum Bahnhof von Lugano.

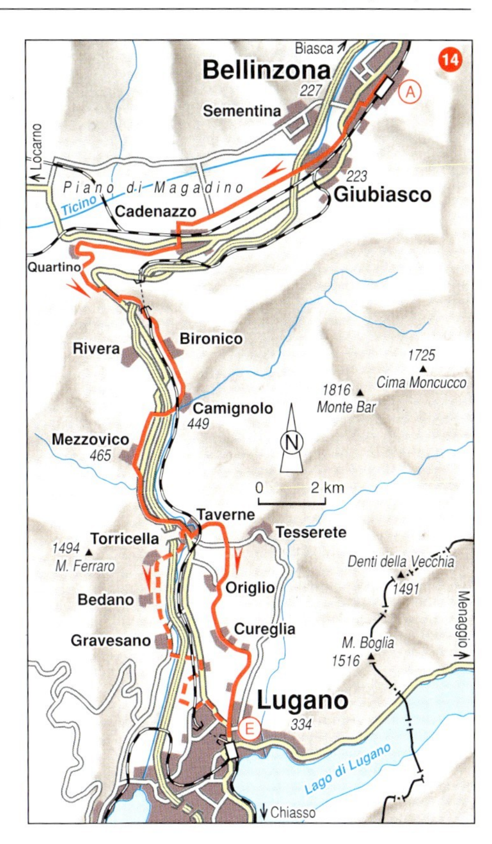

Nützliche Informationen

Ausgangsort: Bahnhof Bellinzona (238 m).
Zielort: Bahnhof Lugano (334 m).
Unterkunft: In einigen Dörfern unterwegs. Urig das Grotto Leoni in Soresina bei Rivera, Tel. 091/9461118. Die schön gelegene Jugendherberge von Lugano liegt fast an der Strecke: in Savosa nicht links gegen Rovello abbiegen, sondern es auf der Via Cantonale bis zur Nr. 13 sausen lassen; Tel. 091/9662728. Zeltplätze in Mezzovico und Taverne.
Einkehr: In den meisten Dörfern unterwegs. Das Grotto al Ceneri: Bevor man auf der Paßhöhe links auf die Hauptstraße fährt, pedalt man noch rechts an einem Ristorante

Der Schnellste: Der Schweizer Alex Zülle gewann am Monte Ceneri das Zeitfahren der Rad-WM.

vorbei zum Grotto; als anschließende Verdauungsfahrt empfiehlt sich die Tamaro-Tortur *(Tour 28)* nur bedingt.

Karten: 276 Val Verzasca, 286 Malcantone; 1313 Bellinzona, 1333 Tesserete, 1353 Lugano.

Variante: Eine andere Route nach Lugano bleibt länger in der Valle del Vedeggio, ist aber insgesamt 1,5 km kürzer und weist 100 m weniger Höhendifferenz auf: In Taverne Superiore die große Hauptstraße nach rechts verlassen, durch den alten Dorfteil von Taverne hindurch und auf der Straße Richtung Bedano. Gleich nach der dritten Brücke über einen Bach, 800 m nach der Autobahnunterführung, links auf einem schlecht geteerten Weg hinab zum Ticino. Den Fluß entlang bis dort, wo sich die Straße gabelt: rechts unter dem Industriegleis hindurch, dem man nun folgt. Schließlich zieht die Nebenstraße durch Industriebauten zu einer Straßenbrücke hoch. Über Fluß und Autobahn nach Cadempino. Nun könnte man auf der Hauptstraße nach Vezia hinauffahren. Folgende Route vermeidet den Verkehr: Nach dem Kreisel in Cadempino nur 200 m Richtung Vezia fahren, dann geradeaus in die Dorfstraße und west- und südwärts über die verbaute Ebene. Vor der Autobahn gabelt sich die kleine Straße: Wir halten links, bei der nächsten Kreuzung rechts und beginnen bei einer Bahnunterführung den Aufstieg nach Vezia. Den Buslinien auf der Via San Gottardo folgend zum Bahnhof Lugano. Wer Lugano umfahren will, fährt auf der Ebene von Cadempino unter dem Autobahnkreuz durch, hält links gegen ein großes Bauerngut, folgt dem Fuß des Hügels von Breganzona und kommt schließlich in die Seestraße Richtung Carabietta und Morcote *(Tour 33)*. Mit dem Schiff über den Lago di Lugano und nach Chiasso …

Sehenswertes: Die besterhaltene Kopie des »Abendmahles« von Leonardo da Vinci in der Pfarrkirche von Ponte Capriasca.

Besonderes: Ab 1998 wird die Route Nr. 3 der Schweizer Radwanderwege, die Nord-Süd-Route von Basel nach Chiasso, markiert sein. Wie weit sie sich auf dem Ceneri-Abschnitt mit der oben vorgestellten Strecke deckt, konnte bei Drucklegung des Buches nicht festgestellt werden. Und: Im Oktober 1996 wurde der 10,7 km lange »Percorso ciclabile Vedeggio« zwischen Monte Ceneri und Camignolo eröffnet; die oben vorgestellte Route vom Paß talabwärts über Bironico folgt der neuen Rundstrecke in der umgekehrten Richtung. Eine Verlängerung des percorso ciclabile nach Agno ist geplant. Noch etwas: Die Ceneri-Strecke eignet sich auch bestens für den Radtransfer (33,5 km) von Locarno nach Lugano: Mit *Tour 15* in die Magadino-Ebene bis zur Kreuzung der Güterstraßen nordöstlich des Flugplatzes. Nun auf sehr verkehrsreicher Straße schnurstracks hinüber nach Quartino.

Anschlußtouren: *3, 11–13, 15, 16, 24–30, 32, 33, 36, 38.*

15 Über die Ebene

Piano di Magadino: Bellinzona – Giubiasco – Gudo – Tenero – Minusio – Locarno

Charakter: Neben der Gotthard-Südrampe der Radklassiker im Tessin: Der flache und ausgeschilderte Radweg von Bellinzona über Tenero nach Locarno, von der Haupt- über die Zelt- zur Touristen-Stadt. Für Alt und Jung und jede Art von bicicletta geeignet. Für zusätzliche Abwechslung und Information sorgt der angegliederte agrotouristische Lehrpfad.

Distanz: 24 km.
Höhenunterschied: Unbedeutend.

Zeit:
2 Std.

Jahreszeit: Jederzeit; besonders schön im Frühling – oder gar im Winter, der sonnigsten Zeit im Tessin.

Frühling im Tessin – schon fast ein Klischee: Tausende von Schweizern zieht es um Ostern über den Gotthard zur blühenden Natur an den Gestaden des Lago Maggiore und Lago di Lugano. Staus sind vorprogrammiert. Gesünder ist es, am Bahnhof ein Bike zu mieten. Und zum Beispiel von Bellinzona nach Locarno zu radeln, über den Piano di Magadino. Die große Ebene ist das Herzstück der Tessiner Landwirtschaft.

Andiamo: Vor dem Bahnhof in Bellizona schwingen wir uns aufs Rad, rollen in die Altstadt hinab und durch sie hindurch. Der lärmigen Hauptstraße schlagen wir zweimal ein Schnippchen, und schon befinden wir uns auf dem ausgeschilderten Radweg von Arbedo bei Bellinzona bis Ascona bei Locarno. Rasch gelangen wir nun gegen den Ticino und damit an den Beginn des Piano di Magadino. So flach wie hier ist einer der gebirgigsten Kantone der Schweiz nirgends. Auf 2000 Hektar breitet sich die von steilen Bergen umrahmte Ebene aus. Früher ein malariaverseuchtes Sumpfgebiet, ist sie heute dank 100 Jahren harter Arbeit die Landwirtschaftskammer des Tessins. Allerdings fres-

Landwirtschaftskammer des Tessins: der Piano di Magadino, der im Frühling die beste Seite zeigt, wenn die übriggebliebenen Obstbäume blühen.

Campieren erlaubt: Am Weg von Bellinzona nach Locarno liegen 10 Zeltplätze.

sen Autostraßen, Industriebauten, Einkaufszentren und der Flugplatz immer mehr des kostbaren Bodens weg. Aber noch blühen Apfel- und Birnenbäume da und dort; gegen die in der Sonne gleißenden Gewächshäuser mit Tomaten und »Plastiktunnels« mit Erdbeeren haben sie allerdings keine Chance.

Nach dem etwas mühsamen, aber nötigen Umweg über Gudo nehmen uns wieder die Flursträßchen der Magadino-Ebene auf. Vielleicht unterstützt von einem kräftigen Nordwind sind wir bald bei der Zeltstadt Tenero und gleich darauf am Ufer des Lago Maggiore. Die Seepromenade nach Minusio, Muralto und schießlich Locarno ist eine der schönsten Radstrecken des Tessins – mit den blühenden Magnolien- und Kamelienbäumen ist sie einfach bellissima.

Wer noch ein paar besonders schöne und interessante Ecken der Magadino-Ebene kennenlernen will, kann den ausgeschilderten Radweg an mehreren Stellen verlassen, um sich auf den agrotouristischen Lehrpfad zu begeben, der mit speziellen Wegweisern versehen ist. Auf diesem Bauernpfad können wir uns mittels Informationstafeln ein Bild der modernen Landwirtschaft machen und verschiedene Anbaumethoden und Kulturen kennenlernen. Betriebsbesichtigungen sind möglich und besonders empfehlenswert die ristoranti, welche den »Piatto del Piano« mit einheimischen Produkten servieren. Buon appetito!

Streckenbeschreibung

Bellinzona–Gudo: Vom Bahnhof Bellinzona links hinab ins Zentrum. Immer geradeaus, durch die Altstadt und über die Piazza Indipendenza. Kurz danach kommt man auf eine stark befahrene Straße. Nach rechts und bei der dritten Straße nach links, in die Via Canonico Ghiringhelli. Nach 750 m rechts in die Via Carlo Maderno einbiegen. Bei der Kreuzung geradeaus, dann gleich links auf den ausgeschilderten Radweg nach Ascona. Er kommt bei einem Schützenhaus vorbei, folgt in Giubiasco kurz der Eisenbahn, führt durch ein Außenquartier und zieht dann rechtshaltend zum Ticino hinab, den er nach der Autobahnunterführung erreicht. Über die Straßenbrücke nach Gudo, wo man auf die ziemlich stark befahrene Straße am Nordrand des Piano di Magadino stößt.

Gudo–Locarno: Die Straße durch Gudo steigt an und sinkt wieder. Nun scharf nach links (Wegweiser nicht verpassen). Die Radroute verläuft im Zickzack an Zeltplätzen vorbei und quert die Bahnlinie nach Locarno. Nun schnurgeradeaus (auch wenn

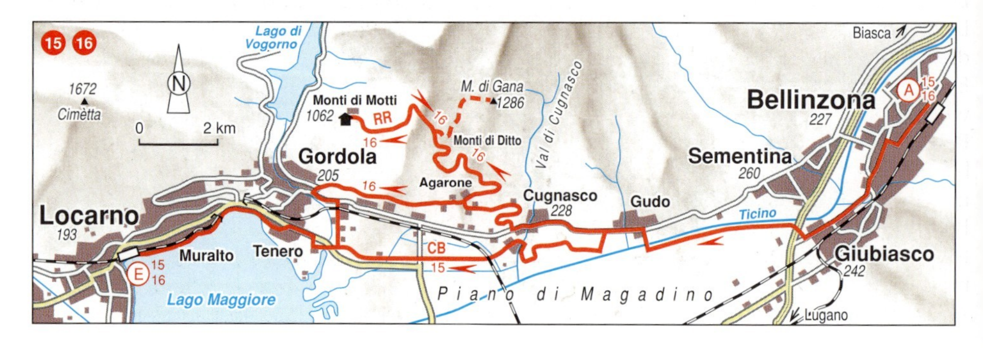

die Wegweiser einmal nach links weisen) durch die Plantagen. Im Industriegebiet von Gordola beginnt wieder der Zickzackkurs. Entlang der Zeltstadt von Tenero erreicht der Radweg den Lago Maggiore. Auf dem wunderschönen Uferweg gegen Locarno; bitte Rücksicht auf die Spaziergänger nehmen! Zuletzt ein ganz kurzer Anstieg zu den Gleisen und an ihnen entlang zum Bahnhof von Locarno – oder auch einfach unten am Lido bleiben.

Nützliche Informationen

Ausgangsort: Bahnhof Bellinzona (238 m).
Zielort: Lido von Locarno (193 m).
Unterkunft: Zwei Zeltplätze in Gudo, einer in Cugnasco und sieben in Tenero: am besten die Übersicht beim Tessiner Verkehrsverband verlangen. Verschiedene Hotels in den Dörfern.
Einkehr: Überall in den Orten auf der Strecke – oder Picknick am Seeufer.
Karten: 276 Val Verzasca; 1312 Locarno, 1313 Bellinzona.
Variante: Für den agrotouristischen Rad-Lehrpfad empfiehlt sich unbedingt das Faltblatt, das in der Sammelmappe »Ticino Bike« enthalten ist, die ebenfalls beim Tessiner Verkehrsverband erhältlich ist. Darin sind die Informationsstellen vor Ort, die Bauernbetriebe, Restaurants und Verkaufsstellen ab Hof aufgelistet und auf einer Karte eingezeichnet. Weitere Informationen zum itinerario ciclabile agrituristico sind erhältlich bei der Unione Contadini Ticinesi, Via Gorelle, 6592 S. Antonio, Tel. 091/8502790, Fax 091/8582810.
Sehenswertes: Das flache, das andere, das landwirtschaftliche Tessin.
Literatur: Elisabeth Kaestli / Helen Stotzer, Lust auf Landschaft. Eine andere Reise durch die Schweiz, Edition Hans Erpf, Bern 1996. Ein Kapitel dieser hintergründigen Reise widmet sich der Magadino-Ebene.
Besonderes: Die Schweizerischen Bundesbahnen bieten Tagespauschalen »Magadino-Tour« mit Anreise an! Radreservation in Bellinzona: Tel. 091/8217244, Fax 091/8217249. Im Sommer Badekleider mitnehmen.
Anschlußtouren: *3, 11–14, 16–22, 27, 38.*

16 Auto oder Rad fahren?

Monti di Motti: Bellinzona – Cugnasco – Monti di Motti (1062 m) – Agarone – Gordola – Locarno

Charakter: Wem der Radweg von Bellinzona über die Magadino-Ebene nach Locarno ein Prozent zu flach ist: Auf dem Abstecher von Cugnasco zur Sommersiedlung Monti di Motti hoch über dem Eingang zur Val Verzasca kommen Trekkingbiker und Rennradler auf Touren und blicken hinunter auf die vollen Straßen und den blauen Lago Maggiore. Die durchwegs geteerte Bergstraße weist auf den ersten 9 km ein durchschnittliches Gefälle von 9 Prozent auf.

Distanz: 43 km.
Höhenunterschied: 850 m.

Zeit: Hinfahrt 2½ Std., Weiterfahrt 1 Std.

Jahreszeit: Immer; auch im Sommer, da Schatten, und im Winter, da Sonne – die Bergfahrt verläuft nämlich im Laubwald an einem Südhang.

Wenn sich Hunderte von Autos mit deutschschweizerischen und deutschen Kennzeichen auf den Zufahrtsstraßen nach Locarno stauen, dann ist Ostern. Dann erobern die sonnenhungrigen Bewohner der Alpennordseite die Plätze und Stühle der Alpensüdseite. Sie hinterlassen Geld und Gestank, bevor sie wieder durch den Gotthard zurückröhren.

Die Einwohner der Val Verzasca im Hinterland von Locarno schlossen früher, wenn Krieg oder Pest im Land waren, beim Seitental Val della Porta einfach die Tür auf dem schmalen Zugangsweg. »Auf allen andern Seiten waren sie durch die himmelanstrebenden Bergmauern gesichert«, hielt der Zürcher Jacob Hardmeyer 1890 im Führer »Locarno und seine Thäler« fest. Der Berner Patrizier Karl Viktor von Bonstetten, Schriftsteller und Landvogt im Tessin von 1795 bis 1797, hatte in den »Briefen über die italienischen Ämter« den halsbrecherischen Talweg

Palmen- und kirchengesäumte Uferpromenade: Idyllisch ist die Strecke zwischen Tenero und Locarno – und manchmal zu stark befahren und begangen.

durch die Verzasca-Schlucht so beschrieben: »Die zwei, selten vier Schuh breite Felsenbahn, steigt und fällt, und krümmt sich so schrecklich und abwechselnd am Abgrund heran, daß man selten Muße hat, die ungeheuren drohenden Bergmassen anzublicken.«

Tempi passati! Schlucht, Pfad und Türe sind im Vogorno-Stausee versunken. Von Gordola bis Sonogno führt heute eine gute Straße, die sich eigentlich zum Radfahren geradezu anböte. Wenn, ja, wenn der Verkehr nicht wäre. An schönen Sommertagen ist jeder Platz, auf dem sich auch nur halbwegs ein Auto abstellen läßt, im tief eingeschnittenen Tal besetzt. Einige Autos gehören auch Radfahrern: Diese transportieren sich und die Räder mit dem eigenen Fahrzeug in die Val Verzasca, genießen dann die mühelose Fahrt auf zwei Rädern talauswärts, fahren mit einem zweiten Wagen oder auch mit dem Postauto wieder durchs Tal hoch, um den dort abgestellten PKW zu holen. Kommentar überflüssig. Die Val Verzasca als Radtour auch.

Freilich: Wer von Bellinzona über den Piano di Magadino Richtung Locarno rollt, sieht weit oben einen Felszahn, dessen Südwand silbrig leuchtet. Es ist der Sassariente (1767 m), der letzte Gipfel der langen Gebirgskette, die das rechte Ufer des Ticino von seiner Quelle am Nufenenpass bis zur Mündung in den Lago Maggiore begleitet. Und Sassariente hießen die Fratelli Matasci aus Tenero einen ihrer Rotweine. Der Merlot del Ticino funkelt in den Gläsern, wenn sich Sonnenstrahlen durch die Bäume auf die Granittische des Grotto von Monti di Motti stehlen, das auf halbem Weg zwischen Gordola am Eingang zur Val Verzasca und dem großen, eisernen Gipfelkreuz liegt. Der gut zweistündige Weiterweg zu Fuß auf den Sassariente lohnt sich für konditionsstarke Radfahrer, weil sie sich dort oben so frei vorkommen wie nirgendwo unten in den vollgestopften Straßen und Einkaufszentren der Magadino-Ebene.

Wer allerdings nicht oder nicht mehr trittsicher ist (als Durstlöscher empfiehlt sich Gazosa eher als Merlot), läßt den Sassariente sein. Und wer überhaupt zu frühjahrsmüde zum Radfahren ist, wandert vom Bahnhof Tenero über Gordema und Monti di Metri auf die Monti di Motti. Man könnte auch mit der macchina hinauffahren. Aber wer fährt schon mit dem Auto ins Tessin?

Streckenbeschreibung 

Bellinzona – Cugnasco – Monti di Motti: Vom Bahnhof Bellinzona (241 m) auf der Route der *Tour 15* über den Piano di Magadino bis Gudo. Nun bleibt man am besten 2,5 km auf der Hauptstraße bis Cugnasco (214 m). Im Zentrum rechts; Wegweiser nach Monti di Motti. In Kehren steigt die Straße zuerst durch Rebengelände, dann im dichten Wald über Agarone, Medoscio und Curogna nach Monti di Ditto (862 m). Die schmale Straße steigt bis zur Abzweigung (1028 m) nach Monti della Motta weiter an,

dann folgt sie flach den Konturen der Bergflanke nach Monti di Motti (1062 m).

Monti di Motti – Locarno: Abfahrt bis Agarone (329 m) wie Aufstieg, doch dann westwärts geradeaus und durch Rebberge absinkend nach Gordola (205 m), wo man auf die Hauptstraße kommt. Scharf nach links Richtung Bellinzona zurückfahren, aber nach 300 m rechts in ein Landwirtschaftssträßchen einbiegen. Es führt einen Bach entlang schnurgerade auf den Radweg *(Tour 15)* an den Lago Maggiore (193 m) und nach Locarno.

Nützliche Informationen

Kartenskizze: Siehe Seite 84.
Ausgangsort: Bahnhof Bellinzona (238 m).
Zielort: Bahnhof Locarno (205 m).
Streckenlängen: Bellinzona – Cugnasco 10,5 km, Aufstieg auf die Monti di Motti 11,5 km, Abfahrt nach Gordola 13,5 km, Gordola – Locarno 7,5 km.
Unterkunft: Vom Beginn (P. 1026 m) der Flachstrecke zu den Monti di Motti rechts mit dem Bike über Monti della Motta auf die Monti della Gana (1286 m) und zu Fuß in 2 Std. in die 1994 eröffnete, Juni–Okt. offene, unbewirtschaftete und 25plätzige Capanna Borgna (1912 m) der Società Escursionistica Verzaschese: ein Logenplatz, von dem die meisten Hotelgäste in Locarno nur träumen. Andere Unterkünfte: *vgl. Tour 15.*
Einkehr: Grotto Monti di Motti, täglich offen von 1. April bis 30. Oktober. Und: In Gudo und Cugnasco reifen Rot- und Weißweine, die zu den besten des Tessins gehören.
Karten: 276 Val Verzasca; 1312 Locarno, 1313 Bellizona.
Variante: Die Ein- und Ausrollstrecken lassen sich mit Start an der Stazione Riazzino-Cugnasco vermeiden.
Sehenswertes: Weinmuseum und Weinsammlung der Fratelli Matasci beim Bahnhof Tenero; auf Anmeldung, Tel. 091/7356011.
Literatur: Piero Bianconi, Der Stammbaum. Chronik einer Tessiner Familie. Ein Meisterwerk aus der Val Verzasca, 1969 erstmals erschienen, 1990 bei Suhrkamp neu aufgelegt.
Anschlußtouren: *3, 11–15, 17–22, 27, 38.*

Locarnese

Einmal jährlich wird Locarno zur Radstadt: Während des Internationalen Filmfestivals im August. Dann sieht man sogar Einheimische die bicicletta benützen, weil der Verkehr noch zähflüssiger und die freien Parkplätze noch seltener werden. Zudem erlaubt es das Rad, rasch zwischen den Sälen zu wechseln, in denen die Filme gezeigt werden. Und wenn plötzlich die Augen zu flimmern beginnen, so ist man mit dem Zweirad rasch am kühlen Fluß bei Ponte Brolla, um den Körper zu erfrischen. Es soll Festivalbesucher geben, die radeln schon am Morgen an die Maggia oder gar an die Melezza unterhalb Intragna; am Abend kehren sie dann zurück, um das schönste Freiluftkino der Schweiz auf der Piazza Grande nicht zu verpassen.

Die Piazza Grande von Locarno soll der schönste Platz der Schweiz sein: Solange er noch als Parkplatz und Durchgangsstraße gebraucht wird, gebührt ihm diese Bezeichnung kaum. Radfahrer dürften ihn wegen Fahrverboten gar nicht von einem Ende zum andern befahren; wie gesagt, sie dürften nicht. Dafür ist es ausdrücklich erlaubt, auf dem Uferweg nach Tenero zu radeln: eine der schönsten Radstrecken des Tessins, wenn ihn bloß nicht so viele Spaziergänger benutzten …

Mehr Platz haben die ciclisti auf der autofreien Uferpromenade von Ascona, der anderen schweizerischen Fremdenstadt am Lago Maggiore, die von Locarno nur durch die nicht immer lieblich daherplätschernde Maggia getrennt ist. »Daß die Chaussee daneben von Fahrrädern mit Pedal- oder Motorbetrieb, von Mietskutschen und Privat-Autos wimmelt, daß einem angst und bange werden kann, versteht sich am Rande«, diese Einschätzung von Erich Mühsam im Text »Ascona« aus dem Jahre 1905 stimmt wenigstens für den Lido von Ascona nicht. Sowohl der Lido wie die Piazza Grande von Locarno sind beste Ausgangs- und Zielpunkte für Ausflüge mit dem Rad ins Locarnese.

Nützliche Informationen

Unterkunft: Bike & Sleep Hotel: Albergo Camelia an der Via G. Nessi 9 in 6600 Muralto, Tel. 091/7430021. Folgende Hotels sind Bike-Hotels: In Locarno und Muralto: Belvedere, Vecchia Locarno (gün-

Rast in Locarno: Ob für einige Stunden oder Tage – der Lago Maggiore ist immer im Blickfeld.

stig), Villa Palmiera, Mirafiori; in Ascona: Ascolago, Ascovilla, Bellaria, Giardino, Piazza au Lac, Sasso Boretto, Schiff au Lac. Gute Adressen: Schloßhotel Locarno, Tel. 091/7512361; schräg gegegenüber das bei radelnden Filmfestivalbesuchern beliebte Garni Sempione, Tel. 091/7513064, Reginetta, Tel. 091/7523553.
Einkehr: In Locarno: einmal eine Pizza auf der Piazza, das muß sein; mein Stammrestaurant ist die Casa del Popolo am Rand der Altstadt. In Ascona: Die Osteria Borromeo an der Via Collegio 16 mit bodenständiger Tessiner Kost (Di. geschlossen); Grotto Madonna della Fontana (Mi. sowie von Okt. bis März geschlossen) auf der Schattseite des Monte Verità *(vgl. Tour 21)*. Weitere Gourmet-Tips bei *Tour 20.*
Karten: Velokarte 1:60 000 Locarno–Bellinzona–Lugano–Varese (VCS/Kümmerly+Frey).
Radverleih: In Locarno: Bahnhof SBB, Tel. 091/7436544 (City- und Mountainbikes). In Ascona: Bai Sport an der Via Circonvallazione 14.
Radgeschäfte: In Locarno: Jelmolini an der Piazza di S. Antonio 3. In Ascona: Moto Facchi an der Via Locarno 105. In Minusio: Mirto De Carli an der Via San Gottardo 78. In Losone: Motocicli Widmer an der Via Arbigo 3.
Sehenswertes: Die Piazza Grande, mit und ohne Autos, mit Bühne, Leinwand oder Marktständen (am Donnerstag).
Besonderes: Folgende Hotels von Ascona und Losone bieten ihren Gästen Radausflüge: Ascovilla, Tel. 091/785 41 41, Losone, Tel. 091/791 01 31, Park Hotel Delta, Tel. 091/7911105, Residenza Saleggi, Tel. 091/7910262, Sport Garni, Tel. 091/7910031.
Auskunft: Ente turistico Locarno e valli, 6600 Locarno, Tel. 091/7510333, Fax 091/7519070. Ente turistico Ascona e Losone, 6612 Ascona, Tel. 091/7910090, Fax 091/7921008. Ente turistico Brissago e Ronco sopra Ascona, 6614 Brissago, Tel. 091/7911170, Fax 091/7933244. Ente turistico Valle Maggia, 6673 Maggia, Tel. 091/7531885, Fax 091/7532212. Ente turistico Gambarogno, 6574 Vira, Tel. 091/7951214, Fax 091/7953340.

17 Am Hausberg

Monte Brè: Locarno – Orselina – Monte Brè (1022 m) – Monti della Trinità – Locarno

Charakter: Beliebte Feierabendtrainingsstrecke der Locarneser Radsportler zum aussichtsreichen Bergdorf Monte Brè am Sonnenhang der Cimetta, dem Hausberg von Locarno. Mauro Gianetti, Tessiner Radprofi und Silbermedaillengewinner der Straßenweltmeisterschaft 1996 von Lugano, braucht für die Strecke 30 Minuten. Auf knapp 600 Höhenmetern anhaltend steile, schmale Bergstraße, durchschnittlich 8,4 Prozent steil mit Abschnitten bis 14 Prozent. Ab Monti della Trinità wenig Autoverkehr.
Distanz: 20 km.
Höhenunterschied: 820 m.
Zeit: 2 Std.
Jahreszeit: Immer. Im Sommer heiß, trotz der im oberen Teil mehrheitlich schattigen Straße. Auch im Winter oft gemacht, da kaum Schnee; an der Cimetta allerdings Skibetrieb!

In die Pedale treten am schier senkrechten, teilweise mit Villen versehenen Hang, auf den die Nachmittags- und Abendsonne gnadenlos niederbrennt: Das gibt Durst. »Kellner, bitte eine Zitronenlimo!«

Um unter italienischer Sonne sowie im Wohlstand und in der Sicherheit der Schweiz das Leben zu genießen, haben sich gerade im Südhang oberhalb Locarno zahlreiche Deutschschweizer und Deutsche niedergelassen: für immer oder nur für ausgedehnte Ferien. Das führte nicht nur zu Problemen auf dem Wohnungsmarkt – Tessiner können bei den teuren Bodenpreisen und Mietzinsen gegen die wohlhabende Konkurrenz aus dem Norden nicht mithalten –, sondern auch zu Spannungen im Zusammenleben der verschiedenen Sprachgruppen.

Unbesetzte Ruhebank: Wer trainingshalber nach Monte Brè hinaufkurvt, wird sich hier kaum niederlassen und erst ganz oben vom Rad steigen, um eine gazosa hinunterzustürzen.

Von den 270000 im Kanton Tessin lebenden Leuten waren Ende der achtziger Jahre 170000 Tessiner und Tessinerinnen, 35000 Deutschschweizer und 65000 Ausländer (davon 53000 Italiener und 3000 Deutsche). Auffällig ist, daß von den Deutschen im Tessin nur gerade ein Drittel arbeitet. Sie, wie übrigens auch viele Deutschschweizer, verbringen ihren Ruhestand in der sogenannten Sonnenstube der Schweiz. Während sich eine Minderheit dieser deutschsprachigen Nichterwerbstätigen in die tessinerische Gesellschaft integriert, bildet die Mehrheit eine Art Kolonie ohne Bezug zur einheimischen Bevölkerung: Man bleibt unter sich, und auch bei Kontakten mit den Tessinern paßt man sich nicht an, sondern spricht zum Beispiel von vornherein (Schweizer-)Deutsch. Das hat in Locarno und in den Orten ringsherum, in denen die (svizzeri) tedeschi teilweise schon die Mehrheit der Wohnbevölkerung bilden, sogar dazu geführt, daß Tessiner in Läden und Restaurants auf deutsch bedient werden. Es zeugt von Höflichkeit, wenn man im Tessin prinzipiell versucht, sich auf italienisch zu verständigen.

»Cameriere, mi porti il conto, per favore!«

Streckenbeschreibung

Locarno – Monte Brè: Vom Bahnhof Locarno (205 m) auf der Hauptstraße Richtung Bellinzona, bis links die Straße nach Orselina abzweigt. Im unteren Dorfteil, nicht weit von der Wallfahrtskirche Madonna del Sasso, scharf nach rechts Richtung Brione. Bei

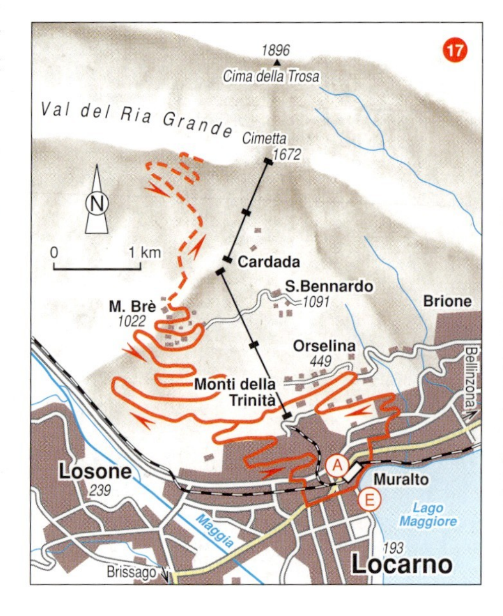

der Kirche (449 m) von Orselina scharf nach links und mehrheitlich flach hinüber nach Monti della Trinità (auch Monti di Locarno genannt). In Roncascio (456 m) trifft man linkerhand auf die Straße, die von der Altstadt von Locarno direkt zu den Monti heraufkommt (sie wird für die Abfahrt benützt). Nun beginnt der eigentliche Aufstieg nach Monte Brè mit sechs Haarnadelkurven. Die drei ersten Schläge sind lang; die Straße ist schmal, der mäßige Belag wurde im Spätherbst 1996 ausgebessert. Im Dorf Monte Brè bei der Kreuzung links, und schon bald ist das Flachstück mit dem Albergo Monte Brè, mit dem Ristorante Dresti und der Kapelle (1022 m) erreicht.

Monte Brè–Locarno: Die Abfahrt erfolgt bis an den Ortsrand von Monti della Trinità auf der gleichen Route. Nun aber nach rechts, im Zentrum von Monti nochmals nach rechts und auf guter, breiter Straße nach Locarno hinab. Bei der großen Kreuzung bei der Barockkirche S. Antonio geradeaus, links am Spital »La Carità« vorbei, bis man um das Ristorante »Primavera« herum in die Via Cittadella einbiegen kann. Durch die Via B. Rusca steil hinab und links (Fahrverbot) zur Piazza Grande abschwenken. Immer geradeaus zum Lido von Locarno und hinauf zum Bahnhof.

Nützliche Informationen

Ausgangs- und Zielort: Bahnhof Locarno (205 m).
Unterkunft: Hotel Monte Brè, Tel. 091/7 51 23 58.
Einkehr: Monte Brè (immer offen); Dresti, Tel. 091/7 51 78 84.
Karten: 276 Val Verzasca; 1312 Locarno.
Variante: Von Monte Brè (1022 m) führt die asphaltierte Straße noch 1,5 km bis Miranda (1172 m) am Westgrat der Cardada (1332 m), wohin ein Wanderweg hinaufgeht. Von Miranda kann man auf einem teils sehr schotterigen Sträßchen noch 4 km gegen die Alpe Vegnasca bis zur Wanderweg-Abzweigung (etwa 1460 m) auf dem Westgrat der Cimetta (1671 m) fahren; in einer halben Stunde ist man oben.
Sehenswertes: Wallfahrtskirche Madonna del Sasso in Orselina, Wahrzeichen von Locarno.
Anschlußtouren: *15, 16, 18–22.*

Besetztes Grundstück: Die Absperrkette ist der Bikerin grad recht, um ihr rampichino anzulehnen.

18 Biken und baden

Vallemaggia: Locarno – Losone – Ponte Brolla – Gordevio – Maggia – Lodano – Aurigeno – Gordevio – Locarno

Charakter: Erfrischender Bikeausflug in das größte Tal im Hinterland von Locarno. Rund um das Dorf Maggia verläuft ein signalisierter, hübscher und auch für Anfänger und Familien geeigneter Rundkurs. Weniger freundlich ist die meistens gewählte Anfahrt mit dem Auto, womit die untere Vallemaggia für Radler noch unattraktiver wird. Es gibt einen Ausweg: Wer auf der Piazza Grande in Locarno startet und später die neue Brücke bei der Mündung der Melezza in die Maggia benützt, lernt noch mehr Dörfer und Auenwälder, noch mehr Grotti und Badebuchten kennen.

Distanz: 37,5 km.
Höhenunterschied: 200 m.

Zeit:

2½ Std.

Jahreszeit: Immer; am schönsten im Sommer, wenn gebadet wird.

Am Morgen auf der Piazza Grande von Locarno noch einen Cappuccino trinken und dann losradeln. Viel brauchen wir nicht mitzunehmen: die Badekleider und vielleicht noch ein Badetuch. Die Granitfelsen, welche die Maggia bei Ponte Brolla geschliffen hat, sind allerdings so glatt und trocken, daß eine textile Unterlage den Kontakt mit dem warmen Stein nur stört.

Es ist gut, daß wir früh losfahren, damit wir einen ruhigen Platz finden, bevor der Ansturm der Massen kommt. Wir haben Zeit einzutauchen, zuerst ins kühle Wasser, später vielleicht in ein Buch. Auf zwei neue Bildbände übers Tessin sei hingewiesen, die den Bergkanton in einem faszinierenden, meist unbekannten Licht zeigen: ein Muß für alle, die über den Rand des Badetuchs oder der Radspur hinaussehen wollen. Aufsuchen möchte man viele Orte, die uns Angelo Valsecchi in seinem neuen Werk »L'uomo e la natura. Volume 1: l'acqua« (Armando Dadò editore, Locarno 1995) präsentiert. Zum Beispiel die aus großen Granitblöcken gemeißelten Becken, in die das von den Steindächern fließende Wasser rinnt. Oder jene Felsplatte in einem Bach, die durch das Anbringen von Querrinnen zum Waschbrett umfunktioniert wurde.

Valsecchi hat die Quellen, Flüsse, Wasserfälle und Seen des Südkantons aufgesucht und ihren natürlichen oder durch den Menschen veränderten Zustand mit zahlreichen Farbfotos festgehalten. Damit wir diese neualten Sehenswürdigkeiten des Tessins finden, sind ihre Koordinaten aufgelistet. Mit dem Rad sind sie allerdings in der Regel nicht erreichbar.

Alle Sehnsüchte nach heiler Sonnenstuben-Romantik und fröhlicher Grotto-Seligkeit fegt Conradin Wolf in der Einleitung des Bildbandes über die anonyme Felsarchitektur im Maggiatal (Edition Howeg, Zürich 1995) beiseite, so wie früher ein Bewohner dieses Tales ein paar Herbstblätter vom Granitisch gewischt haben mag, der vor seinem Felskeller stand und immer noch steht, obwohl er schon lange nicht mehr gebraucht wird: »Die Rede ist nicht von jenen Rustici, die dem temporären Glück der bezahlenden Flüchtlinge aus den urbanen Wüsten offenstehen.« Nein, die Splüi, Cantine und Grotti, die Ralph Hut und Thomas Burla in der hinteren Vallemaggia und in der Val Bavona entdeckten und fotografierten, haben »mit ihren architektonischen Enkeln der modernen Tourismus- und Freizeitwelt« wenig bis nichts gemein. Die beiden Fotografen hielten mit ihren Mittelformatkameras die Höhlen und Felsunterstände fest, welche die Tessiner einst mit Trockensteinmauern brauchbar machten und erweiterten, einfach und gekonnt: die Harmonie von Natur und Kultur. Die schwarzweißen Fotografien, so Wolf in der klugen Vorrede, »sind nicht bloß Zeugnisse der visuellen und formalen Wirkung armer Architektur, sie sind auch Zeugnisse tatsächlicher Armut«. Die perfekte Schärfe und Beleuchtung, Gestaltung und Wiedergabe der 60 großformatigen Fotos schärft den Blick auf ein von Einheimischen

Hochbetrieb im Sommer: Am felsigen Strand der Maggia-Schlucht bei Ponte Brolla sind an sonnigen Tagen die ebenen Liegeplätze gut belegt. Ein paar Touristen gehen deshalb tauchen.

und Touristen vergessenes, nie gekanntes Tessin, das nun wenigstens dank und in diesem Buch weiterlebt. Es ist ein ehrliches, wunderschönes und zugleich melancholisches Buch.

Das Gleiche läßt sich übrigens auch über den Roman »Nicht Anfang und nicht Ende« von Plinio Martini sagen. Er lebte in Cavergno zuhinterst in der Vallemaggia und veröffentlichte 1970 »Il fondo del sacco«, worin er die Geschichte von Gori und Maddalena erzählt, vom harten Leben im Tal und von der glücklosen Auswanderung nach Kalifornien. Das Grotto oberhalb der stillgelegten Eisenbahnbrücke, welche die Badeschlucht der Maggia bei Ponte Brolla überspannt und über die wir zweimal mit unseren Rädern rollen, heißt »America«.

Streckenbeschreibung

Locarno–Tegna: *Vgl. Tour 20.*
Tegna–Gordevio/Aurigeno: Von Tegna ostwärts Richtung Ponte Brolla. 300 m nach dem Bahnübergang links zu den Ristoranti al Castagnetto und da Renzo. Vor dem Grotto America rechts hinab zur alten Eisenbahnbrücke, welche die Maggia am Beginn der Schlucht von Ponte Brolla überquert. Hinauf auf die große Straße durch die Vallemaggia. Bei der Bushaltestelle Avegno di fuori rechts kurz ziemlich steil hoch und dann links. Durch Avegno hindurch zum Grotto Mai Morire. Wieder auf die Hauptstraße. In der langgezogenen Linkskurve vor Gordevio beginnt links ein von der Straße abgesetzter Radweg, dessen Einfahrt für talaufwärts fah-

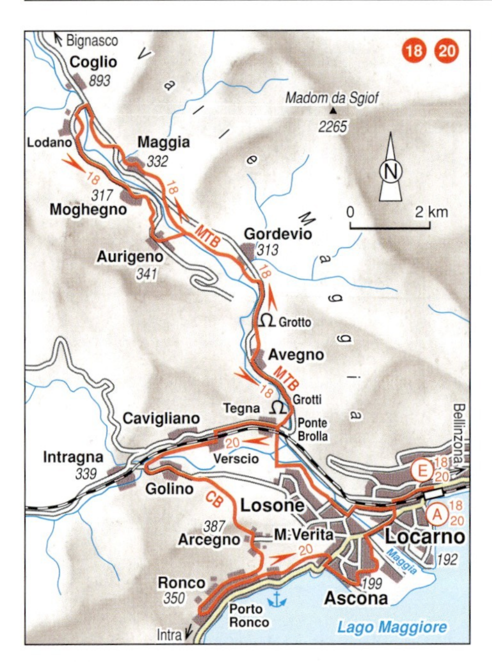

rende Radler leider sehr gefährlich ist. Am andern Ende des Radwegs in Gordevio nicht rechts zur Hauptstraße zurück, sondern geradeaus auf dem Wanderweg durchs Dorf und links hinab in die Auenwälder. Man kommt zur Hängebrücke von Aurigeno und zum markierten Rundkurs.

Rundkurs in der Vallemaggia: Die Strecke ist im Gelände mit roten Tafeln ausreichend markiert, so daß eine Beschreibung überflüssig ist. Aufpassen muß man am Ortsende von Maggia, daß man die Unterführung der Umfahrungsstraße nicht verpaßt, sowie dort, wo sich die Route wieder der Hauptstraße nähert: Kurz nach Treppenstufen verbleibt man auf dem betonierten Weg an der Stützmauer der Straße. Nach der Maggia-Brücke bei Lodano rechts hinab zum Fluß. Talauswärts beginnt die Route auf einem asphaltierten Sträßchen bis 370 m sanft anzusteigen und sinkt nach Moghegno hinab. Der MTB-Kurs läßt das hübsche Aurigeno rechts liegen; die Durchfahrt lohnt sich. Nachher hinunter zur Hängebrücke, über die man wieder zur Anfahrtsstrecke zurückkommt.

Rückkehr nach Locarno: Wie Anfahrt. In Locarno beim Spital nicht rechts zum Schloß, sondern durch die Via Cittadella und die Via B. Rusca zur Piazza Grande hinunter.

Nützliche Informationen

Ausgangs- und Zielort: Locarno (205 m).
Streckenlängen: Locarno – Hängebrücke bei Aurigeno 13,5 km, wovon 4 km auf Naturwegen und nur 4 km auf der stark befahrenen Straße durch die Vallemaggia; markierte Rundstrecke 10,5 km, je zur Hälfte auf Wanderwegen und kleinen Teerstraßen.
Unterkunft: Hübsche Alberghi in Ponte Brolla und Maggia. In Avegno, Gordevio, Moghegno und Maggia auch Privatzimmer. Zwei Zeltplätze in Gordevio: Bella Riva, Tel. 091/7531444, Da Renato 091/7531364; in Avegno das Piccolo Paradiso, Tel. 091/7961581.
Einkehr: In vielen Dörfern unterwegs. In Ponte Brolla: Grotto America, offen Di.–Fr. 17–24 Uhr, Sa. und So. 10–24 Uhr; dort auch das schicke Ristorante da Enzo und das bekannte Ristorante Centovalli. Und in Avegno an der Hauptstraße das Grotto Mai Morire: schön wär's...
Karten: 276 Val Verzasca; 1292 Maggia, 1312 Locarno.
Sehenswertes: Santuario Madonna delle Grazie südöstlich von Maggia: volkstümliche Malereien aus der Renaissancezeit,

Keine Züge mehr: Brücke beim Grotto »America«.

naiv-eindrückliche Votivbilder aus jüngerer Zeit; auf einem sogar Motorfahrzeuge, die an der Kirche dauernd vorbeiröhren (offen von 1. Mai bis 15. Okt., jeweils Di.–Sa. 14–16 Uhr; So. und Mo. geschlossen; Auskünfte unter Tel. 091/7531242, 11.30–12.30 Uhr).
Besonderes: In der Val Lavizzara, zwischen Broglio und Peccia, wurde eine zweite, knapp 14 km lange pista rampichino ausgeschildert; 35 km Anfahrt von Locarno auf der Strecke von *Tour 19.* Die Blätter zu den Percorsi Mountain Bike sind erhältlich beim Ente turistico di Vallemaggia, Tel. 091/7531885, Fax 091/7532212.
Anschlußtouren: *15–17, 19–22.*

19 Welch ein Gefälle!

Vallemaggia, Val Lavizzara und Val Sambuco: Locarno – Maggia – Cevio – Bignasco – Fusio – Lago del Narèt (2310 m) – Locarno

Charakter: Von der Mündung der Maggia in den Lago Maggiore bis fast zu ihrer Quelle: eine harte Tour für Berg-, Trekking- oder Rennradler (mit entsprechend kleiner Übersetzung). Auf halber Distanz bei der Hinfahrt hat man erst gut 200 Höhenmeter geschafft. Auf den letzten 9,3 km steigt die Straße 830 m, was ein mittleres Gefälle von 9 Prozent ergibt, mit längeren Rampen bis 17 Prozent Steigung. Kurz: Die Luft wird dünn auf der Fahrt von den Palmen zu den Gletschern.

Distanz: 126 km.
Höhenunterschied: 2100 m.

Zeit: Hinfahrt 5 Std., Rückfahrt 2½ Std.

Jahreszeit: Juli bis Oktober (wenn es noch nicht geschneit hat). Besser unter der Woche, da weniger Ausflugsverkehr im oberen Teil der Strecke. Bei schönem Wetter häufig starker Talaufwind.

Die Maggia ist ein wilder Fluß. 56 Kilometer legt sie zwischen der Quelle auf etwa 2400 m in der Ostflanke des Cristallina (2911 m) und dem Lago Maggiore (193 m), dem tiefsten Punkt der Schweiz, zurück. Das ergibt 2200 Höhenmeter, wovon der Fluß auf der ersten Streckenhälfte 2000 m sinkt. Ein ungeheures Gefälle, das nur diejenigen merken, die es aus eigener Kraft überwinden. Von Locarno bis Bignasco, wo sich die Vallemaggia in die beiden Seitentäler Bavona und Lavizzara gabelt, steigt die Straße bloß unmerklich an. Nur die Berge scheinen immer höher in den Himmel zu wachsen; der Pizzo Paràula (2282 m) zuvorderst an der Gabelung ist etwa gleich hoch wie der Lago del Narèt, das Ziel der Fahrt entlang dem zweitlängsten Fluß des Tessins.

Die Maggia ist ein wilder Fluß. Wieviel Energie drin steckt, sehen diejenigen, die beim Staudamm des Lago di Sambuco anhalten, um den Plan der Maggia Kraftwerke AG zu studieren. Die Anlagen wurden zwischen 1952 und 1973 gebaut und zapfen fast alle Wasser im Einzugsbereich der Vallemaggia an, ja sogar noch den Griessee (2386 m) jenseits der Wasserscheide. Bis zum Lago Maggiore hinunter treibt das durch Stollen gefaßte Wasser immer wieder Turbinen an. Dank dem Kraftwerkbau kann überhaupt bis fast zur Quelle gefahren werden. Die Straße zum Lago del Narèt, den eine Gewichtsstaumauer und eine 80 m hohe Bogenstaumauer stauen, wurde 1965 gebaut; im gleichen Jahr wurde der Betrieb der 1907 eröffneten Maggiatalbahn eingestellt.

Man fährt auf der Straße in die Berge, zum Picknicken, Wandern, Tauchen, Beerensammeln, Biken, einfach so. Wir trafen auf dem Paß ein deutsches Ehepaar, das einen Ausflug von Disentis im Bündner Oberland in die westlichen Tessiner Alpen machte: 326 km mit dem Auto, um in der Capanna Cristallina eine Suppe essen zu gehen. Und dann gibt es noch die Radler, die sich mit dem Auto zum Lago del Narèt transportieren lassen. Sie verpassen das Entscheidende: die Erweiterung der Pupillen bei der Einfahrt ins Hochgebirge. Oberhalb des Lago di Sambuco, wenn die Straße steigt und steigt, lichten sich Wald und Horizont. Bald ist die Alp Campo la Torba, eine der größten und er-

tragreichsten des Tessins, erreicht. Noch bis zum untersten See durchhalten, und dann noch zum nächsten. Die letzte Energie aufbringen, wenn die Mauer des Lago di Narèt ins Blickfeld kommt. Der große Moment, wenn die riesige blaue Fläche auftaucht, in der sich grüne Hänge und graue Bergspitzen spiegeln. Der Blick hinab zu den glitzernden Seen, an denen man eben noch keuchend entlang gefahren ist. Das Herz pumpt Blut durch die Stollen.

Die Maggia ist ein wilder Fluß. 1868 schwemmte sie zwei Millionen Kubikmeter Land weg, vergrößerte damit das Delta im Lago Maggiore und füllte die Lauben von Locarno. 1951 riß das Hochwasser die Eisenbrücke von Ponte Brolla los. Die Kraftwerke haben die Hochwassergefahr bloß ge-

Ein tiefblaues Auge am Ende der Welt: Lago del Narèt, gesehen vom gleichnamigen Paß.

dämmt. Wenn es regnet im trichterähnlichen Einzugsgebiet der Maggia – und es kann hier unglaublich stark regnen –, schwillt die Maggia gefährlich an. Sie füllt den Talboden zwischen Bignasco und Avegno mehrheitlich aus, drängte und drängt die Dörfer auf die Seite. Ein Grund, warum die Radler auf der verkehrsreichen Talstraße bleiben müssen. Wo der Verkehr auf der Umfahrungsstraße bleibt, können sie auf die ruhigeren, aber ansteigenden und abfallenden Dorfstraßen wechseln.

Die Maggia ist ein zahmer Fluß, wenn die Narèt-Radler, müde von der langen Fahrt, in sie eintauchen, zum Beispiel bei Ponte Brolla. Natürlich wäre es nicht nötig gewesen, deswegen bis zum Ursprung zurückzufahren.

Streckenbeschreibung 

Locarno – Bignasco: Vom Bahnhof Locarno (205 m) hinab zum Lago Maggiore. Über die Piazza Grande; von ihrer Mitte steil durch den C. Marcacci hinauf; oben links und immer geradeaus auf der sehr verkehrsreichen Straße über Solduno nach Ponte Brolla (254 m) am Eingang der Vallemaggia. Eine andere Möglichkeit besteht, auf der etwas längeren, dafür teilweise motorfahrzeugfreien Strecke der *Tour 20* von Locarno über Losone nach Ponte Brolla zu gelangen. Nun auf der Talstraße nach Bignasco (443 m), mit empfehlenswerter Durchfahrt der Dörfer Avegno, Maggia sowie Coglio, Giumaglio und Someo; allerdings steigt und sinkt man jeweils ein paar Meter zusätzlich, dafür hat man so auf 6 km mehr Ruhe und weniger Abgase.

Bignasco – Lago del Narèt: Von Bignasco durch die Val Lavizzara nach Fusio (1281 m), wobei kurz vor Peccia (840 m) die Steigung erstmals die 10 Prozent übersteigt; danach helfen 15 Kehren die Steilstufe ins obere Lavizzaratal zu überwinden. Von Fusio auf der nun schmaleren Straße zum Staudamm des Lago di Sambuco (1461 m) und weiter durch die Val Sambuco, vorbei an den beiden Laghetti (der untere See heißt Sassolo, der obere Superiore) und am Lago Scuro zum Lago del Narèt (2310 m). Wer noch nicht genug hat, fährt auf dem Schottersträßchen südlich um den See herum und dann steil hinauf zu einem kleinen See (2348 m), den Lago Piccolo del Narèt. Nun zu Fuß dem Bach folgend zum Lago Cristallina (2398 m), wo die Maggia entspringt.

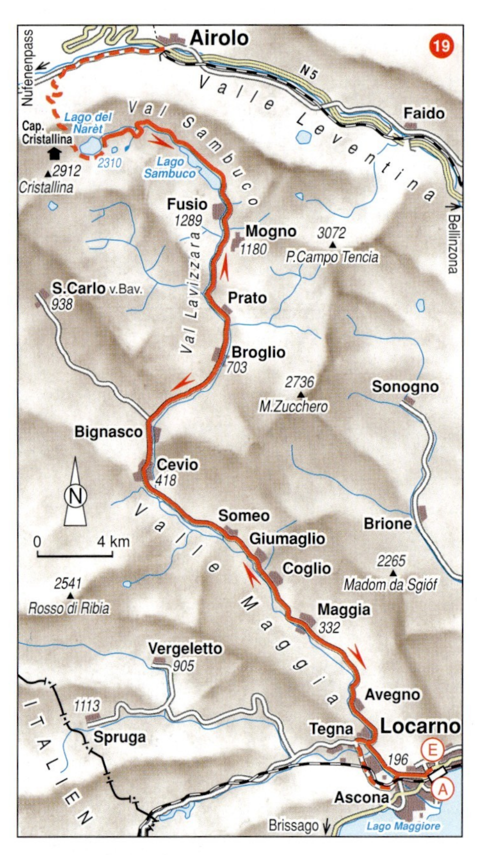

Nützliche Informationen

Ausgangs- und Zielort: Bahnhof Locarno (205 m).
Streckenlängen: Locarno – Bignasco 29 km, Bignasco – Lago del Narèt 34 km.
Unterkunft: In vielen Dörfern unterwegs, so zum Beispiel im Albergo Basodino in Cevio, Tel. 091/7541101. Gruppenunterkünfte, die auch Einzelpersonen zugänglich sind: Ostello in Cavergno, Tel. 091/7541016, Ristorante Lavizzara in Prato Sornico, Tel. 091/7551498; in Fusio die Antica Osteria Dazio Fusio, Tel. 091/7551162, und das Ostello comunale, Tel. 091/7551236. Zeltplätze in Losone, Avegno und Gordevio.
Einkehr: In den meisten Dörfern unterwegs; letzte Möglichkeit in Fusio. Der Dorfladen von Cevio ist auch sonntags geöffnet.
Karten: 265 Nufenenpass, 266 Valle Leventina, 275 Valle Antigorio, 276 Val Verzasca; 1:25000-Karte: sechs Blätter.
Literatur: Der Faltprospekt Nr. 22 der Tessiner Bergseen (erhältlich beim Verkehrsverein).
Variante: Vom Lago del Narèt (2310 m) über den Passo del Narèt (2438 m) in die Val Bedretto und nach Airolo (1141 m) – oder auch umgekehrt. So oder so nur für Bergradler, die ihr Gerät auch tragen wollen. 2 km vom Staudamm entlang dem Südufer des Sees und auf dem Wanderweg hinauf in den Paß, dann 3,5 km hinunter zur Alpe di Cristallina (1800 m), wobei auf kurzen Strecken gefahren werden kann (beim Abstieg; etwa ein Viertel der Strecke und der Höhendifferenz); bei der Alpe di Cristallina sich links halten und auf teils steilem, aber gut befahrbarem Schottersträßchen (mit betonierten Spuren in den rauhesten Abschnitten) 4 km hinab zur Einmündung (1300 m) in die Nufenenpassstraße, die 1 km westlich von Fontana erreicht wird. Insgesamt 77,5 km sowie 2233 m Aufstieg und 1300 m Abstieg/Abfahrt: eine großartige Tour von Locarno nach Airolo (oder umgekehrt). Daniel Heller, Hans Stricker und ich brauchten am 1. September 1996 mit mehreren Pausen 8 Std. – ganz zähe Radler würden von Airolo entlang dem Ticino zurück an den Lago Maggiore rollen.
Sehenswertes: Die 1996 eingeweihte Kirche in Mogno, erbaut vom Tessiner Stararchitekten Mario Botta.
Besonderes: Trittico ciclistico della Vallemaggia, eine 1996 erstmals vom Verkehrsverein Maggiatal durchgeführte Radtrilogie. Sie steht in der Zeit vom 1. April bis 30. Oktober allen Radfahrern offen und besteht aus der Einfahrstrecke von Avegno nach Cevio sowie aus den drei Bergstrecken Cevio – Fusio (20 km, 860 m Aufstieg), Cevio – Bosco Gurin (16 km, 1090 m) und Cevio – San Carlo in der Val Bavona (14 km, 520 m). Einschreibungsort ist das Grotto Mai Morire in Avegno (offen 9–24 Uhr, Tel. 091/7961537); die Gebühr beträgt 50 Fr. Dafür erhält man ein Leibchen sowie eine Medaille: eine goldene für die Absolvierung aller vier Teilstrecken, eine bronzene für deren zwei. Wer zum Lago del Narèt radelt, hat die Bronzemedaille also auf Nummer sicher; die Kontrollstellen in Fusio befinden sich in den beiden ristoranti.
Anschlußtouren: *1, 9, 10, 14–18, 20–22, 40.*

20 Künstler und Lebenskünstler

Pedemonte und Monte Verità:
Locarno – Losone – Tegna – Verscio – Cavigliano – Golino – Arcegno – Ronco sopra Ascona – Monte Verità – Ascona – Locarno

Charakter: Abwechslungsreiche Fahrt von Locarno durch die Dörfer des Pedemonte und durch die Kastanienwälder von Arcegno nach Ronco sopra Ascona, von wo eine wunderbare Panoramastraße zum Monte Verità, dem Kultberg von Künstlern und Weltverbesserern, führt. Eine Strecke für Genießer, die sich am Wanderweg entlang der Maggia und am schweißtreibenden Aufstieg nach Arcegno ebenso freuen wie an Asconas motorfahrzeugfreien Uferpromenade.
Distanz: 27 km.
Höhenunterschied: 310 m.
Zeit:
2½ Std.
Jahreszeit:
Immer.

Monte Verità: Eine Oase der Ruhe oberhalb des geschäftigen Ascona, wo sich vorne an der verkehrsberuhigten Seepromenade die sonnenhungrigen Touristen in den Straßencafés stauen und hinten am Rande der Altstadt die Autos, deren Fahrer oft traurig darüber sind, daß sie ihren vierrädrigen Besitz nicht mehr über den Lido spazierenführen dürfen.

Monte Verità: Der magische Hügel oberhalb des heute verbauten Ufers, auf dem um die Jahrhundertwende Aussteiger nach einem besseren Leben Ausschau hielten. Dichter und Denker, Vegetarier und Industrielle, Anarchisten und Naturisten probten auf dem Berg der Wahrheit andere Formen des Seins und Sinns. In der 1902 erbauten Casa Anatta, in der das Museo Monte Verità untergebracht ist, lustwandeln wir durch die moderne Geschichte der Anhöhe, an der Gräber aus der Bronzezeit gefunden wurden. Und dann pilgern wir noch zur Casa Selma, einer dieser typischen Licht- und Lufthütten aus Holz, in welcher die Weltverbesserer lebten. Wovon mögen wohl die Hirten, welche weiter oben in den dunklen Steinhütten hausten, geträumt haben? Und die internierten Polen im Zweiten Weltkrieg, welche die Straße von Golino nach Arcegno bauten? Auf dieser mit einem Fahrverbot be-

Natur auf der Panoramastraße: Hoch über dem Lago Maggiore verläuft die im Frühling von blühenden Bäumen und Sträuchern gesäumte Strecke von Ronco sopra Ascona zum Monte Verità.

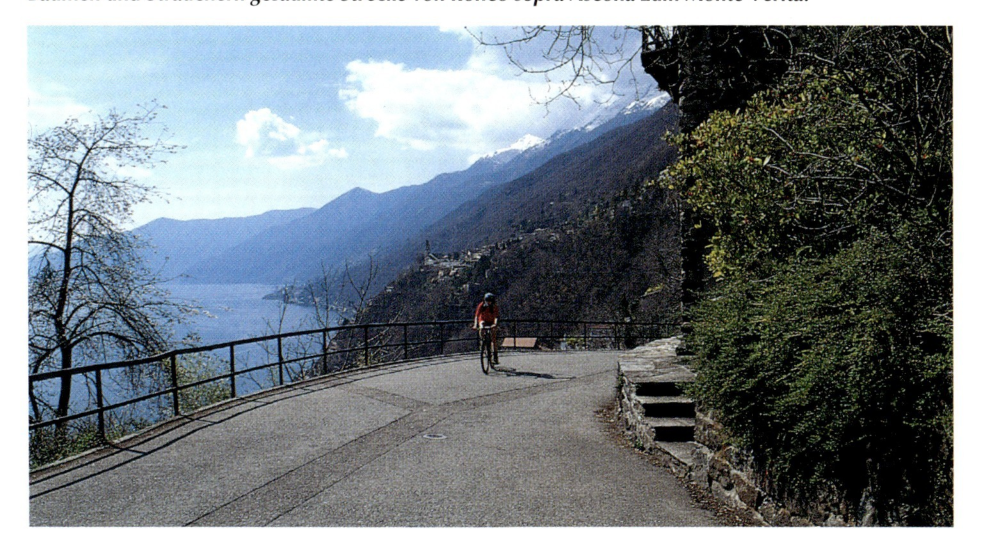

Teatro Dimitri
Teatro

legten Strecke fliehen heute radelnde Städter vor der lärmigen Talstraße auf der rechten Talseite des Pedemonte.

Pedemonte: Der Fuß des Berges, welcher sich zwischen den Ausgängen der beiden Täler Maggia und Onsernone erhebt. Schmucke Dörfer zieren den Fuß. Verscio – man sagt Ver-scho und nicht Vers-zio – ist das bekannteste, weil hier seit 1970 das Theater des Clown und Pantomimen Dimitri in einem alten Gemäuer beheimatet ist. Da wird Kunst erarbeitet und gemacht, während sie in Ascona bloß noch zitiert und zelebriert wird, allerdings auf einer traumhaft schönen Bühne, wenn die Frühlingssonne die Magnolien- und Kamelienbäume zum Leuchten und den Lago Maggiore zum Glitzern bringt.

Kultur und Natur: Sportlich genießen wir die Verbindung, unterbrechen unsere Fahrt in gemütlichen Grotti oder Ristoranti, auf idyllischen Picknickplätzen wie bei den Granitbuckeln der Glaziallandschaft von Arcegno oder auf der Wiese oben auf dem Monte Verità, wo noch die Turnstangen und Badewannen der Weltverbesserer zu bestaunen sind.

Und dann sausen wir vom Berg der Wahrheit, der heute das Ausbildungsseminar Centro Stefano Franscini beherbergt, hinunter in die Touristenschwärme des Fischerdorfes a. D. Ascona.

Streckenbeschreibung

Locarno–Tegna: Vom Bahnhofplatz (205 m) in Locarno südwärts hinab an den Lago Maggiore (196 m) und nach rechts zur Kreuzung bei der Schiffsstation. Durch eine Fahrverbotsstraße gegen die Piazza Grande. Über den ganzen Platz (am Schluß wieder Fahrverbot) und geradeaus auf die Piazza Castello. Nach dem Schloß rechts durch eine kräftig ansteigende Straße hinauf, dann links. Nun möglichst schnell auf der stark befahrenen Straße Richtung Losone. Gleich nach der Maggia-Brücke eine 180-Grad-Kurve hinlegen und auf einem Fußweg hinab auf den Damm. Schön die Maggia und die Melezza entlang; wo sich der Damm zu einem Park verbreitert, hält man sich in der linken Spur. Man kommt zu einer im Spätherbst 1996 eingeweihten Hängebrücke für Fußgänger und Radfahrer; sie verbindet Losone mit Tegna (der südliche Brückenkopf liegt bei P. 221,5 m). Nordwärts hinauf nach Tegna.

Tegna–Golino: Von Tegna auf der Hauptstraße nach Verscio. Gleich nach dem Dorfplatz links in ein Einbahnsträßchen einbiegen (wie zum Teatro Dimitri). Über die Bahnlinie und rechts. Nach dem Bahnhof Cavigliano (296 m) links hinab zum Ristorante Ponte dei Cavalli.

Gleich nach der Brücke über den Isorno links in einen Weg einbiegen (so vermeidet man die Steigung). Über die Melezza-Brücke geht es weiter nach Golino (269 m).

Golino–Ronco sopra Ascona: Von Golino weiter auf der großen Straße Richtung Losone. Nach der Durchfahrt durch ein Bachtobel zweigt rechts die geteerte Straße (Fahrverbot) nach Arcegno ab. Sie steigt zuerst ziemlich steil, dann sanft durch Wald auf eine Anhöhe (428 m) und sinkt nach Arcegno (387 m) hinab.

Nun geht es weiter auf der bis 420 m ansteigenden Straße nach Ronco sopra Ascona (350 m).

Ronco–Ascona–Locarno: Von Ronco fahren wir nicht nach Porto Ronco hinab, sondern auf der prächtigen Panoramastraße, welche unterhalb der Straße Arcegno–Ronco verläuft, zur Kreuzung beim Monte Verità; hier rechts und dann gleich wieder links in die steile Auffahrt zum »Gipfel« des Monte Verità; an der Auffahrt rechts die Casa Anatta. Schließlich Abfahrt nach Ascona (196 m) und durch die verkehrsfreie Dorfstraße zum Lago Maggiore.

Am Ostende des Lido rechts in eine Straße, die für Autos gesperrt ist, dann links in die Via Segne. An ihrem Ende rechts auf eine größere Straße, die man links in die Via Patrizia verläßt. Schließlich östlich am Flugplatz Ascona vorbei zur Maggia-Brücke und zurück nach Locarno.

Kultur in der Dorfgasse: Tagsüber tritt schon mal ein Radfahrer vor dem Teatro Dimitri in Verscio auf und verschwindet hinter der nächsten Ecke.

Nützliche Informationen 

Kartenskizze: Siehe Seite 94.
Ausgangs- und Zielort: Locarno (205 m); von Ascona kann man auch mit dem Schiff nach Locarno zurückfahren.
Streckenlängen und Höhenunterschiede: Locarno – Golino 10 km, 100 m Aufstieg und 30 m Abfahrt; Golino – Ronco 7,5 km, 190 m Aufstieg und 110 m Abfahrt; Ronco – Ascona 5 km, 20 m Aufstieg und 170 m Abfahrt; Ascona – Locarno 4,5 km.
Unterkunft: In Golino das Cá Vegia Garni, Tel. 091/7961267, und das Madonna, Tel. 091/7961995. In Ronco das Della Posta, Tel. 091/7942850. *Vgl. Locarnese.*
Einkehr: Grotto Raffael in Losone (Mo. geschlossen). Grotto Cavalli in Verscio (Mi. und Okt. bis Mai geschlossen). Ristorante Ponte dei Cavalli in Cavigliano (Mo. und Di. geschlossen), Tel. 091/7962705. Gediegen das Restaurant auf dem Monte Verità abseits aller Sonnenstuben-Romantik.
Karten: 276 Val Verzasca; 1312 Locarno.
Variante: Wer nur auf Teerstraßen fahren will, fährt nach der Maggia-Brücke zwischen Locarno und Losone beim Kreisel rechts Richtung Saleggi, dann geradeaus zu einer Barrikade, welche genug Platz für ein Rad offenläßt. Rechtshaltend hinauf auf die Hauptstraße und rechts. Nach 500 m rechts in die Via Gratello einbiegen. Man folgt den Wegweisern zum Albergo Elena, zieht dann aber am Hotel vorbei aufs freie Feld, durch das eine Straße zur neuen Brücke über die Melezza nach Tegna führt.
Sehenswertes: Friedhof von Ronco mit dem Grab von Erich Maria Remarque, Autor von »Im Westen nichts Neues«. Museo Monte Verità in der Casa Anatta (März bis Okt., Di. bis Fr. 14.30–18 Uhr). Das weiße Bauhaus-Gebäude daselbst.
Literatur: Zum Einstimmen: Tessin. Ein Lesebuch, herausgegeben von Esther Scheidegger, Arche Verlag, Zürich 1991; zum Mitfühlen: Hans Morgenthaler, Woly. Sommer im Süden, Zürich 1924 (seither wieder aufgelegt); zum Miträtseln: Hannes Binder, Wachtmeister Studer im Tessin. Eine Fiktion, Comic Zytglogge, Bern 1996; zum Wissen: Monte Verità Ascona. Le mammelle della verità – Die Brüste der Wahrheit, Armando Dadò Editore, Locarno 1980.
Besonderes: Teatro Dimitri in Verscio, Tel. 091/7961544. Libreria al Puntel an der Carrà dei Nasi und Libreria della Rondine in der Casa Serodine an der Piazza San Pietro in Ascona: Treffpunkte für Bücher-Freunde des Tessins.
Anschlußtouren: *1, 6–19, 21, 22.*

21 Berge der Wahrheit

Monti di Ronco und di Brissago:
Locarno – Ascona – Monte Verità – Monti di Ronco – Piano (880 m) – Bassuno – Porta sopra Brissago – Ronco sopra Ascona – Ascona – Locarno

Charakter: Prächtiger, den Horizont in vielerlei Hinsicht erweiternder Biketrip zu und über den Villen von Ronco sopra Ascona. Aufstiege und Abfahrten erfolgen auf schmalen, bis 15 Prozent geneigten Teerstraßen in beneidenswerter Lage über dem Lago Maggiore. Die Querung mehr als 600 m über dem verbauten Ufer genießt man auf Naturstraßen – und auf dem Treppenweg durch die jähe Valle di Crodolo, das Rad tragend. Auch die sonnigste Lage hat ihre Schattenseiten.

Distanz: 32 km.
Höhenunterschied: 830 m.

Zeit: 3 Std.

Jahreszeit: März bis November; außerhalb der Villenviertel mehrheitlich im Wald.

Der erste Test beginnt gleich oberhalb der Parsifalwiese, jener von Kastanienwäldern eingefaßten Wiese, auf der die Jünger des Monte Verità und ihre Anhängerinnen Bewegung und Glück suchten, während heute Familien mit dem Minivan von Losone herauffahren, um das im Supermercato gekaufte Picknick zu vertilgen. Biker haben keine Zeit, über den Ausverkauf idyllischer Plätze

Kräftige Berge: Steil ist die Fahrt nach Monti di Ronco, weiß erhebt sich der Pizzo di Vogorno.

nachzudenken, denn ihre Route fordert volle Konzentration. Sie weist bis zu 15 Prozent Gefälle auf und führt über einen breiten Wanderweg, den Spaziergänger fleißig benützen. Da heißt es also Rücksicht nehmen. Doch die Strecke ist so schön – und so schön geteert, daß Bergradler sie kaum auslassen können.

Der folgende flache Kilometer zum Villenviertel Gruppaldo ist geeignet, Puls- und Atemfrequenz zu senken. Man müsse am Ende des Flachstücks sehr aufpassen, »da der Wechsel des Gefälles brutal ist«, schreibt Benedetto Lepori in seinem Führer »Passi e Valli in Bicicletta – Canton Ticino, Gottardo e Mesolcina«. Das Werk richtet sich an Touren- und Rennradler, weshalb es nur geteerte Strecken enthält. Der Aufstieg zu den Monti di Ronco sei wirklich anspruchsvoll, weil das Durchschnittsgefälle 11 Prozent beträgt. Lepori gibt der Route entsprechend seiner fünfstufigen Schwierigkeitsskala den zweithöchsten Grad: molto impegnativo – sehr viel Einsatz erforderlich.

Etwas anders taxiert Vital Eggenberger in »Mountainbike-Erlebnis Ticino« die Strecke:

»Ein flottes Asphaltsträßchen erleichtert das Überwinden der vielen Höhenmeter zu den Monti di Ronco.« Es kommt auf Über- und Zielsetzung an. Radfahrer ohne kleine Gänge werden auf der bis zu 16 Prozent geneigten, schmalen Straße sehr leiden. Ein Trost: Wer es bis zum Parkplatz mit dem Brunnen auf der langen Rampe zwischen der zwölften und dreizehnten Haarnadelkurve (gezählt nach der Abzweigung) ohne abzusteigen schafft, kommt bis zu den Monti di Ronco durch; das Sträßchen wird gegen oben nämlich eine Spur flacher. Biker können ruhiger treten, Kraft und Puste brauchen aber auch sie. Ihr Berg liegt freilich weiter vorne oder weiter oben.

Wer den unten vorgestellten Höhenweg nach Piano und Bassuno wählt, verläßt das Sträßchen zu den Monti di Ronco bereits auf 850 m. Dieses kurvt über den jähen Abhang noch 400 Höhenmeter bis fast auf den Bergkamm hoch, der sich zwischen dem Lago Maggiore und den Centovalli erhebt. Man könnte von oben auf einem schmalen und teils ausgesetzten, bei Wanderern sehr beliebten Weg nach Rasa in den Centovalli hinunterfahren. Eggenberger stellt den schwierigen Weg vor. Auch die Route 4 der von der Banca della Svizzera Italiana herausgegebenen Broschüren »Montagne e Valli Ticinesi in Rampichino« überquert den Berggrat. Die Strecke von Rasa über Terra Vecchia nach Bordei, auf der das Bike mehrheitlich getragen werden muß, wird als mittelschwer eingestuft. Es gibt eben nicht nur eine Wahrheit – auch am Berg nicht.

Zugegeben: Auf der Route auf der Sonnenseite des Gebirges oberhalb des Lago Maggiore müssen Bergradler ihr Gefährt ebenfalls kurz schleppen. Doch schon bald beginnen sie die Abfahrt von den Monti di Brissago zurück zu den prunkvollen Häusern von Ronco und Umgebung, die zu zwei Drittel als Feriendomizile benützt werden. Die geschlossenen Fensterläden nehmen die Abfahrer manchmal kurz wahr, und zuweilen erhaschen sie durch Zäune das Blau von einem der über 200 privaten Schwimmbäder. Vor den Garagen stehen deutsche Edelkarrossen und nur ganz selten ein Rad. Wer will sich am Berg noch hocharbeiten, wenn man es schon so weit gebracht hat?

Streckenbeschreibung

Locarno–Ascona: Vom Bahnhofsplatz (205 m) in Locarno südwärts hinab an den Lago Maggiore (196 m) und nach rechts zur Kreuzung bei der Schiffsstation. Zwei Möglichkeiten: **1.** Über die Piazza Grande: durch eine Fahrverbotsstraße gegen die Piazza Grande. Über den ganzen Platz (am

Wildes Tal: Durch die Valle di Crodolo muß das Rad getragen werden, zum Glück nur kurz.

Schluß wieder Fahrverbot) und geradeaus auf die Piazza Castello. Quer über die sehr verkehrsreiche Kreuzung und auf einer Route südlich der Hauptstraße zur Morettina und zur Maggia-Brücke. **2.** Außen herum: dorthin auch, wenn man in Locarno zuerst noch den See entlang fährt, vor dem Campo Sportivo rechts in die Via dell'Isolino abschwenkt und durch die Außenquartiere zu den Schulanlagen von Morettina rollt. Nach der Maggia-Brücke nicht links dem Radweg folgen, sondern westwärts zu zwei Kreiseln am Rande von Ascona.

Ascona – Monti di Ronco – Ascona: Am Nordrand von Ascona die Nebenstraße nach Losone wählen und links in die ansteigende Straße zum Grotto und zur Kirche Madonna della Fontana einbiegen. Nach 200 m links in die Straße zum Hotel Ascona abzweigen, nach nochmals 200 m rechts den geteerten Wanderweg »Sentiero dei Pini« nicht verpassen: Er führt in angenehmer Steigung auf der Rückseite des Monte Verità zur Parzifalwiese. Die Straße überqueren und gleich weiter auf dem geteerten Wanderweg (kurze Abschnitte bis 15 Prozent steil), der bei P. 401 m in die Verbindungsstraße Arcegno – Ronco mündet. Flach in den Weiler Gruppaldo zur Abzweigung nach den Monti di Ronco. Teilweise sehr steil hinauf; zu Beginn kurz 16 Prozent Gefälle! Nach der 12. Kehre wird's nochmals richtig hart, doch wenn dann endlich nach 1,5 km die dreizehnte Haarnadelkurve auf 850 m erreicht ist, kann man aufatmen. Auf einem leicht abfallenden Natursträßchen in die Valle di Crodolo. Der Weg verengt sich, und schon bald muß das Bike auf Holztreppen durch das tief eingeschnittene Tal auf und ab getragen werden. Bei Piano (880 m) beginnt die horizontale Naturstraße nach Bassuno, einem Maiensäss oberhalb Brissago. Rassige Abfahrt auf schmaler Teerstraße nach Porta sopra Brissago (392 m). Wiederaufstieg zu einem Absatz (etwa 540 m) bei der Einfahrt in die Valle di Crodolo. Abfahrt nach Ronco sopra Ascona, wo man sich rechts hält. In der Rechtskurve nach der Kirche fährt man geradeaus und über die wunderschöne, verkehrsarme Panoramastraße zum Monte Verità. Rechts am Berg der Wahrheit vorbei und hinab nach Ascona.

Ascona – Locarno: In Ascona zum Lago Maggiore. Am Ostende des Lido rechts in eine Straße, die für Autos gesperrt ist, dann links in die Via Segne. An ihrem Ende rechts auf eine größere Straße, die man links in die Via Patrizia verläßt. Schließlich östlich am Flugplatz Ascona vorbei zur Maggia-Brücke und zurück nach Locarno.

Nützliche Informationen

Ausgangs- und Zielort: Locarno (205 m).
Unterkunft: *Vgl. Tour 20 und Locarnese.*
Einkehr: Im gediegenen Ristorante auf dem Berg der Wahrheit *(vgl. Tour 20)*. Grotto dal Peo auf den Monti di Ronco (Mo. Ruhetag; geschlossen von Nov. bis Frühlingsanfang).
Karten: 276 Val Verzasca, 286 Malcantone; 1312 Locarno, 1332 Brissago.
Variante: Die eigentlichen Monti di Ronco befinden sich oberhalb der Kehre auf 850 m, wo man die Zufahrtsstraße verläßt. Wer über genügend Kraft in den Beinen verfügt, sollte noch bis zur Rusticosiedlung Crumiaga (910 m) hochsprinten; von dort gelangt man in wenigen Minuten zu Fuß zum Grotto dal Peo. Wer die Rast im Grotto wirklich verdienen will, fährt noch bis zur Schranke auf ca. 1100 m westlich oberhalb der Siedlung Porera. Die Teerstraße führt noch in die Mulde (ca. 1260 m) östlich des Sattels P. 1306 m.
Sehenswertes: Der blaue Verbano von oben. Häuser unterschiedlichen Stils von außen. Und vielleicht das Museo Ciseri in Ronco sopra Ascona von innen (offen April bis Okt., Di. bis Fr. 15–18 Uhr).
Anschlußtouren: *15–20, 22, 37.*

22 Grenzverkehr

Valli Cannobina und Vigezzo, Centovalli: Von Locarno über Cannobio und Malesco nach Domodossola (I), zurück nach Locarno – oder auch umgekehrt

Charakter: Die Valle Cannobina, die gebirgige Verbindungsstrecke zwischen dem Lago Maggiore und der Valle Vigezzo, ist eine klassische Radstrecke. Durch die italienische Valle Vigezzo und die schweizerischen Centovalli verlaufen eine ziemlich stark befahrene Straße und eine Schmalspurbahn, welche leider keine Räder transportiert. Möglich ist es trotzdem, und damit auch Talfahrten durch die drei Täler. Mountainbiker starten gar in Domodossola und verladen das Rad in Cannobio aufs Schiff.

Distanz: Von Cannobio 24 km nach Malesco und 55 km nach Locarno; von Domodossola 42 km nach Cannobio und 59 km nach Locarno; von Càmedo nach Cannobio 34,5 km. Rundtour von Locarno 72 km.

Höhenunterschied: Cannobio – Malesco – Locarno je 800 m. Càmedo – Cannobio 430 m Aufstieg und 800 m Abfahrt.

Zeit: Locarno – Cannobio 1 Std.; Cannobio – Malesco 2 Std.; Malesco – Domodossola 1 Std.; Malesco – Locarno 2 Std.; Càmedo – Cannobio 2½ Std.

Jahreszeit: März bis November. Unter der Woche in der ersten Hälfte des Vormittags und in der zweiten Hälfte des Nachmittags teilweise starker Grenzgängerverkehr in allen drei Tälern. Am Sonntag Markt in Cannobio.

Ein Gebirge, zwei Länder, drei Täler, vier Radtouren. Begrenzt durch den Lago Maggiore im Osten, die beiden Flüsse Melezza im Norden sowie den Fluß Toce im Westen und Süden erhebt sich ein Gebirgsmassiv, das keinen verbindenden Namen trägt. Allgemein zählt es noch zu den Lepontinischen Alpen (der entsprechende Führer des Club Alpino Italiano jedoch beschreibt es nicht). Geteilt wird das wilde Gebirge, das im Dreieck der Städte Locarno, Domodossola und Intra liegt, durch die Valle Cannobina. Den kleineren Ostteil dominiert der Grenzgipfel Gridone *(vgl. Tour 37),* im größeren Westteil versteckt sich der nur schwer zugängliche Nationalpark Val Grande. Höchster Gipfel ist der Monte Togano (2301 m) oberhalb des ausgestorbenen Dorfes Marone in der Valle Vigezzo; berühmtester Berg der Monte Verità oberhalb Ascona.

Im gleichen Verhältnis, wie sich die Schweiz und Italien den Lago Maggiore teilen, gehört auch das Gebirge nördlich des Sees den beiden Staaten. Allerdings hätte die Schweiz 1994 ihren kleinen Anteil fast vergrößert. Die Bewohner der Valle Vigezzo waren unzufrieden mit den Behörden, weil diese nach einem Felssturz die Straße in die schweizerischen Centovalli gänzlich sperren ließen. Dadurch wurde der Arbeitsweg der Grenzgänger noch länger – rund 1000 vigezzini pendeln täglich aus dem piemontesischen Vigezzotal ins Tessin. Eine inoffizielle Volksbefragung der Talbewohner ergab eine Zweidrittelmehrheit für eine Loslösung von Italien. 1995 gaben die Behörden nach, und die Straße durch die beiden Täler wurde wieder durchgehend befahrbar.

Valle Vigezzo und Centovalli bilden eigentlich ein Tal, in dessen Mitte sich eine zwölf Kilometer lange, lichtdurchflutete Hochebene ausbreitet. Die Flüsse, die vom Scheitelpunkt bei Druogno ost- bzw. westwärts fließen, heißen beide Melezza. Von der Hochebene führt eine Straße zu einem Paß hoch, von wo sich der tiefeingeschnittene torrente Cannobino zum Lago Maggiore hinunterwindet.

Die Straße durch die Valle Cannobina ist manchmal recht schmal, nie allzu steil (durchschnittlich knapp 4 Prozent und maximal 10 Prozent), nicht zu sehr befahren und immer eindrucksvoll – eine tolle Strecke also für Renn- und Trekkingradler. Die meisten Zweiradfahrer fahren vom Lago Maggiore hoch, weil das Dorf Malesco an der Einmündung der Cannobina-Route in die ziemlich befahrene Querverbindung Locarno – Domodossola nur mühsam zu erreichen ist. Zu-

Farbige Reben: Die Mountainbike-Route von Domodossola in die Valle Vigezzo führt durch die Weinberge von Trontano, durch die auch das Centovalli-Bähnchen kurvt.

dem transportiert die Centovalli-Bahn – in Italien heißt sie »La Vigezzina« – keine Räder, auch nicht im Selbstverlad. Es sei denn, man nehme das Rad in einer Fahrradtransporttasche mit; der »TranZBag« zum Beispiel gilt als normales Gepäckstück, wie ein Koffer. Damit läßt sich folgender Ausflug durchführen: von Locarno per Bahn nach Càmedo, bei der gigantischen Wallfahrtskirche von Re vorbei nach Malesco und durch die Valle Cannobina hinab an den See, in der Bar »Sport« einen Cappuccino trinken und aufs Schiff warten, das einen nach Locarno zurückbringt. Genau diese Strecke bietet das Zürcher Reiseunternehmen Eurotrek ab 1997 mit dem Ticino-Radweg an, der von Airolo in drei Tagen nach Cannobio oder in fünf Tagen nach Pavia führt. Er ist übrigens individuell buchbar; der Radtransport von Locarno nach Càmedo wird organisiert. Nicht mit solchen Problemen herumschlagen müssen sich auch diejenigen, die in Càmedo ein von der Bahn bereitgestelltes Mietrad schnappen und es nach der Abfahrt durch die Centovalli in Ponte Brolla zurückgeben. Damit verpassen sie jedoch das, was die Region so besonders macht: die Gegensätze. Berg und See, Hochebenen und Talschluchten, Abgeschiedenheit und Touristenrummel, Schweiz und Italien.

Streckenbeschreibung 

Locarno–Brissago–Cannobio: Am besten legt man die Strecke mit dem Schiff zurück. Per Rad: auf der Strecke der *Tour 21* nach Ascona (199 m). Von hier zwei Möglichkeiten: **1.** Auf der stark befahrenen Uferstraße nach Brissago. **2.** Schöner, aber auch anstrengender: hinauf zum Monte Verità und

auf der prächtigen Panoramastraße nach Ronco sopra Ascona. Kurz rechts, dann links und ziemlich steil ansteigend auf einen Absatz (540 m) südlich der Valle di Crodolo. Abfahrt nach Porta. Dort in der dritten Haarnadelkurve geradeaus, durch die Valle del Sacro Monte gegen Incella und schließlich auf die Uferstraße von Brissago, die man unterhalb Piodina erreicht. Flach nach Cannobio; unterwegs die Grenze Schweiz–Italien.

Cannobio–Piano di Sale–Malesco: Von der Schiffanlegestelle in Cannobio (201 m) auf dem Lido kurz seeabwärts, dann rechtshaltend durchs Städtchen zum Beginn der Straße durch die Valle Cannobina. Links des gleichnamigen Flusses steigt die Straße bis 380 m an und sinkt zur Brücke (356 m) unterhalb Socraggio ab. Die Straße folgt dem Fluß im tiefeingeschnittenen Tal bis zur Abzweigung (497 m) nach Gurro, wo der Aufstieg so richtig beginnt. Am Südhang unterhalb der Dörfer Orasso und Cursolo zu einem Tunnel (837 m), der aus einem kurzen und einem langen Abschnitt besteht. In der dazwischenliegenden Galerie links hinaus fahren und auf der alten Straße (für Autos nicht mehr passierbar) hoch oberhalb einer Schlucht zum nördlichen Tunnelausgang. Bei der Abfahrt muß man hier ebenfalls aufpassen, daß man nicht in den langen Tunnel fährt. Man kommt nach Finero, dem einzigen Dorf, das an der Straße durch die Valle Cannobina liegt. Schließlich erreicht die Straße den Paßübergang Piano di Sale (etwa 970 m), auch Passo Finero genannt. Auf der

Herbstliches Querfeldein: Knabe in der italienischen Valle Vigezzo – zwei Drittel der Talbewohner wollten 1994 wegen der blockierten Verbindungsstraße zur Schweiz wechseln.

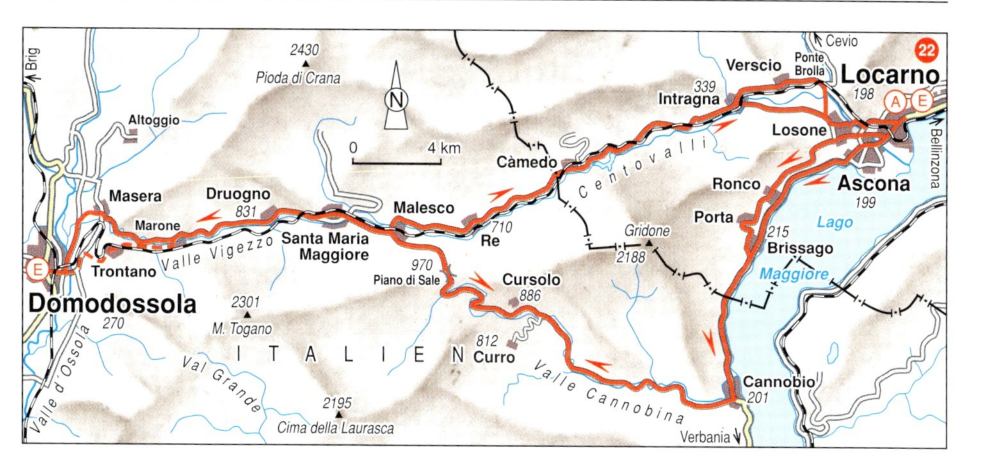

Nordseite sinkt die Straße durch die ersten Kurven sehr steil bis steil, dann gemütlich die Talseite entlang in die Valle Vigezzo und nach Malesco (764 m) hinab.

Malesco–Domodossola: Von Malesco (764 m) auf der Hauptstraße nach Santa Maria Maggiore, den Hauptort der Valle Vigezzo; unbedingt durchs Dorf fahren (kurze Strecke Fahrverbot). Nach Druogno (831 m) Abfahrt auf der ziemlich befahrenen Straße (zwei Tunnels) in die flache Talsohle der Valle d'Ossola und hinüber nach Domodossola (270 m); nach der zweiten Bahnunterführung rechts hinauf zur Stazione.

Malesco–Locarno: Von Malesco (764 m) zum Wallfahrtsort Re (710 m) am Ostrand der Hochebene der Valle Vigezzo. Abfahrt auf der kurvenreichen Straße auf der linken Talseite der zerfurchten Centovalli über Càmedo (549 m), dem Schweizer Dorf an der Grenze, nach Intragna (339 m); unterwegs mehrere Gegensteigungen! Zwei Möglichkeiten von Intragna: **1.** Auf der stark befahrenen Straße über Golino nach Losone. **2.** Schöner, aber länger: In Intragna zuerst ebenfalls noch Richtung Golino, dann aber nicht rechts zur Melezza-Brücke hinab, sondern links zur alten Isorno-Brücke. Nun folgt man in der umgekehrten Richtung der *Tour 20* durch Cavigliano und Verscio nach Tegna, von wo man über die neue Brücke nach Losone gelangt; Radfahrer mit Mietfahrrädern der FART pedalen weiter nach Ponte Brolla zum Bahnhof. Von der Brücke beim Zusammenfluß Melezza-Maggia je nach Radart auf dem Flußweg oder durch Quartierstraßen zur Maggia-Brücke von Losone hinüber nach Locarno.

Nützliche Informationen

Ausgangsort: Bahnhof Locarno (205 m) bzw. Cannobio (201 m).
Zielort: Domodossola (270 m) bzw. Locarno.
Streckenlängen und Höhenunterschiede: Locarno – Cannobio 17 km; Cannobio – Malesco 24 km, 800 m Aufstieg und 210 m Abfahrt; Malesco – Domodossola 18 km, 70 m Aufstieg und 560 m Abfahrt; Malesco – Càmedo 10,5 km, 220 m Abfahrt mit ein paar kleinen Gegensteigungen; Càmedo – Locarno – 20,5 km, 350 m Abfahrt mit ein paar kleinen Gegensteigungen; Càmedo – Ponte Brolla 15 km und 300 m Abfahrt.
Unterkunft: In Cannobio Hotel Pironi, Tel. 0039/597/70624; Hotel Belvedere, Tel. 0039/597/70159; Camping Riviera, offen von Ende März bis Ende Okt., Tel. 0039/597/71360; Camping Valle Romantica, offen von Ostern bis Ende Sept., Tel. 0039/597/71249; Camping Campagna, Tel. 0039/597/70100. Hotels in Malesco, Santa Maria Maggiore und Druogno; Ufficio Turistico in Santa Maria Maggiore, Tel. 0039/324/9091.
Einkehr: In vielen Dörfern unterwegs.
Karten: 275 Valle Antigorio, 276 Val Verzasca, 285 Domodossola, 286 Malcantone; 1311 Comologno, 1312 Locarno, 1332 Brissago.

Variante: Domodossola – Valle Vigezzo für Mountainbiker: Von Domodossola ostwärts über die Talsohle. Nicht in die Straße nach Trontano einbiegen, sondern noch 800 m auf der großen Straße Richtung Valle Vigezzo, bis rechts die Via Strada Vecchia abzweigt. Diese schmale, zuweilen recht steile Teerstraße führt sehr schön durch Rebenlandschaft nach Trontano hinauf. Taleinwärts nach Verigo (etwa 570 m). Am Ende der Teerstraße beginnt der breite Hangweg zum ausgestorbenen Dorf Marone; er ist teilweise recht steinig und steil, insbesondere bei der Durchquerung des tiefeingeschnittenen Tales des Rio Margologio, wo das Rad bis etwa 620 m hinaufgeschoben werden muß. Danach die rechten Abzweigungen nach Causasca und Marone liegen lassen. Zuletzt fährt man zur Brücke (582 m) über die Melezza Occidentale ab, wo man leider wieder auf die Hauptstraße gelangt. Insgesamt aber ist der Weg über Trontano trotz der Gegenanstiege und ruppigen Abschnitte eine sehr empfehlenswerte Route, vor allem auch, weil so ein großes Stück des mühsamen Aufstieges gegen die Hochebene der Valle Vigezzo vermieden werden kann. Von der Marone-Brücke fährt man auf der Hauptstraße weiter, wählt aber die Ortsdurchfahrt durch Gagnone.

Literatur: Ursula Bauer/Jürg Frischknecht, Grenzschlängeln. Zu Fuß vom Inn an den Genfersee, Rotpunktverlag, Zürich 1995; viel Hintergrundinformation zur Valle Vigezzo. Gino Vermicelli, Die unsichtbaren Dörfer. Partisanen im Ossola-Tal, Rotpunktverlag, Zürich 1990; Pflichtlektüre für alle, die mehr zu den antifaschistischen Denkmälern auf der Radweg-Strecke in der oberen Valle Cannobina wissen wollen. Erminio Ferrari, Val Cannobina – Lago Maggiore, Alberti Libraio Editore, Intra 1988 (deutsche Ausgabe dieses Wanderbuches in Vorbereitung).

Besonderes: Personalausweis; evtl. Radtransporttasche – damit kommt man in Domodossola sogar in den modernen Neigezug »Cisalpino«. Eurotrek in Zürich für Ticino-Radweg, Tel. 01/4620203, Fax 01/4629392. FART Locarno für Information zur Centovalli-Abfahrt und Reservation der Räder in Càmedo, Tel. 091/7510031 oder 7518731.

Anschlußtouren: *15–21, 37.*

23 Marktfahrt

Alpe di Neggia: Vira Gambarogno – Alpe di Neggia (1395 m) – Indemini – Valle Veddasca – Maccagno – Luino (I)

Charakter: Ein Prüfstein für alle Rennradfahrer: Der Aufstieg auf der kurvenreichen, anhaltend steigenden Straße (durchschnittlich knapp 9 und maximal 15 Prozent) auf die Alpe di Neggia. Die Abfahrt zurück an den Lago Maggiore durch die italienische Valle Veddasca ist zahmer, weist allerdings drei Gegensteigungen auf. Wer noch mehr will, macht den überraschenden Umweg über La Forcora. Weitere Überraschungen bieten das »Souvenir-Dorf« Indemini und der mercato von Luino.

Distanz: 41,5 km.
Höhenunterschied: 1260 m.

Zeit:
4½ Std.

Jahreszeit: April bis Oktober; der Aufstieg verläuft im nordseitigen Wald. Mittwochs Markt in Luino.

Mittwochs fährt man auf den Markt in Luino, mit dem Auto, dem Schiff, der Bahn. Und warum eigentlich nicht auch mit dem Rad zum lebendigen Markt in der größten Stadt am Ostufer des Lago Maggiore und dann mit dem Schiff über den See zurück in die Svizzera fahren, voll bepackt mit feinen italienischen Lebensmitteln? Drei Straßen führen aus der Schweiz nach Luino. Von Ponte Tresa entlang dem gleichnamigen Fluß, der den Lago di Lugano in den Lago Maggiore entwässert. Vom Gambarogno entlang dem Ufer des Verbano, wie der Lago Maggiore auch genannt wird. Oder vom Gambarogno über den Paß, der zwischen den Monti Tamaro und Gambarogno liegt. Diese Anfahrt ist die mit Abstand härteste, aber auch die schönste. Und: Die Alpe di Neggia ist eine der Radstrecken im Tessin, die man gemacht haben sollte. Von Vira Gambarogno aus, wohlverstanden.

Immer daran denken: Das Rad kann aufs Schiff verladen werden, wie hier in Locarno für Vira.

Wer sich (oder der zu großen Übersetzung am Rad) nicht traut und dem Markttreiben ohnehin nichts nachfragt, wird die Fahrt vom Lago Maggiore zum Verbano von Süden nach Norden machen. Die Straße durch die Valle Veddasca ist weniger steil, dafür länger und erlaubt ein dreimaliges Atemholen, bevor es dann nach der Grenze zum schweizerischen Finale über Indemini geht. Allerdings bezahlt man den um rund drei Prozent flacheren Aufstieg mit mehr Sonneneinstrahlung und mit weniger Aussicht auf den langen See. Ihn hat man jedoch ständig vor Augen, wenn man von der Alpe di Neggia nach Süden abfährt. Wer bei der Abfahrt durch die Valle Veddasca noch genügend Kraft verspürt, sollte unbedingt den Umweg über La Forcora machen. Die verzögerte Schußfahrt zum See wird entschädigt mit atemberaubenden Tiefblicken auf denselben – und hinüber nach Cannobio, wo jeweils sonntags der Markt stattfin-

det. Die meisten Schiffe, die von Luino nach Locarno zurückfahren, machen Station in Cannobio.

Zum Einkaufen in einem besonderen Ort müssen wir allerdings nicht so weit fahren. Im scheinbar vergessenen, ent- und wiederbevölkerten Dorf Indemini bieten einige Läden Souvenirs, Gemälde und selbstgekelterten Biowein an. 180 000 Ausflügler besuchen jährlich das verwinkelte Dorf an der Grenze zu Italien. Wie viele davon kommen wohl mit dem Rad?

Streckenbeschreibung

Vira Gambarogno – Alpe di Neggia: Von der Schiffanlegestelle in Vira durchs Dorf hinauf auf die Seestraße (209 m). Kurz nach links zum Beginn der Straße auf die Alpe di Neggia (1395 m); nach 34 Haarnadelkurven hat man es geschafft – und ist es wohl auch.

Alpe di Neggia – Maccagno – Luino: Die Straße durch die schweizerisch-italienische Valle Veddasca weist ein durchschnittliches Gefälle von gut 5 Prozent auf. Nach steilen 4,5 km ist man in Indemini (979 m), nach weiteren 2,5 km in Italien. Kurz nach dem Dorf Armio die Abzweigung nach La Forcora. In Maccagno links und auf der befahrenen Uferstraße nach Luino (207 m).

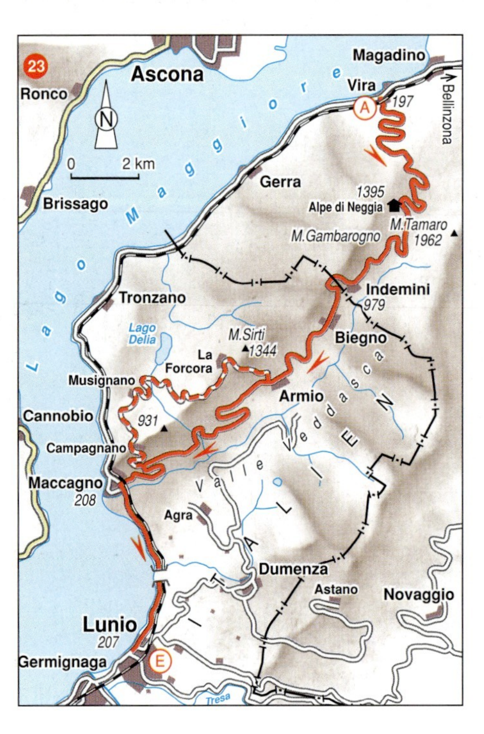

Nützliche Informationen

Ausgangsort: Vira (197 m) an der Riviera di Gambarogno; mit der Bahn von Bellinzona (teilweise Busbetrieb ohne Radtransport!) oder mit dem Schiff von Locarno (fährt von Ende März bis Ende Okt.).

Zielort: Luino (207 m); Bahn nach Bellinzona oder Schiff über Brissago und Ascona zurück nach Locarno (fährt vor allem mittwochs); Reservation und Anfrage wegen Radtransport teilweise unerläßlich; Biglietteria Locarno, Tel. 091/7511865. Keine Schiffsverbindungen von Maccagno; man kann aber auf der befahrenen Seestraße 17,5 km nach Vira zurückrollen.

Streckenlängen: Vira – Alpe di Neggia 13,5 km; Alpe di Neggia – Maccagno 22,5 km; Maccagno – Luino 5,5 km.

Unterkunft: Bike-Hotels Viralago in Vira Gambarogno, Tel. 091/7951591, und Consolina im Nachbardorf San Nazzaro, Tel. 091/7942335. Ritrovo di Neggia, Tel. 091/7953037. Ristorante Martini in Indemini, Tel. 091/7951467.

Einkehr: In den meisten Dörfern unterwegs. Grotto Maiüch auf den Monti di Piazzogna; ristoranti auf Alpe di Neggia und La Forcora.

Karten: 276 Val Verzasca, 286 Malcantone; 1313 Bellinzona, 1332 Brissago, 1333 Tesserete, 1352 Luino.

Variante: Westlich von Armio (910 m) beginnt die schmale Teerstraße, die über La Forcora (1179 m), Musignano und Campagnano zurück zur Talstraße führt; 3,5 km und 270 Höhenmeter mehr.

Sehenswertes: Das schweizerische Indemini und la bella Italia.

Literatur: Adolph Schalk: Die Indemini-Story; in Souvernirläden vor Ort erhältlich.

Besonderes: Personalausweis.

Anschlußtour: Belastbare Mountainbiker tragen das Rad von der Alpe di Neggia in den Sattel (1843 m) östlich des Monte Tamaro hinauf; Anschluß an *Tour 28.* Abfahrt entweder über Alpe di Foppa und Monte Ceneri nach Quartino 4 km östlich von Vira oder über Arosio nach Lugano.

Luganese

Im Oktober 1996 konnten Piergiorgio Baroni, Kultur- und Sportredakteur des »Corriere del Ticino«, und seine Frau Carla endlich aufatmen. In der Via Besso, wo sie in ihrem Haus wohnen, fuhren oder stauten sich nicht mehr ununterbrochen Autos. Der Grund für die Steigerung der Lebensqualität an der Straße oberhalb des Bahnhofs Lugano war nicht etwa ökologischer, sondern sportlich-wirtschaftlicher Natur: Vom 9. bis 13. Oktober fanden die Straßen-Radweltmeisterschaften statt, und der Parcours sowohl für das Zeitfahren wie das Straßenrennen führte durch eine der am häufigsten verstopften Straßen des Tessins. Während einer Woche hatten die Radrennfahrer die Via Besso fest im Griff: Mit horrender Geschwindigkeit schossen sie von Breganzona gegen den Lago di Lugano hinunter, nur gerade bei der heiklen Einfahrt in den Besso-Tunnel unterhalb der Eisenbahn kurz bremsend. Man sprach von der Lauberhorn-Abfahrt Luganos, von der Streiff für Radfahrer. Die Begeisterung für die Rennen war riesengroß (insgesamt eine Viertelmillion Zuschauer vor Ort), wie schon bei den Radweltmeisterschaften von 1953. Damals wurde die Crespera-Steigung, so etwas wie das Gegenstück zur Via Besso am Hügel zwischen See und Val d'Agno, zum Mythos der ciclisti.

Lugano war 1996 eine velocità – eine Woche lang. Dann wurden die Sperren an der Via Besso und an anderen Verkehrsadern entfernt, und die größte Stadt des Tessins (30000 Einwohner in der Stadt selbst, rund das Dreifache mit der Agglomeration) war wieder ganz im Besitz der Autofahrer, die Fußgängerzone in der Altstadt ausgenommen. In Lugano gibt es keinen geteerten Radweg, dafür im Hinterland, zwischen den

Sinkflug gegen Lugano: Tiefblick auf Stadt und See, San Salvatore und Damm von Melide (Tour 26).

Monti Tamaro und Lema, 100 Kilometer ausgeschilderte Mountainbike-Strecken. Kein Wunder, daß die Velovignette in dem nach Zürich und Genf drittwichtigsten Finanzplatz der Schweiz im Jahre 1996 9,50 Franken kostete, so viel wie nirgendwo sonst im Land. Dafür gibt es im Verkehrsbüro gratis eine Broschüre, die 20 Blätter mit Fahrrad-Touren in der Region des Lago di Lugano enthält. Auch ein Faltblatt mit der fast 16 Kilometer langen WM-Rundstrecke ist erhältlich, auf der die Radfahrer Gelegenheit hätten, »einen genußvollen Tag im Zeichen der Fitness, der Kultur und der Gastronomie zu erleben«. Kein Wort davon, daß ein Großteil der Strecke über Straßen verläuft, die der Via Besso nicht unähnlich sind (was auch der Grund ist, weshalb die eigentlich lohnenden Strecken der Straßen-WM in diesem Buch als Routenvorschläge fehlen).

Trotzdem: Lugano ist die attraktivste Radstadt des Tessins. Nirgendwo sonst außer im Luganese bieten sich Touren für jedes Rad, jede Jahreszeit, jeden Fahrer und jede Fahrerin. Mit dem Regionalzug gegen den Monte Ceneri und gegen Chiasso, mit der Vorortbahn nach Ponte Tresa und am schönsten mit dem Schiff lassen sich Start und Ziel außerhalb des Stadtverkehrs wählen. Man kann aber auch direkt am Bahnhof Lugano aufs oder vom Rad steigen: Man muß nur auf Nebenstraßen ausweichen. Allerdings: Nicht immer ist es möglich, den stark befahrenen Strecken auszuweichen. Wer zur letzten Etappe des hier erstmals vorgestellten Radweges Tessin von Airolo nach Chiasso startet, fährt durch die Via Besso: 100 Meter, von der Casa Baroni bis zur nächsten Abzweigung.

Nützliche Informationen

Unterkunft: Bike & Sleep Hotel Dischma am Vicolo Geretta 6 in 6902 Lugano-Paradiso, Tel. 091/9942131. Bikehotels: Federale gleich unterhalb des Bahnhofs, Tel. 091/9220551; Continental Parkhotel, Tel. 091/9661212; Montarina (Jugendhotel und Touristenlager), Tel. 091/9667272. Kein Bikehotel, dafür mitten im Zentrum und doch ruhig: City, Tel. 091/9236244. Etwas altmodisch, aber an allerschönster Lage, preiswert und autofrei: Fischer's Seehotel in Castagnola, Tel. 091/9715571. In einem Park und an vielen Radrouten gelegen: Jugendherberge an der Via Cantonale 13 in Savosa, Tel. 091/9662728.

Einkehr: La Tinera an der Via dei Giorni 2 abseits der Piazza della Riforma, wo man den Apéro nimmt: uriges Kellerlokal all'italiana und günstig (So. geschlossen). Birreria al Forte an der gleichnamigen Straße (So. geschlossen). Die Grotti von Gentilino und Montagnola *(vgl. Tour 32).*

Karten: Velokarte 1:60000 Locarno–Bellinzona–Lugano –Varese (VCS/Kümmerly+ Frey). Nützlich: Stadtplan von Lugano.

Radverleih: Stazione FFS Lugano, City- und Mountainbikes, Tel. 091/9236691.

Radgeschäfte: Cicli Ghia, Via San Gottardo 2, sowie Ciclorama, Via Generale Guisan 33, beide in Massagno. Barosport an der Via Olgiati 4/6. Zappa Sport an der Via Peri im Zentrum. Außerhalb Luganos: Camponovo Sport, Sport Service Center, Via Cantonale, 6802 Rivera, Tel. 091/9461174.

Sehenswertes: Piazza della Riforma, das Herz der Stadt mit zahlreichen Straßenrestaurants: noch einen caffè corretto vor dem nächsten Ritt mit dem rampichino. Parco Civico, auch Parco Ciani genannt, am See: der Ort, um die müden Beine zu strecken und an die gefährliche Abfahrt zu denken. Gemäldesammlung Villa Favorita in Castagnola: gut mit dem Rad erreichbar; durch die Zypressen-Allee sollte man allerdings zu Fuß gehen. Mercato Gabbani an der Via Pessina: Wem da das Wasser nicht im Mund zusammenläuft, ist selber schuld; es darf auch Wein sein: Die Bottega del vino führt alle Merlot del Ticino.

Besonderes: Estival Jazz im Sommer. Das Verkehrsbüro bietet pauschale Radwanderungen, mit und ohne Begleitung, für gewöhnliche Fahrräder und Mountainbikes.

Auskunft: Ente turistico Lugano e dintorni, 6901 Lugano, Tel. 091/9214664, Fax 091/9227653. Ente turistico Ceresio, 6815 Melide, Tel. 091/6496383, Fax 091/6495613. Ente turistico Malcantone, 6987 Caslano, Tel. 091/6062986, Fax 091/6065200. Ente turistico Valli di Lugano, 6950 Tesserete, Tel. 091/9431888, Fax 091/9434212.

24 Auf dem Hausberg

Monte Brè und Alpe Bolla: Lugano – Viganello – Brè – Monte Brè (925 m) – Lugano; Brè – Alpe Bolla (1129 m) – Cureggia – Lugano

Charakter: Ob Sie wie Battista Del Grande das Rad 32 Minuten lang hochjagen oder es in der Drahtseilbahn verstauen: Der Kegel des Monte Brè ist ein Berg, der die (Motor-)Radfahrer seit mehr als 80 Jahren herausfordert. Eine beliebte Trainingsstrecke der Luganeser Biker ist seit ein paar Jahren der oft begangene Wanderweg vom Dorf Brè über die Alpe Bolla nach Cureggia. Vortritt haben aber die Fußgänger.

Distanz: Monte Brè 24 km; Alpe Bolla 5 km mehr.

Höhenunterschied: Monte Brè 710 m; Alpe Bolla 340 m mehr.

Zeit: Monte Brè 2 Std.; Alpe Bolla 1½ Std. mehr.

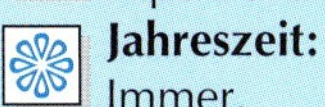

Jahreszeit: Immer.

20 Jahre nach der Erschließung des San Salvatore (912 m), des einen Kegels über der Bucht von Lugano, wurde auch sein Gegenüber Nichtsportlern zugänglich. Am 21. Februar 1910 wurde die obere Sektion der Drahtseilbahn auf den Monte Brè (925 m) eingeweiht. Die untere Sektion von Cassarate nach Suvigliana war zwei Jahre zuvor in Betrieb genommen worden. Die Pläne sahen sogar eine Weiterführung auf den Monte Boglia (1516 m) vor, den mit Abstand höchsten Aussichtsberg am Stadtrand von Lugano. Die Behörden erteilten die Bewilligung, das Projekt wurde jedoch fallengelassen. Im gleichen Jahr wie die Eröffnung der Funicolare del Monte Brè wurde auch die Straße von Ruvigliana nach Aldesago, dem obersten Dorf an der Lugano zugewandten Westflanke, eröffnet. Zwei Jahre später war das Dorf Brè, das in einem Sattel zwischen dem Berg Brè und dem Monte Boglia liegt, an das Verkehrsnetz der Metropole angeschlossen. Die kühne Straße durch die

Leider nur ristorante und nicht albergo: Gebäude am Ende der Brè-Straße.

schier senkrechte Südflanke des Monte Brè, hoch oberhalb des tiefblauen Fjords des Lago di Lugano, kostete 150000 Franken. Soviel kostet heute wohl alleine der Bau der Garage für eine der Villen, welche den östlichen Hausberg der Seestadt mehr und mehr zupflastern.

Allerdings: Schon 1910 muß die Straße nach Brè einigermaßen befahrbar gewesen sein. Denn am 25. April fuhr Battista Del Grande von der Unione Sportiva Ceresio von Viganello mit dem Fahrrad ins Dorf Brè hoch. Er benötigte für die 7,5 Kilo- und 480 Höhenmeter bloß 36 Minuten und »eine ununterbrochene Anspannung der Muskeln«. Das stellte der »Corriere del Ticino« am folgenden Tag sachlich fest und kommentierte gleichzeitig die Erstbefahrung: »Könnte sich die Obrigkeit nicht ein bißchen um solche Versuche kümmern, welche eine höchst schädigende Wirkung auf die Gesundheit der Jugend ausüben, die sich aus einem falsch verstandenen Sportgeist heraus in solche Versuche wagt? Wir glauben, daß solches Tun nicht als gesunder Sport zu bezeichnen ist, sondern vielmehr eine Entar-

tung des sportlichen Ideals darstellt.« Verfasser dieser Zeilen war Felice Gambazzi, der im gleichen Jahr die Schrift »Sportliche Auswüchse und Übertreibungen« veröffentlichte, worin er das Laufen und das Velofahren anprangerte. Leopoldo Variale hielt sich freilich nicht an den Erziehungsprofessor und brauchte im Jahre 1912 von Cassarate nach Brè nur 27 Minuten 40 Sekunden. Ein Jahr später erfolgte der Start für das Bergrennen noch ein bißchen weiter weg, nämlich auf dem Corso Pestalozzi, also auf der Straße, die nach dem schweizerischen Vorzeigepädagogen benannt ist. Ettore Cattorini pedalte in 27 Minuten 05 Sekunden hinauf.

Nicht ein Radfahrer ist freilich der Held des Monte Brè, sondern ein Motorradfahrer. 1916 gewann der Luganeser Augusto Rossi zum ersten Mal das seit 1913 ausgetragene Bergrennen von Cassarate nach Monte Brè. Insgesamt sieben Mal siegte »Pepèna« in verschiedenen Hubraumklassen auf der klassischen Strecke. 1923 stellte er bei Paris einen neuen Geschwindigkeitsrekord für schwere Motorräder mit fliegendem Start auf: 155,55 Kilometer pro Stunde. 1924 trat der »re del Brè« auf dem Höhepunkt des Ruhms ab: Er gab dem Drängen seiner mamma, mit dem (gefährlichen) Sport aufzuhören, nach.

Streckenbeschreibung 

Lugano–Monte Brè: Vom Bahnhof Lugano (334 m) nordwärts zur großen Kreuzung. Rechts in die vierspurige Via San Gottardo. Nach 200 m rechts in die Salita dei Frati. Durch das steile Gäßchen hinab auf die große Straße. Nun geradeaus auf dem Corso Pestalozzi und seiner Fortsetzung Richtung Gandria in den Stadtteil Cassarate (273 m), wo man links in die Nebenstraße Via Giulio Vicari oder etwas weiter vorne in die Via Pico einbiegt; letztere kommt an der Talstation der Drahtseilbahn auf den Monte Brè vorbei. Beide Straßen münden in einen Platz, von dem die Via Pedemonte nach Viganello (321 m) hinaufführt, womit der Aufstieg beginnt. Scharf nach rechts Richtung Brè. Die Via Ruvigliana nach gut 400 m links in die weniger befahrene Via Albonago verlassen. Im Zentrum von Albonago links zum Dorfplatz, kurz linkshaltend hinauf und links in die schmale, geteerte und gut befahrbare Via del Bosco mit 9 Prozent Steigung. An ihrem Ende durch Aldesago wieder in die Via Brè. Im Dorf Brè (785 m) links in die Via alla Vetta, die bis in die zweite Haarnadelkurve geteert ist. Auf der privaten und gut befahrbaren Naturstraße noch knapp 1 km zum unteren Gipfelrestaurant (880 m) mit der großen Panoramaterrasse (falls das Restaurant geschlossen ist, dreht man dort noch eine Ehrenrunde). Zu Fuß in ein paar Minuten zur Kapelle auf dem höchsten Punkt (925 m) des Monte Brè.

Monte Brè–Lugano: Bis Viganello wie Aufstieg, wobei man aber in Aldesago auf der großen Straße bleibt. In Viganello auf der Hauptstraße Richtung Lugano Centro zum Fluß Cassarate hinunter. Auf dem Fußgängerstreifen die Straße überqueren und auf dem östlichen Ufer bis zur Mündung in den Lago di Lugano. Am besten über die Fußgängerbrücke in den Parco Civico, durch den das Rad geschoben wird. Der Seepromenade entlang, dann hinüber zur Piazza della Riforma. Durch die autofreie Altstadt zur Talstation der Drahtseilbahn in den Bahnhof Lugano. Rechts davon zu Fuß durch eine steile Ladenstraße hinauf, fahrend durch die Via Bertaccio und wieder das Rad schiebend auf den Fußgängerwegen zum Bahnhof. Man kann natürlich auch auf den Autostraßen zum Bahnhof hinaufradeln. Viel Spaß!

Brè–Alpe Bolla (Mountainbike): Im Dorf Brè (785 m) in die geteerte Via Pineta einfä-

Bergrennen, fotografiert von Gino Pedroli (aus: Gino Pedroli und Plinio Grossi, Tessin,
© 1984 Copyright by Rentsch Verlag, Zürich).

deln, die sich an Ferienhäusern vorbei gegen den Monte Boglia hinaufwindet. Vom Aussichtspunkt Materone noch zu einem Parkplatz (960 m). Nun folgt man immer dem Wanderweg zur Alpe Bolla. Zuerst über eine gepflasterte, sehr steile Rampe hoch, die zu einem gut befahrbaren Abschnitt führt. Nach dem Wasserreservoir führen ein sehr steiler (20 Prozent) Schotterweg, dann zwei Kehren auf eine Schulter oberhalb P. 1114 m. Nun

im abschüssigen, bewaldeten Hang flach auf einem guten, aber schmalen und ausgesetzten Weg zur Alpe Bolla (1129 m); das Kreuzen mit Fußgängern ist heikel, bitte deshalb vom Rad steigen! Die schwierige Strecke beträgt etwa 1 km.

Alpe Bolla–Lugano (Mountainbike): Von der Alpe Bolla auf gutem, teils etwas steinigem, aber immer befahrbarem Saumweg über Preda Grossa nach Cureggia. Nach einem Wegstück, das aus Felsen gebrochen wurde (Geländer), kommt man zu einer Kreuzung: links horizontal nach Cureggia (etwa 650 m). Durch die Straßenkurven über Pregassona hinab nach Viganello, wo man in die Route vom Monte Brè kommt.

Nützliche Informationen

Ausgangs- und Zielort: Bahnhof Lugano (334 m).
Streckenlänge und Höhenunterschied: Cassarate – Monte Brè 10 km und 600 m Aufstieg; Durchschnittssteigung 6 Prozent.
Unterkunft: Osteria Monti in Brè, Tel. 091/971 57 51. Grotto Alpe Bolla, (offen vom Spätfrühling bis Herbst), Tel. 01/943 25 70. Es bestehen Pläne, auf dem Gipfel des Monte Brè ein gediegenes Hotel zu eröffnen.
Einkehr: Brè: Osteria Monti. Monte Brè: Ristorante Vetta am Ende der Straße (soll 1997 wiedereröffnet werden) und die Osteria Funicolare bei der Bergstation (Hochsaison immer offen, Nebensaison nur Do. bis So., Mitte Jan. bis Ende März geschlossen). Grotti auf Alpe Bolla und Preda Grossa (So. und in der Hochsaison immer offen). Cureggia: Grotto da Pierino (immer offen).
Karten: 286 Malcantone; 1333 Tesserete, 1353 Lugano.
Variante: Mit der Drahtseilbahn von Lugano –Cassarate auf den Monte Brè; die Bahn ist ganzjährig in Betrieb, Fahrräder können transportiert werden; Tel. 091/971 31 71. Von der Bergstation geht man am besten zu Fuß zum Ristorante Vetta hinab, wo die Naturstraße beginnt.
Sehenswertes: Das Wachsen der Tiefe unter den Rädern. Plötzlich ist sogar der San Salvatore niedriger.
Anschlußtouren: *14, 25–30, 32, 33, 36.*

25 Durchs Hinterland

Valli di Lugano: Taverne – Valle del Vedeggio – Val Capriasca – Tesserete – Val Colla – Bogno – Villa Luganese – Lugano

Charakter: Klassische Rundfahrt durch die Val Colla, wobei man auch noch die andern Täler im wilden Norden von Lugano kennenlernt. Ein etwas anstrengender Circuit, aber machbar für fast alle Arten von Rädern, freilich mit teils unterschiedlichen Strecken. Für entschlossene Biker weist die Strecke natürlich zuviel Asphalt auf, was sich mit der Zufahrt über San Bernardo etwas korrigieren läßt.
Distanz: 37 km (2 km mehr für Trekking- und Mountainbiker).
Höhenunterschied: 950 m (gut 50 m mehr für Trekking- und Mountainbiker).
Zeit: 3¼ Std.
Jahreszeit: Im Frühling, wenn die Langlaufloipe von Bogno zuhinterst in der Val Colla schneefrei ist, der Gazzirola aber immer noch weiß gleißt. Und im Herbst, wenn die Wälder unter den weißen Denti della Vecchia farbig leuchten.

Eines der Täler von Lugano werden die meisten Reisenden, die von Norden anfahren, kennen: Es ist die Valle del Vedeggio, durch die Auto- und Eisenbahn verlaufen. Das Transittal beginnt auf dem Monte Ceneri, der Schwelle zwischen Nord- und Südtessin, und zieht sich südwärts bis in die Bucht von Agno hinunter. Dort mündet der Vedeggio, der am Camoghè (2227 m) ganz zuhinterst in der Val d'Isorno entspringt, in den Lago di Lugano.

Im untersten Teil heißt das Vedeggio-Tal Val d'Agno, und dort liegt auch der Flugplatz von Lugano. In der Valle del Vedeggio verlief der erste Teil des Zeitfahrens der Straßen-Rad-Weltmeisterschaft von Lugano im Oktober 1996.

Die Zähne der alten Frau: Die gezackte Kulisse der Denti della Vecchia begleitet die junge Radlerin auf ihrem Rundkurs durch die Val Colla.

Ähnlich wie mit dem Vedeggio verhält es sich auch mit dem Cassarate, dem Stadtfluß von Lugano. Das Tal, das er zu Beginn durchfließt, ist nicht etwa nach ihm benannt. Es ist die Val Colla, deren Nordostecke der mächtige Gazzirola (2116 m) an der Grenze zu Italien bildet. Wo das tief eingeschnittene Colla-Tal nach Süden umbiegt, verliert es seinen Namen.

Zwischen der Val Colla im Osten und der Valle del Vedeggio im Osten befindet sich die Val Capriasca. Während der gleichnamige Fluß unterhalb von Tesserete in den Cassarate mündet und verschwindet, bleibt der Name Capriasca für die Landschaft erhalten, die sich südlich von Tesserete auf Hochebenen ausbreitet.

Tesserete ist der Mittelpunkt der Valli di Lugano. Das gleichnamige Hotel preist das Klima des Ortes für Nerven-, Herz- und Asthmaleidende. Heute muß die gesunde Luft eher weiter hinten in den auf sonnigen Terrassen der Val Colla gelegenen Dörfern gesucht werden. Denn Tesserete ist wie die anderen Dörfer, die nahe bei Lugano liegen, zur attraktiven Wohnlage für die in der Metropole Erwerbstätigen geworden.

Streckenbeschreibung 

Taverne–Tesserete: Vom Bahnhof Taverne (341 m) am besten auf dem Gehsteig, der ohnehin kaum benützt wird, neben der stark befahrenen Kantonsstraße talaufwärts bis dort, wo die Autostraße nach Tesserete abzweigt. Noch ein paar Meter weiter, aber nicht über die Brücke. Die Straße zu einem geteerten Sträßchen überqueren; Wegweiser »Al Mulino«. Die Nebenstraße steigt nach Ponte Capriasca (447 m) hinauf. Im Dorf bei einer Kapelle links in die Via ai Rustici. Auf der für Autos gesperrten, immer steiler werdenden (kurz 20 Prozent) Waldstraße nach Sala Capriasca (548 m). Auf der Landstraße hinab nach Tesserete (522 m).

Tesserete–Bogno: Von Tesserete auf der oberen Landstraße in die Val Colla (man könnte auch die untere nach Maglio di Colla benützen; aber sie ist ziemlich schattig). Die Straße windet sich über Bidogno dem Sonnenhang mit 5–10 Prozent Steigung bis hinter Corticiasca (1030 m) hoch, sinkt leicht gegen Scareglia (980 m) und erreicht bei Cozzo (1040 m) den höchsten Punkt. Rasche Abfahrt nach Bogno (975 m).

Die Verzierungen der Pfarrkirche von Vaglio: 1916 erbaut und seither fast vergessen.

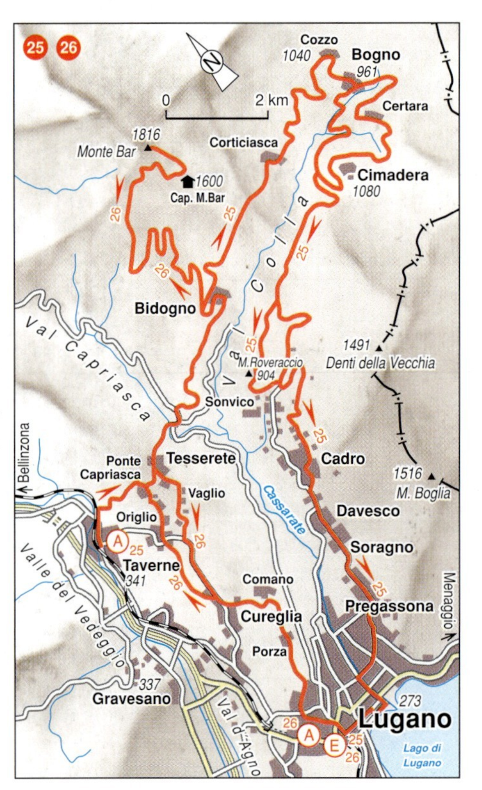

Bogno–Sonvico: Von Bogno durch enge Kurven in den Talgrund zur Brücke (823 m) bei Maglio di Colla. Gegenanstieg zur Abzweigung (P. 917 m) nach Cimadera. Talauswärts zur Kapelle Madonna d'Arla (828 m). Gegen Sonvico hinunter bis zur Abzweigung (etwa 640 m) nach Villa Luganese (kein Wegweiser!) oberhalb des Dorfes.

Bogno–Sonvico für Biker: In Bogno (975 m) auf dem kurz noch geteerten Natursträßchen (Wegweiser pista di fondo) zur Brücke über den Cassarate. Kurzer, heftiger Anstieg und flach nach Certara (1020 m). Nach dem Dorf wieder auf der pista di fondo in ein Seitental; bei der Verzweigung rechts. Im leichten Auf und Ab auf Natursträßchen zu einer Haarnadelkurve (1035 m) unterhalb Cimadera. Rasch hinunter nach Madonna d'Arla (828 m). Auf einem Asphalt-, dann Natursträßchen auf den Monte Roveraccio (904 m). Etwas rechts vom Gipfelkreuz beginnt die steile Abfahrt über den bewaldeten Südwesthang; man stößt bald auf einen markierten Wanderweg, der fast durchgehend befahrbar zur Kirche San Martino führt. Auf dem Teersträßchen rasch in die Straße nach Sonvico zur Abzweigung nach Villa Luganese.

Sonvico–Lugano: Auf der Straße über Villa Luganese und Cadro (wo man jeweils links durch den Dorfkern fährt) sowie durch die andern Dörfer am Westhang des Cassarate-Tals bis Viganello. Hinab in die Ebene. Richtung Lugano Centro bis vor den Fluß Cassarate. Auf Fußgängerstreifen die Straße überqueren und auf dem östlichen Ufer bis zur Mündung in den Lago di Lugano. Am besten auf der bei *Tour 24* beschriebenen Strecke zurück zum Bahnhof.

Nützliche Informationen

Ausgangsort: Bahnhof Taverne (341 m) in der Valle del Vedeggio, Regionalzug von Lugano oder Bellinzona.
Zielort: Bahnhof Lugano (334 m).
Streckenlängen und Höhenunterschiede: Taverne – Tesserete 4 km, 210 m Aufstieg und 30 m Abfahrt; Tesserete – Bogno 13 km, 570 m Aufstieg und 120 m Abfahrt; Bogno – Lugano 150 m Aufstieg und 800 m Abfahrt.
Unterkunft: In Tesserete und Bidogno: *vgl. Tour 26.* In Bogno: Locanda San Lucio, Tel. 091/9441303. In Maglio di Colla: Washington, Tel. 091/9441155.
Einkehr: In Ponte Capriasca: Trattoria del Giardino. In Tesserete: *vgl. Tour 25.* Unterhalb Bogno: Grotto dal Magnan (Mo. und Nov. bis Ostern geschlossen). Madonna d'Arla: Grotto Arla (immer offen). Villa Luganese: Grotto degli Amici (Mo. und Jan. geschlossen). In Lugano: Osteria del Porto bei der Mündung des Cassarate in den See.
Karten: 286 Malcantone, 287 Menaggio; 1333 Tesserete, 1334 Porlezza, 1353 Lugano.
Variante: Mit dem Bus von Lugano nach Tesserete und beim Verkehrsbüro, das sich gleich bei der Bushaltestelle im ehemaligen Bahnhofsgebäude befindet, ein Bike mieten; Tel. 091/9431888. Oder von Lugano auf der abwechslungsreichen Strecke über Origlio *(Tour 26)* nach Tesserete. Mountainbiker fahren mit Vorteil von Lugano über San Bernardo *(Tour 27)* nach Tesserete. Wer auch noch die Val d'Agno erfahren möchte, benützt die Vezia-Variante der *Tour 14* in der umgekehrten Richtung bis Taverne.
Sehenswertes: Die Zuckerbäckerkirche von Vaglio bei Ponte Capriasca. Das Abendmahl in Ponte Capriasca *(vgl. Tour 14).* Die Fassade des ehemaligen Kurhotels Tesserete. Der Kreuzweg zur Wallfahrtskirche Santa Maria delle Grazie in Bidogno. Die romanische Chiesa San Martino oberhalb Sonvico. Die Casa Sampietro von Mario Botta an der Via Arbostra 29 in Pregassona.
Anschlußtouren: *14, 24, 26–31, 33.*

26 Das ist der Gipfel!

Monte Bar: Lugano – Savosa – Porza – Comano – Origlio – Ponte und Sala Capriasca – Tesserete – Bidogno – Capanna Monte Bar (1600 m) – Monte Bar (1816 m) – Lugano

Charakter: Ziemlich anstrengende, aber technisch leichte (außer der Strecke von San Bernardo und der Abfahrt vom Gipfel zur Hütte) Biketour zur schönstgelegenen Hütte und auf einen bekannten Aussichtsberg im Hinterland von Lugano. Über Origlio bis zur Hütte auch mit Renn- oder Trekkingrad möglich; nur der letzte Kilometer mit Naturbelag. Die Strecke zwischen Tesserete und der Capanna Monte Bar ist durchschnittlich 8 Prozent steil; oberhalb von Bidogno sind kurze Stellen bis 13 Prozent zu bewältigen. Es lohnt sich: Die Abfahrt gleicht im oberen, baumlosen Teil einem Sturzflug Richtung Lugano.
Distanz: 47 km, 49 km bis Gipfel – und zurück.
Höhenunterschied: 1480 m über Origlio bis Hütte, 1940 m über San Bernardo bis Gipfel – und zurück.
Zeit: 5–6 Std.;
ab Tesserete 2¼ Std. kürzer.
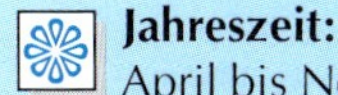
Jahreszeit:
April bis November.

Im Tessin gibt's rund 50 Hütten, doch eine Nacht in der Capanna Monte Bar sollten Sie nicht verschlafen... Wenigstens lohnt es sich, nach dem Eindunkeln nochmals auf

die windgeschützte Terrasse zu gehen und auf das Lichtermeer von Lugano zu blicken. Und am andern Morgen sollten Sie den Sonnenaufgang am Monte Rosa mit der höchsten Wand der Alpen nicht verpassen. Ein schöner Platz für Kretenwanderer, Mountainbiker und auch Skitourenfahrer, wenn es einmal bis zu den Palmen von Lugano hinunterschneit. Kletterer hingegen suchen besser die auf der Talseite gegenüberliegende Capanna Pairolo auf: Die Denti della Vecchia gelten als die Dolomiten des Tessins. Beide Hütten sind leicht erreichbar. Die besondere Lage autozugänglicher Hütten (allerdings besteht ein Fahrverbot) erlebten wir im Oktober 1991 in der Capanna Monte Bar. Als sechs Wanderer gerade ihr Abendessen einnehmen wollten, stürmte eine 16köpfige Touristengruppe mit Eßkanistern, Weinharassen und Geschirrkörben die Stube. Sie waren mit zwei Kleinbussen von einem Vier-Stern-Hotel in Bissone am Lago di Lugano heraufgefahren, um einen Vollmondspaziergang auf den eine halbe Stunde weiter oben liegenden Monte Bar (1816 m) zu unternehmen und das Fondue chinoise statt im Hotel in einer gemütlichen Hütte bei Handorgelbegleitung zu verzehren. Immerhin wärmte sich die doppelt kühle Stimmung im Eßraum zusehends auf, aber die kurz vor den Hotelwanderern eintreffenden Hüttenwarte hätten die bereits Anwesenden ruhig über die kurzfristige, abendliche Belegung informieren dürfen.

Die Nutzung des Gebirges war schon immer und in jeder Hinsicht vielschichtig gewesen. Da gibt es das Bild der einheimischen Frauen, welche mit ihren Körben Ski von Luganeser Herren für Geld in die Capanna Monte Bar tragen. Der Fotograf hielt die Skiträgerinnen fest, wie sie bei der Wallfahrtskirche Santa Maria della Grazie in Bidogno Rast machen. In meinem Buch »Gipfelziele im Tessin« zeige ich Touristen, die ihre großen Rucksäcke selbst über den bildstockgeschmückten und gepflasterten Kreuzweg zur Kirche tragen: ein feierlicher Auftakt einer Wanderung zur Capanna und zum Monte Bar und weiter über die Gipfelrunde der Val Colla in die Capanna Pairolo.

Es gibt rund 50 Hütten im Tessin. An der Capanna Monte Bar führt kein Weg vorbei. Am grasigen Gipfel, der schon vom Bahnhof Lugano aus sichtbar ist, auch nicht: Er ist einer der wenigen Tessiner Berge, die mit dem Bike bis zuoberst befahrbar sind.

Streckenbeschreibung

Lugano–Porza: Vom Bahnhofplatz (334 m) in Lugano nordwärts zu den Taxis, an einer Barriere vorbei und geradeaus. Bevor man in die stark befahrene Via San Gottardo kommt, links in die steil ansteigende Einbahnstraße Via Genzana nach Massagno. Kurz der Bahnstrecke entlang, dann rechts an Park und Kirche vorbei, gleich darauf an den Grotti della Salute und Valletta. Weiter durch die Via dei Sindacatori hinauf. An ihrem Ende rechts. Schließlich kommt man in die stark befahrene Via C. Lepori, auf der man rechts hält zu einer großen Kreuzung mit Signalanlagen. Geradeaus über die Kreuzung und direkt hinein in die Nebenstraße Via Emilio Maraini. Sie führt hinauf in den Weiler Rovello. Geradeaus kurz hinab und gleich wieder hinauf auf einem Sträßchen, aus dem man in Savosa linkerhand die große Straße erreicht. Auf ihr durch zwei Kehren hinauf nach Porza (489 m).

Porza–Tesserete: Auf der Straße durch Porza hindurch, hinunter in eine Senke (456 m) und hinauf zu einer Kreuzung. Nach links und nach rund 50 m rechts in die Via Centro TV einschwenken. Auf ihr nach Cureglia. Auf der Hauptstraße rechts. Kurz danach diese links in eine spitzwinklig einmündende Nebenstraße verlassen und gleich wieder rechts in die Straße Canton. An Tennisplätzen vorbei, dann links. Nordwärts auf der Strada dar Pian; zwei kurze Abschnitte sind nicht bzw. schlecht geteert. Man mündet in die Landstraße östlich Origlio. Rechts und gleich wieder links in eine Nebenstraße. Hinauf auf die Landstraße, die nach Ponte Capriasca führt.

Durchs Dorf hindurch und leicht rechtshaltend zu einer Kapelle. Auf einer für Autos gesperrten, immer steiler werdenden (kurz 20 Prozent) Waldstraße nach Sala Capriasca (548 m). Auf der Landstraße hinab nach Tesserete (522 m).

Tesserete–Monte Bar: Von Tesserete auf der Landstraße gegen Bidogno (804 m); nicht

***Glatter Hüttenweg:** Bis fast zur Capanna Monte Bar ist der Zugang so eben wie der Flugplatz von Agno unten beim Lago di Lugano. Bikerin und Kuh scheinen sich daran nicht zu stören.*

rechts ins Dorf hineinfahren, sondern links Richtung Colla. Bei der Rechtskurve oberhalb des Dorfes geradeaus nach Somazzo, aber nicht in diesen Weiler fahren, sondern nach rechts drehen. Die Straße steigt in acht Kehren zur Capanna Monte Bar (1600 m); 5 km vor dem Ziel hindert eine Barriere die Automobilisten am Weiterfahren. Von der Hütte auf dem Wanderweg über den grasigen Südrücken zum Gipfel des Monte Bar (1816 m), wobei das Rad meistens geschoben werden muß.

Rückfahrt: Wie Hinfahrt. Bei der Abfahrt vom Gipfel zur Hütte muß an ein bis zwei Stellen evtl. kurz vom Rad gestiegen werden. Von Sala Capriasca nicht steil hinab nach Ponte Capriasca, sondern auf der Hauptstraße nach Carnago und Cureglia, wo man links nach Comano abschwenkt, es sei denn, man wolle im Lago d'Origlio ein (verbotenes) Bad genießen... Und: Von Savosa muß man nicht über Rovello fahren, sondern kann es direkt, vorbei an der Jugendherberge, nach Massagno sausen lassen.

Holpriger Kreuzweg: Über die runden Steine trugen früher einheimische Frauen mit der gerla die Ski von Luganeser Herren in die Capanna Monte Bar.

Nützliche Informationen

Kartenskizze: Siehe Seite 120.
Ausgangs- und Zielort: Bahnhof Lugano (334 m).
Streckenlängen und Höhenunterschiede: Lugano – Origlio – Tesserete 10 km, 310 m Aufstieg und 110 m Abfahrt, über San Bernardo *(vgl. Tour 27)* je 120 m mehr; Tesserete – Capanna Monte Bar 13,5 km, 1070 m Aufstieg; Hütte – Gipfel 1 km, 220 m Aufstieg.
Unterkunft: Capanna Monte Bar CAS (1600 m), 40 Plätze, immer offen, bewirtschaftet am Wochenende und an Feiertagen, Tel. 091/9663322 (Hüttenwirt Tel. 091/9431849). In Bidogno: Ristorante Federale, Tel. 091/9431866. In Tesserete das prächtige, etwas in die Jahre gekommene gleichnamige Hotel, Tel. 091/9432444. Zeltplatz in Cureglia, Tel. 091/9667662.
Einkehr: Capanna Monte Bar; auch wenn der Hüttenwirt nicht da ist, hat er für durstige (Rad-)Wanderer Getränke bereitgestellt; bezahlen ist Ehrensache. Dazu Einkehrmöglichkeit in den meisten Dörfern unterwegs. In Tesserete: Das Ristorante Stazione, sehr beliebt bei Einheimischen und Touristen; ruhig das Grotto Sant'Andrea im Campestro oberhalb Tesserete.
Karten: 286 Malcantone; 1333 Tesserete, 1353 Lugano.
Variante: Mit dem Bus von Lugano nach Tesserete und beim Verkehrsbüro, das sich gleich bei der Bushaltestelle im ehemaligen Bahnhofsgebäude befindet, ein Bike mieten; Tel. 091/9431888.
Oder am Bahnhof Taverne (341 m) starten auf *Tour 14* nach Ponte Capriasca und Tesserete; 4 km und 200 m Aufstieg. Mountainbiker fahren mit Vorteil von Lugano über San Bernardo *(Tour 27)* nach Tesserete; bei der Rückkehr eventuell über Origlio …
Sehenswertes: Lugano und seine Täler von sehr weit oben und in der Ferne die Viertausender der Walliser Alpen.
Besonderes: Die letzte Strecke zur Hütte liegt im Bereich des Schießplatzes A1. Auskunft beim Truppenkommando vom Monte Ceneri, Tel. 091/9358001.
Anschlußtouren: *14, 24, 25, 27–31, 33.*

27 Nur für Grenadiere

Gola di Lago: Lugano – Comano – San Bernardo (707 m) – Bigorio – Stinchè (1110 m) – Gola di Lago – Isone – Matro (1100 m) – Robasacco – Bellinzona

Charakter: Keine Tour für Dienst nach Vorschrift. Gleich hinter dem Bahnhof von Lugano beginnt der erste Aufstieg durch eine Fahrverbotsstraße, und dann geht es ständig auf und ab, zuweilen im Schrittempo über geheime Pfade, mal im Wiegetritt über alte militärische Verbindungsstraßen und beim Sturmangriff zur Ebene hinab mit 70 Sachen über eine Betonpiste. Die harten Biker umfahren aber die Kampfbahn des Waffenplatzes von Isone, weil dort wirklich scharf geschossen wird.

Distanz: 47 km.
Höhenunterschied: 1500 m Aufstieg, 1590 m Abfahrt.

Zeit:
5½ Std.

Jahreszeit: Immer. Gebirgssoldaten lassen sich doch vom Schnee nicht abhalten.

Irgendwo da oben muß es gewesen sein. Wo genau ich an kalten Februartagen 1975 das Gewehr geputzt und aus der Gamelle gegessen habe, weiß ich nicht mehr, als ich 21 Jahre später an den Steinhäusern östlich des Monte Bigorio vorbeikomme, mit einem knallgelben Rad und bunt bekleidet. Wir angehenden Schweizer Gebirgsfüsiliere schliefen damals in Zelten, die auf einer Weide aufgestellt waren. Die Küche mag sich in einem Stall befunden haben, das Materialmagazin auch. Von den 17 Wochen Rekrutenschule habe ich zum Glück viel vergessen, nicht jedoch den Anblick der Tessiner Häuser in den Bergen, erbaut aus Trockensteinmauern und bedeckt mit Steinplatten. Heute sind die meisten Rustici am Monte Bigorio zu Ferienhäusern umgebaut worden, mehr oder weniger die architektonische Vorgabe der Bergbauern achtend.

Ein Offizier des Grenadierwaffenplatzes von Isone gab mir vor der Biketour am Telefon bereitwillig Auskunft. Auf Gola di Lago fände kein Gefechtsschießen statt. Und die Abfahrt in die Val d'Isone könnten wir jederzeit antreten, sie läge außerhalb der gefährdeten Zone. Beim Wiederaufstieg gegen den Matro müßten wir jedoch darauf achten, daß wir die westliche Straße erwischten; die östliche sei nämlich eine Militärstraße und deshalb gesperrt. Es ist nicht unwichtig, vor Touren unter der Woche durch Schießplatzgebiete telefonische Erkundigungen einzuholen. Die Zufahrtsstraßen sind immer gesperrt, wie wir bei der Abfahrt nach Isone feststellen: An einer Straßenverzweigung steht ein grimmig dreinblickender Grenadier, das Sturmgewehr im Anschlag.

Wörtlicher wie bildlicher Höhepunkt des Schleichweges von Lugano nach Bellinzona ist sicher die Fahrt über die militärische Verbindungsstraße unterhalb des Matro und der Cima di Medeglia. Von den halb eingefallenen Kavernen im Fels, in denen die Vaterlandsverteidiger im Ersten Weltkrieg ihre Waffen gehortet haben mögen, lassen wir uns nicht stören. Wir genießen vielmehr den Tiefblick auf den Piano di Magadino und den Brunnen mit frischem Quellwasser. Das taten wohl auch die Soldaten, die hier den Monte Ceneri, den einzigen Straßenübergang vom Süd- ins Nordtessin, sicherten.

Triumphal die Einfahrt in die von Burgen bewachte Stadt Bellinzona. An den Ampeln überholen wir mutig die Wagenkolonnen. Der offizielle Radweg verläuft abseits der Verkehrsachsen und kommt bei der Kaserne vorbei, in der ich sechs Wochen einquartiert war.

Streckenbeschreibung

Lugano–Porza: Vom Bahnhofplatz (334 m) in Lugano nordwärts zu den Taxis, an einer Barriere vorbei und geradeaus. Bevor man in die stark befahrene Via San Gottardo kommt, links in die steil ansteigende Einbahnstraße Via Genzana nach Lugano–Massagno. Kurz die Bahnstrecke entlang, dann rechts an Park und Kirche vorbei, gleich darauf an den Grotti della Salute und Valletta. In die Via dei Platani, rechts in die

Via Giuseppe Motta und links durch die kurze Via San Salvatore auf die Via San Gottardo. Durch diese kurz hinab bis in die Rechtskurve, wo man aber links in die Via Selva abbiegt und gleich nochmals links zum Beginn der Via Rovello. Hinauf auf der teils mit Fahrverbot belegten Straße nach Rovello (414 m). Geradeaus kurz hinab und gleich wieder hinauf auf einem Sträßchen, aus dem man in Savosa linker Hand eine große Straße erreicht. Auf ihr durch zwei Kehren hinauf nach Porza (489 m).

Porza–Vaglio: Auf der Straße durch Porza hindurch, hinunter in eine Senke (456 m) und über eine Kreuzung hinauf nach Comano. Bei der Kirche rechts in die Via San Bernardo. Sie kurvt als Teersträßchen durch Villengebiet und als Schotterweg durch Wald zu einer Schranke hoch, von der man rasch beim Oratorio San Bernardo (707 m) ist. Zurück zur Schranke und rechts auf einen guten Weg. Wo dieser links hält, geradeaus steil hinuntersteigen (Rad tragen). Dann auf dem meistens fahrbaren Wanderpfad (einige knifflige Passagen) Richtung Tesserete, wobei man auf der Ostseite des Hügels bleibt. Bei der Waldlichtung von Vorio vorbei zu einer Wegkreuzung östlich von Vaglio. Wer nach Tesserete will, fährt nordwärts hinunter direkt zur Kaserne! Sonst links nach Vaglio (549 m).

Vaglio–Gola di Lago: Auf der Straße nach Sala Capriasca. Direkt durchs Dorf hindurch und hinauf nach Bigorio. Auf der Bergstraße, die Abzweigung zum Kloster rechts ignorierend, in eine Haarnadelkurve (P. 775 m). Geradeaus auf Natursträßchen Richtung Monti di Brena; es ist in der 25-Prozent-Steigung zum Glück geteert! Beim Parkplatz (etwa 880 m) von Montino auf dem (unteren) Wanderweg über Monti di Brena und Monti di Soldini in den Sattel von Stinchè (etwa 1070 m); der Weg ist mal steinig, mal grasig und abwechslungsweise fahrbar. Vor allem

Verpflegungsposten: Auf der Alp Muricce füllt ein Angehöriger der radtouristischen Vorhut die Feldflasche mit Wasser auf. Alles andere wäre übertrieben.

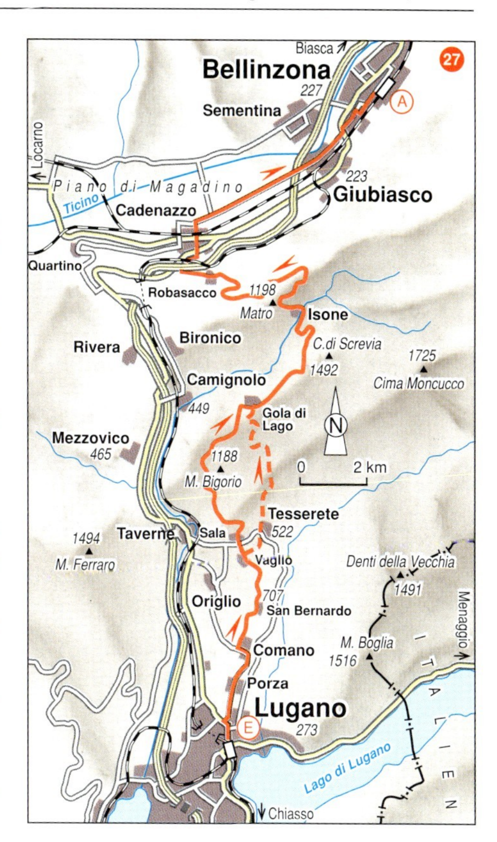

kurz vor Stinchè müssen die Bikes getragen werden. Im Sattel links und kurz durch einen sehr steilen Schotterweg auf eine Anhöhe (etwa 1110 m) unterhalb des Matro di Stinchè. Abfahrt auf einem Schottersträßchen nach Gola di Lago (972 m).

Gola di Lago–Isone: Vom Paß nordostwärts auf einem Sträßchen, bis links der schmale Wanderweg nach Isone abzweigt. Er führt in der abschüssigen Flanke mit zwei Gegensteigungen und durch ein Tobel auf die Alp Muricce (947 m); schwierig zum Fahren, einzelne zwingende Tragestrecken. Von Muricce auf einem Natur-, dann Teersträßchen hinab zur Vedeggio-Brücke (728 m) und hinauf ins Dorf Isone (etwa 760 m).

Isone–Bellinzona: Am östlichen Dorfrand von Isone beginnt die Teerstraße, die sich in der Südflanke des Matro hinaufwindet, gegen die unübersehbare Sendeanlage bis auf 1040 m ansteigt und dann ostwärts um diese herum zum Alpgebäude von Cima di Dentro

Schleichweg: Die Abfahrt von Gola di Lago nach Isone erfordert allen Einsatz.

auf 1000 m abfällt. Auf dem schlecht gepflasterten militärischen Saumweg, der kurz 12 Prozent steil ist, auf der Nordseite um den Matro herumfahren. Auf 1100 m beginnt der Weg zum Glück wieder zu sinken. Bei der zweiten Verzweigung (P. 1038 m) rechts auf den unruhigen, breiten Schotterweg nach Calmagnone (758 m). Auf einem Teersträßchen durch Robasacco auf die große, betonierte Ceneri-Straße. Hinab nach Cadenazzo, wo man in die Straße von Locarno kommt. Kurz rechts, dann gleich links und über die Gleise in den Piano di Magadino hinaus. Auf der schnurgeraden Straße 5 km bis Giubiasco, wo man wieder auf die Hauptstraße kommt. Nach 400 m rechts die Via Carlo Maderno zur Via Canonico Ghiringhelli wählen. Nach 500 m rechts durch die Via Brenno Bertoni in die Via Lugano. Immer geradeaus, durch die Altstadt von Bellinzona, zum Bahnhof.

Nützliche Informationen

Ausgangsort: Bahnhof Lugano (334 m).
Zielort: Bahnhof Bellinzona (238 m).
Streckenlängen und Höhenunterschiede: Lugano – Vaglio 8,5 km, 420 m Aufstieg und 200 m Abfahrt; Vaglio – Gola di Lago 8,5 km, 560 m Aufstieg und 140 m Abfahrt; Gola di Lago – Isone 5 km, 110 m Aufstieg und 320 m Abfahrt; Isone – Bellinzona 25 km, 410 m Aufstieg und 930 m Abfahrt.
Unterkunft: In Tesserete: *vgl. Tour 26.* Ristorante Vedeggio in Isone, Tel. 091/9462388.
Einkehr: In den Dörfern unterwegs. Grotto Muricce oberhalb Isone.
Karten: 276 Val Verzasca, 286 Malcantone; 1313 Bellinzona, 1333 Tesserete, 1353 Lugano.
Variante: Von Lugano nach Sala Capriasca/Tesserete auf der leichten Strecke über Origlio *(vgl. Tour 26).* Von Tesserete auf der guten Teerstraße durch die Val Capriasca nach Gola di Lago; 6 km und 450 m Aufstieg. Mit dieser doppelt entschärften Strecke wird Lugano – Bellinzona auch Offizieren zugänglich; einziger Murks bleibt so die schwierige Abfahrt in die Val d'Isone.
Sehenswertes: Lage und Anblick des Oratorio San Bernardo und sein Panorama auf das Cassarate-Tal und die Türme der Denti della Vecchia. Übrigens: Das kirchliche Gebäude wurde auf den Ruinen der Burg von Onnago erbaut.
Besonderes: Schießplätze rund um Gola di Lago: Auskunft beim Truppenkommando von Monte Ceneri, Tel. 091/9358001. Waffenplatz Isone, Tel. 091/9358097.
Anschlußtouren: *3, 11–16, 24–26, 28–30, 32, 33, 36, 38.*

28 Gratwanderung

Monte Tamaro: Rivera – Monte Ceneri – Alpe Foppa – Capanna Tamaro – Valle Cusella – Arosio – Gravesano – Val d'Agno – Lugano

Charakter: Schwierige, sehr anstrengende Mountainbike-Tour am Monte Tamaro, dem Top-Aussichtsberg auf der Grenze zwischen Nord- und Südtessin. Sehr kräftige und ausdauernde Fahrer steigen bis zur Capanna Tamaro (1867 m) nicht vom Rad, andere werden es auf der steilen Schotterstraße schieben oder auch die Gondelbahn von Rivera (470 m) auf die Alpe Foppa (1530 m) benützen. Bei der Abfahrt nach Arosio am Rande des Malcantone müssen die allermeisten Biker das Gefährt im obersten Teil tragen, bevor sie dann einen sehr schönen Radpfad kennenlernen. Nach der Kurvenfahrt über die berühmte »Penüdra« kann zurück zum Ausgangspunkt oder schöner nach Lugano weitergefahren werden. Wer sich allen Aufstiegsschweiß ersparen will, fährt von der Alpe Foppa bloß ab.

Distanz: 42,5 km.
Höhenunterschied: 1530 m Aufstieg, 1660 m Abfahrt.

Zeit:
5½ Std.

Jahreszeit: Mai bis Oktober; die Seilbahn ist von Anfang Juni bis Anfang November in Betrieb, im Mai teilweise an den Wochenenden.

Als Führerautor bei schönem Wetter eine Tour auskundschaften: Tönt gut. 100 Kilometer markierte Mountainbikewege am Monte Tamaro: ebenfalls. Der Wetterbericht sagte für den Süden letzte Niederschläge voraus: Das tönte weniger gut. Die Wirklichkeit war anders. Paul Moser, der durchtrainierte Nachbar, begleitet mich auf der Tamaro-Erkundung. Eigentlich wollen wir die Seilbahn auf die Alpe Foppa nehmen, da wir nach der Anreise von Bern erst gegen Mittag starten. Aber weil der Himmel so blau ist, schlägt Paul vor, mit dem Bike hochzufahren. Mir ist es recht, können wir doch so die beiden Strecken zwischen Tal- und Bergstation getrennt auskundschaften. Paul entscheidet sich für Percorso B, der im Faltblatt zu den Mountainbikestrecken an den Monti Tamaro und Lema als leicht bezeichnet wird. Ich wähle die Route C, die mittelschwierig bis schwierig ist, und finde sie mangels Wegweiser nicht. Gelände, topographische Karte und Panoramakarte des Faltblattes kann ich nicht in Übereinstimmung bringen. Wanderer, die ich zu Beginn der Strecke locker überholt habe, sind schon längst wieder auf den allzu steinigen Pfaden an mir vorbeigezogen. Nach 200 Höhenmetern gebe ich auf. Ich fahre auf der mühsamen Strecke C zurück und dem Nachbar auf der Route B hinterher. Die Sonne und der Schweiß brennen gnadenlos. Der Rucksack mit der Kamera, den Karten, dem Notizbuch und den Unterlagen für die kommenden Touren drückt unbarmherzig. Zuerst bäumt sich die Straße bis 25 Prozent Steigung auf, und dann beginnt der Schotter. Ein Jogger trabt leichtfüßig an mir vorbei. Von einem Ferienrustico rufen mir die Leute zu, daß mein Kamerad schon lange weitergeradelt sei. Bei der Mittelstation zögere ich nur kurz.

Ich treffe als erster auf der Alpe di Foppa ein, früher als die Wanderer, der Jogger und Paul. Ich nutze die Zeit, um die neue, 1996 eingeweihte Kapelle Santa Maria degli Angeli des Tessiner Architekten Mario Botta zu besichtigen. Wunderbar der Gang über das Dach des Bergheiligtums, das vom Restaurantgebäude, den Skiliftmasten und -häuschen gleich wieder entweiht wird. Während ich auf Paul warte, kommen zwei andere Biker mit der Bahn hoch und bestaunen mein Yeti-Rad. Das sei sicher vier Tonnen wert, sagt der eine. Wahrscheinlich sogar fünf, antwortet der andere. Die Schätzungen geben mir ein gutes Gefühl. Die Biker wissen ja nicht, daß ich bloß 2000 Franken bezahlt habe. Und daß ich für den halben Weg die Gondelbahn benutzte.

Oberhalb der Alpe Foppa treffe ich meinen Bikekameraden. Er ist total ausgelaugt. Aber noch fehlen 250 Höhenmeter zur Ca-

Stürzen verboten: Die Strecke zwischen Tamaro-Hütte und -Lücke ist nicht ganz leicht.

panna Tamaro, die auf einem 15 bis 18 Prozent geneigten Schottersträßchen zurückzulegen sind. Von »einer letzten Muskelanstrengung« spricht das Blatt »Monte Tamaro« aus der 1996 erstmals aufgelegten Sammelmappe mit 20 »Fahrrad-Touren« in der Region Lago di Lugano. In der Hütte treffen wir auf einen Biker, der von der Alpe di Neggia heraufkommt. Auf dem ganzen Weg über den jähen Westgrat des Monte Tamaro habe er sein Bike tragen müssen; in der Velokarte für Locarno–Bellinzona–Lugano–

Varese ist die Strecke als »mit dem Mountain-Bike befahrbar« eingezeichnet. Sogar in der Abfahrt dürfte dies nur den wenigsten Bergradlern gelingen.

Mit der Capanna Tamaro sei das höchste Etappenziel erreicht, heißt es im erwähnten Blatt. Schon bald müssen wir das Rad weiter steil hinaufschieben. Doch dann geht es endlich nur noch abwärts, und wie. Von der Lücke zwischen dem Motto Rotondo und dem Monte Tamaro sinkt der schmale, steinige Pfad in engen Serpentinen durch die knapp 40 Grad (gut 80 Prozent) steile Flanke. »Bei der im ersten Abschnitt eher schwierigen Abfahrt werden weniger geübte Velofahrer an einigen Stellen Halt am Boden suchen müssen.« Ich würde den Verfasser dieser Zeilen gerne sehen, wie er ohne abzusteigen hier hinunterfährt. Ein Sturz wäre wohl der letzte. Als mittelschwer stuft das Blatt die Tamaro-Tour ein: bloß drei von maximal fünf Rädchen.

Nach der Bassa di Indemini beginnen auch wir weniger geübte Fahrer die Fahrt zu genießen. Ziemlich anspruchsvoll noch die Abfahrt zur Alpe Canigiolo, perfekt der Höhenweg nach La Bassa: nie heikel, nie langweilig und erst noch ein alter bergbäuerlicher Verbindungsweg. Nach der Alpe di Torricella nimmt uns eine brutal holperige Straße nach Arosio, dem höchstgelegenen Dorf im Malcantone, hinab. Percorso A ginge jetzt noch über die Alpe Agra nach Cademario weiter. Paul und ich haben genug. Wir stürzen uns durch die 24 Haarnadelkurven der Straße »Penüdra« nach Gravesano hinunter. Die offizielle Route führte durch die Valle di Vedeggio, oft in unangenehmer Nähe der Autobahn, nach Rivera (zum Auto) zurück. Darauf verzichten wir. Aber nicht auf ein eigentlich verbotenes Bad im Lago d'Origlio, den wir von Lamone auf einem sehr steilen Sträßchen erreichen.

Hart die letzte Steigung nach Sala Capriasca, sanft das Abfährtchen nach Tesserete ins gleichnamige Albergo. Im gegenüberliegenden Ristorante Stazione essen wir Pizza zur Vor- und Gnocchi zur Hauptspeise. Ein Duo spielt in den lauen Sommerabend hinein. »Tu sei felice«, singen sie. Und später von capelli biondi, occhi neri und bocca di rosa. Tönt gut, zu gut.

Streckenbeschreibung 

Rivera–Capanna Tamaro: Vom Bahnhof Rivera–Bironico (471 m) nordwärts auf der Kantonsstraße kurz Richtung Monte Ceneri, dann links zur Tamaro-Gondelbahn. An der Talstation vorbei und unter der Autobahn hindurch, dann rechts. Das Teersträßchen verläuft zuerst flach, dann steil im Wald. Es geht in ein mehr oder weniger flaches Schottersträßchen über, das in eine Teerstraße mündet, die vom Monte Ceneri heraufkommt. Auf ihr steil bis sehr steil (durchschnittlich 12 bis 15 Prozent, eine Stelle 25 Prozent) nach Tornago; Barriere. Danach beginnt ein Schottersträßchen, das eine Spur weniger steil ist, dafür sonst viel mühsamer zum Befahren. Es führt an der Mittelstation (1129 m) vorbei zur unteren Alpe Foppa (1409 m). Zwei Möglichkeiten: **1.** sehr steiler Schotterweg direkt zur oberen Alpe Foppa (1530 m) mit Bergstation, Restaurant und

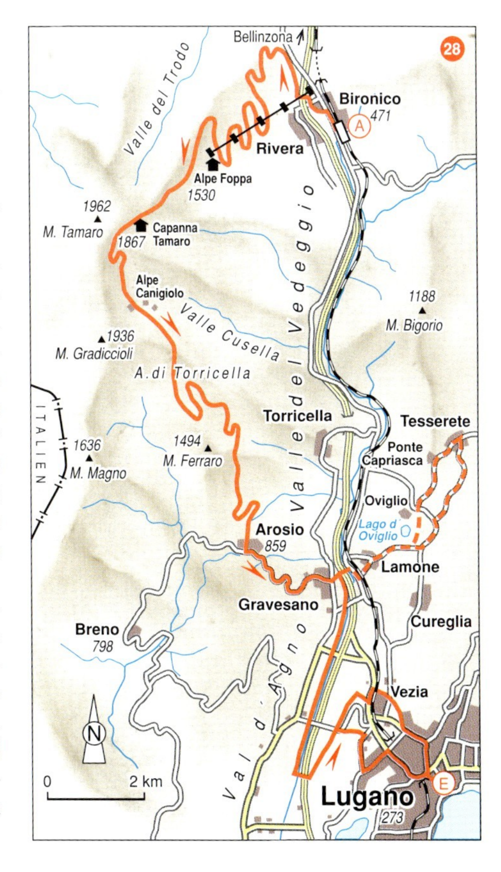

Begehen erlaubt: Ein gesäumter Steinplattenweg bildet den Dachfirst der von Mario Botta erbauten Capella Santa Maria degli Angeli auf der Alpe Foppa.

Botta-Kapelle; **2.** weiter auf dem Sträßchen, das nun auf der Westseite eines Grates verläuft; von der zweiten Serpentine geht ein Weg in einen Sattel (etwa 1590 m), der auch von der oberen Alpe Foppa erreicht wird. Das Schottersträßchen schraubt sich steil (15–18 Prozent) gegen eine Antennenanlage hoch und führt dann leicht zur Capanna Tamaro (1867 m).

Capanna Tamaro – Arosio – Gravesano: Von der Tamaro-Hütte auf dem ausgesetzten, noch bis 1890 m ansteigenden, steinigen Weg (nur teilweise befahrbar) in den Sattel (1843 m) zwischen Motto Rotondo und Monte Tamaro. In der sehr abschüssigen Flanke auf einem schmalen Zickzackweg hinab; gegen die Bassa di Indemini hin wird er befahrbar. Sehr schön hinab auf die verlassene Alpe Canigiolo (1495 m) zuoberst in der Valle Cusella. Kurz danach teilen sich die Mountainbikestrecken. Rechts auf den Höhenweg, der mal durch Wald, mal in offenem Gelände in den Sattel La Bassa (1371 m) zieht. Kurz danach Wegverzweigung: scharf nach links und auf einem Waldweg zur Alpe di Torricella (1280 m). Auf zuerst bequemer, dann ruppiger Forststraße nach Arosio (859 m). Zwischen Friedhof und Kirche hindurch. Durch die 24 Kehren der durchschnittlich knapp 12 und maximal 20 Prozent geneigten Via Penudra nach Gravesano und zur Einmündung (etwa 330 m) in die Hauptstraße bei Grumo. Hier teilen sich die Routen.

Gravesano/Grumo–Lugano: Auf der bei *Tour 29* beschriebenen Route durch die Val d'Agno zum Bahnhof Lugano, wobei man entweder die radsportlich interessante Strecke über Crespera und Breganzona oder die etwas verkehrsärmere Route über Ressega und Vezia wählt. Eine kürzere Route folgt der bei *Tour 14* als Variante vorgestellten Strecke über Cadempino nach Lugano.

Nützliche Informationen

Ausgangsort: Bahnhof Rivera–Bironico (471 m); Regionalzug von Bellinzona oder Lugano.

Zielort: Bahnhof Lugano (334 m).

Streckenlängen und Höhenunterschiede: Rivera – Capanna Tamaro 14,5 km und 1400 m Aufstieg; Cap. Tamaro – Arosio 13 km, 30 m Aufstieg und 1030 m Abfahrt; Arosio – Gravesano/Grumo 4,5 km und 530 m Abfahrt; Gravesano/Grumo – Lugano 10,5 km und je 100 m Aufstieg und Abfahrt.
Unterkunft: Ristorante Alpe Foppa, Tel. 091/946 22 51. Capanna Tamaro UTOE (1867 m), 60 Plätze, offen und bewirtschaftet von Anfang Juni bis Ende September, Tel. 091/946 10 08. In Rivera: *vgl. Tour 14.* In Arosio: *vgl. Tour 29.*
Einkehr: In den Dörfern unterwegs, im Grotto Monte Ceneri am Beginn der Steigung.
Karten: 286 Malcantone; 1333 Tesserete, 1353 Lugano.
Variante: Für Gondelbahnfahrer: Start auf der Alpe Foppa, 11 Kilo- und 1060 Höhenmeter weniger. Für Eisenbahnfahrer: Von der Station Lamone-Cadempino mit dem Regionalzug nach Rivera oder Lugano. Für Talfahrer: Von Gravesano auf dem mäßig markierten Percorso A durch die Valle del Vedeggio zurück nach Rivera; man kann auch der unter *Tour 14* beschriebenen Strecke folgen. Für Badefahrer: Von Gravesano hinüber nach Lamone (321 m), durch den alten Dorfkern hindurch auf ein steiles Teersträßchen, das zum Lago d'Origlio (416 m) führt; weiter mit *Tour 25* nach Tesserete. Für Bergfahrer: Von Bellinzona wie *Tour 14* über Quartino auf den Monte Ceneri; 13,5 leichte Kilo- und 270 mühsame Höhenmeter mehr.
Sehenswertes: Mario Bottas Monte-Tamaro-Kapelle und die aufgelassenen Ställe der Alpe Canigiolo. Der Tiefblick von der Capanna Tamaro auf den Lago Maggiore und von La Bassa auf die Wälder des Malcantone.
Besonderes: Gondelbahn von Rivera, Tel. 091/946 23 03. Mountainbike-Tageskarte für 27 Franken, Bergfahrt 16 Franken, Bike-Transport 2 Franken (Preise 1996). Faltprospekt zu den Bikerouten an den Monti Tamaro und Lema in der Talstation der Gondelbahn, in vielen Hotels und in den Verkehrsbüros erhältlich.
Anschlußtouren: *14, 24–27, 29, 30, 32, 33, 36.*

29 Berühmte Strecken

Val d'Agno: Lugano – Vezia – Molino – Grumo – Gravesano – Arosio – Lisone bei Cademario – Santa Maria d'Iseo – Cimo – Bioggio – Molino – Crespera – Lugano

Charakter: An den Rändern der topfebenen Val d'Agno westlich von Lugano wurde Radsportgeschichte geschrieben. Die Steigung der Crespera Richtung Lugano ist seit dem Exploit des italienischen »campionissimo« Fausto Coppi legendär, die 24 Haarnadelkurven der brutal steilen »Penüdra« ins höchstgelegene Dorf des Malcantone ein Prüfstein nicht nur für Luganeser Radfahrer. Und auf dem langgestreckten Aussichtsbalkon zwischen Arosio und Cademario breitet sich beliebtes (Renn-) Gelände für Mountainbiker aus. Wer nicht leiden will, rollt von Agno durch den Viale Fausto Coppi zum Flugplatz im überbauten Tal.

Distanz: 34 km.
Höhenunterschied: 970 m.

Zeit: 3 Std.

Jahreszeit: März bis November; falls der Skilift auf Agra nicht in Betrieb ist, auch im Winter.

Der Rekord soll bei 17 Minuten liegen. Ich brauchte 30 Minuten von der Bar Marisa in Gravesano (370 m) bis in den unteren Dorfteil (830 m) von Arosio, und von dort nochmals zwei Minuten bis zur Kirche auf 860 Metern über Meer. Eigentlich beginnt der Aufstieg aber schon in Grumo (330 m) bei der Abzweigung nach Gravesano. Doch der erste halbe Kilometer dient bloß als Einrollstrecke. Auf den folgenden 3,7 Kilometern bis Arosio di sotto weist die Straße eine durchschnittliche Neigung von 12,4 Prozent auf, mit mehreren Abschnitten bis 20 Prozent. Der Name der Straße: Via Penudra, im Dialekt einfach La Penüdra genannt.

Warum der Name, fragte ich Silvano Leoni, Gemeindeschreiber von Arosio von 1961

bis 1996, den ich im municipio neben der Kirche traf. Der Name komme von »pena«, von Mühe. Früher hätten die Leute von Arosio immer wieder in die Ebene hinuntersteigen müssen, besonders die Frauen am Mittwoch, wenn in Lugano Markt war. Sie brachten Käse, Butter und Kastanien hinunter und Salz hinauf. Wein hatten die Leute von Arosio selbst, reicht doch ihre Gemeinde bis weit in die Val d'Agno hinab, wo die Reben gedeihen. 1848 wurde der Weg so weit verbreitert, daß Maulesel kleine Wagen ziehen konnten. 100 Jahre später entstand die heutige Straße, die aber erst seit 1961 asphaltiert ist. Ich zählte 24 Kehren beim Hinauffahren. Andere sagen, die »Penüdra« habe bloß zwei Kurven, nämlich Links- und Rechtskurven. Wer sie mit dem Rad gemacht hat, kann mitreden. Im Aufstieg und ohne abzusteigen, versteht sich.

Auf dem Agra-Hügel zwischen Arosio und Cademario organisierte der Velo Club Lugano zusammen mit den Ente turistico Malcantonese 1989 das erste offizielle Mountainbike-Rennen im Tessin, und zwar gleich einen Wettkampf für die Schweizer Meisterschaft. Seither findet dort alljährlich ein Wheeler Grand Prix statt; der Rundkurs ist mit den entsprechenden Schildern signalisiert. Der Sieger Christoph Sauser urteilte in der schweizerischen Radzeitschrift »Move News«: »Die Strecke ist sehr technisch.«

Die legendärste Radstrecke des Tessins ist freilich die Crespera, die Straße, die aus der flachen Sohle der Val d'Agno gegen die Höhe zwischen Massagno und Breganzona steigt, wo die Kreuzung Cinque Vie liegt. Crespera ist eigentlich ein Flurname, welcher auf die Via Crespera überging. La salita della Crespera, wie es offiziell heißt, ist die

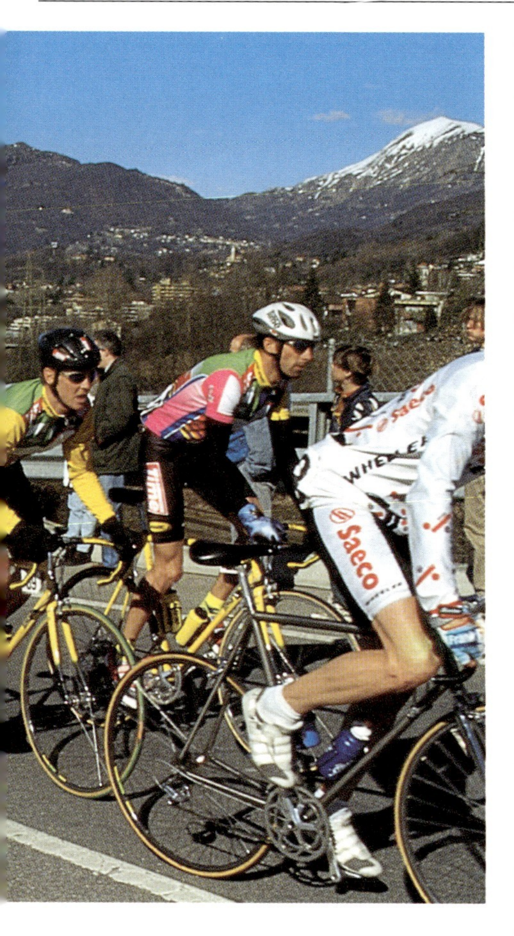

Bekannte Straße: Das Feld einer Tessiner Frühjahrs-Classique steigt über die Crespera auf.

einen Kilometer lange, acht Prozent geneigte Steigung von P. 287 Meter zu P. 367 Meter; von dort steigt die Straße noch sanft bis Cinque Vie (381 m) an. Die alte, gepflasterte Via Crespera wies eine Haarnadelkurve auf, welche die moderne, dreispurige Autostraße mit dem Namen Via Bioggio überdeckt hat. Die ehemalige Crespera funktioniert bloß noch als Zubringerstraße, und auch in der Talsohle unten ist die alte Verbindungsstraße von Bioggio nach Lugano bloß bruchstückhaft erhalten geblieben. Immerhin steht noch die Metallbrücke über den Vedeggio (etwas südlich der heutigen Straßenbrücke); auf unserem Biketrip kommen wir daran vorbei.

Am 30. August 1953, anläßlich der Straßen-Rad-Weltmeisterschaft von Lugano, entstand der Mythos der Crespera, die freilich schon vorher bei den Radfahrern einen guten Klang hatte. Die Profis hatten 18mal den 15 Kilometer langen Rundkurs Agno–Bioggio–Crespera–Cinque Vie–Vezia–Cadempino–Bioggio–Agno zurückzulegen. In der zweitletzten Runde griff der in Führung liegende Italiener Fausto Coppi in der Crespera-Steigung mit einer solchen Wucht an, daß sein letzter Begleiter, der Belgier Germain Derijcke, förmlich stehenblieb. Mit seiner Übersetzung von 51mal 21 Zähnen flog Coppi davon und siegte mit sechs Minuten Vorsprung.

43 Jahre später versuchte es ihm der aus Lugano stammende Mauro Gianetti gleichzutun. Wieder fanden die Radweltmeisterschaften in Lugano statt, wieder war die Crespera-Steigung, diesmal allerdings bis Breganzona hinauf verlängert, die Schlüsselstelle des insgesamt 252 Kilometer langen Rennens der Profifahrer. Nur Gianetti und der Belgier Johan Museeuw waren von der Spitzengruppe übriggeblieben. Gianetti versuchte vergeblich, seinen Begleiter abzuschütteln und verlor den Spurt um die Goldmedaille. Im Rennen der Frauen jedoch wurde die Schweizerin Barbara Heeb Weltmeisterin. Das Zeitfahren der Profis gewann der Schweizer Alex Zülle. In der Abfahrt von Cinque Vie durch die Via Besso, in der wir unseren Rundkurs beenden, nahm er dem Stundenweltrekordhalter Chris Boardman weitere Sekunden ab.

Streckenbeschreibung 

Lugano–Gravesano/Grumo: Vom Bahnhofplatz (334 m) in Lugano nordwärts zu den Taxis, an einer Barriere vorbei und geradeaus. Bevor man in die stark befahrene Via San Gottardo kommt, links in die steil ansteigende Einbahnstraße Via Genzana nach Lugano–Massagno. Kurz die Bahnstrecke entlang, dann rechts an Park und Kirche vorbei, gleich darauf an den Grotti della Salute und Valletta. Weiter durch die Via dei Sindacatori hinauf. An ihrem Ende rechts. Schließlich kommt man in die stark befahre-

ne Via C. Lepori, auf der man rechts hält zu einer großen Kreuzung mit Signalanlagen. Geradeaus über die Kreuzung. Durch die alte Via San Gottardo hinab nach Vezia. Auf der Höhe der Kirche links in die Via A. Daldini und beim Dorfplatz (Osteria Riva) nochmals links in die Via ai Lotti. Bei der zweiten Möglichkeit rechts in die Via alla Ressiga. Über die Autobahn und hinein in den Wald. Ein Natursträßchen führt hinab in die Talsohle der Val d'Agno. Nach links einen Bach entlang zum Bauerngut Ressega und weiter durch eine Allee zu einer großen Straße: hier beginnt die berühmte Crespera-Steigung hinauf nach Cinque Vie. Auf einem Feldweg nach Molino. Nach der Autobahnunterführung rechts, über den Vedeggio und rechts. Den Flugplatz Agno entlang. Wo die Straße nach links dreht, hinauf auf den Damm. 4 km den Fluß entlang, auf Pfad, Feldweg und Sträßchen. Wo dieses in eine Straße mündet, nach links, unter einem Industriegleis hindurch und hinauf zur Hauptstraße, die von Lamone herüberkommt. Auf ihr zur Abzweigung (etwa 330 m) nach Gravesano bei Grumo.

Gravesano/Grumo–Arosio: Hinauf in den alten Dorfteil von Gravesano (372 m). Bei der Bar Marisa beginnt die Via Penudra nach Arosio; unterwegs liegt auf 520 m die Kirche Madonna di Cimaronco. Die Abzweigung nach Agra und Grotto Sgambada befindet sich am Eingang des Dorfes auf 830 m; von dort sind es noch knapp 100 flache Meter nach Arosio di sotto, wo rechts das steile Sträßchen abzweigt, das zur Kirche (859 m) hinaufführt.

Arosio–Santa Maria d'Iseo: Markierte Mountainbike-Strecke von Arosio nach Lisone bei Cademario; drei verschiedene Markierungen: Signet mit MTB-Fahrer, Tamaro-Biking und Wheeler. Die signalisierten Strecken sind nicht identisch. Folgende Route ist die schnellste: Südwärts auf Teersträßchen zum Grotto Sgambada. Geradeaus weiter, durch zwei Kehren hinauf zu Verzweigung. Südwärts auf Natursträßchen entlang der Weide von Agra (941 m) und im Wald zum Sattel Lisone (808 m). Wo man auf die Teerstraße kommt, kann noch rasch nach links zum sehenswerten Kurhaus Cademario gefahren werden. Von Lisone auf dem Wanderweg im Wald Richtung San Bernardo; wo dieser über Stufen zur Kapelle emporzieht, bleibt man rechts auf dem Weg unterhalb der Kuppe. Abfahrt von etwa 880 m über den Südgrat. Einer Steilstufe, die der Pfad direkt überwindet, weicht man rechts zu einem Schottersträßchen aus. Schließlich auf einem Teersträßchen in einen Sattel (719 m). Hinauf zur Kirche Santa Maria d'Iseo (777 m).

Santa Maria d'Iseo–Lugano: Zurück in den Sattel und auf einem zu Beginn ziemlich ruppigen, dann geteerten Weg nach Cimo. Auf der Straße über Gaggio nach Bioggio. Am Bahnhof und Flugplatz vorbei zur Vedeggio-Brücke bei Molino. Talaufwärts bis zur breiten Straße, die von Bioggio herüberkommt (man kann diese natürlich auch vom Dorf weg benützen). Nun beginnt die berühmte Crespera-Steigung. Nach 550 m haben wir genug vom Verkehr und biegen rechts in die zuunterst schmale und für den Autoverkehr gesperrte Via Crespera ein, die alte Straße, auf der Fausto Coppi 1953 seinen letzten Begleiter stehen ließ. Wie unten ist die Via Crespera auch oben durch neue Straßen beschnitten worden. Man kommt durch die Via Cresperone und die Via Sant'Antonio in die Via Camara und damit auf den Parcours der Radweltmeisterschaft von 1996. Nach Breganzona hinauf, bei den Schulen (417 m) scharf nach links und durch die Via Dottore Polar zur großen Kreuzung von Cinque Vie, wo die Via Besso ansetzt.

***Unbekannte Kirche:** Die geschlossene Chiesa Santa Maria d'Iseo liegt zuvorderst auf dem Hügelkamm des Malcantone, der die Val d'Agno im Westen begrenzt.*

Auf ihr Schußfahrt (wenn es die Verkehrssituation erlaubt...) zum Bahnhof. Am besten nicht durch den Tunnel unter den Gleisen hindurch, sondern direkt zu Fuß durch die Unterführung zum Stationsgebäude.

Nützliche Informationen

Ausgangs- und Zielort: Bahnhof Lugano (334 m).
Streckenlängen und Höhenunterschiede: Lugano – Gravesano/Grumo 10,5 km und je 100 m Aufstieg und Abfahrt; Gravesano/Grumo – Arosio 4,2 km und 500 m Aufstieg; Arosio – Cademario – Santa Maria d'Iseo 7,3 km, 240 m Aufstieg und 290 m Abfahrt; Santa Maria d'Iseo – Vedeggio-Brücke/Molino 7 km und 500 m Abfahrt; Molino – Lugano 5 km, 130 m Aufstieg und 80 m Abfahrt.
Unterkunft: Kurhaus Cademario, Tel. 091/6052525 (nur für Biker, die sich auch ein Luxusrad leisten können). Albergo Cacciatori in Lisone/Cademario, Tel. 091/6052236. Pensione San Michele in Arosio, Tel. 091/6091938.
Einkehr: Grotto Sgambada südlich von Arosio (Fr. bis So. offen, Okt. bis April geschlossen). Ristoranti in Arosio.
Karten: 286 Malcantone; 1333 Tesserete, 1353 Lugano.
Sehenswertes: Die gepflegten Kastanienselven von Arosio (im Herbst 1996 wurde der Sentiero del Castagno zwischen Arosio und Fescoggia eingeweiht). Botanischer Garten mit großer Kakteensammlung im Park des Kurhauses Cademario. Die Aussicht auf das Malcantone, den Lago di Lugano und seine Berge und Dörfer von der Chiesa Santa Maria d'Iseo.
Besonderes: Die Tenuta Bally an der Via Crespera 55 keltert den schönen Wein »Cresperino«, den es als Bianco, Rosato und Rosso gibt; Degustation und Besichtigung nach Vereinbarung, Tel. 091/9662802.
Anschlußtouren: *14, 24–28, 30, 32, 33, 36.*

30 Die grüne Ecke

Malcantone: Lugano – Bioggio – Cimo – Aranno – Novaggio – Beride – Croglio – Purasca – Ponte Tresa

Charakter: Erfrischende Fahrt von Lugano durch die grüne Lunge in seinem westlichen Hinterland zum Grenzbahnhof Ponte Tresa. Auf Straßen, die selten geradeaus und flach verlaufen, durch Kastanien- und Buchenwälder zu pittoresken Dörfern, die an den steilen Talflanken kleben. Fährt man keuchend zwischen Cimo und Iseo ins gewundene Haupttal des Malcantone ein, ist der längste Aufstieg schon bald vergessen, und die ciclisti können ihre strada verde in vollen Zügen bis zur Endstation Ponte Tresa genießen.

Distanz: 31,5 km.
Höhenunterschied: 730 m Aufstieg und 790 m Abfahrt.

Zeit:
3 Std.

Jahreszeit: März bis November. Falls kein Schnee liegt, auch im Winter.

Name: Bedeutet der Name »mal cantone« – wörtlich übersetzt – schlechte Ecke, was für dieses früher nur schwer und auch heute bloß auf sehr kurvenreichen Straßen zugängliche Hinterland von Lugano ja durchaus zutreffen könnte? Verstecken sich im Namen auch die »mali«, die Bösen, welche im sehr hügeligen Land einst beste Schlupfwinkel fanden, nachdem sie die Handelsreisenden von und nach Milano ausgeraubt hatten? Für die Opfer jedenfalls war die Gegend wirklich ein mal cantone. Oder war das Dreieck zwischen der Tresa – sie entwässert den Lago di Lugano zum Lago Maggiore –, dem Gebirgskamm vom Monte Lema zum Monte Gradiccioli sowie der topfebenen Val d'Agno einfach das Gebiet der »magli«, der Hammerschmieden, wie sie früher entlang der Magliasina in Betrieb waren? Diejenige von Aranno hämmert seit 1992 übrigens wieder.

Geschichte: Im 19. Jahrhundert hatte das Malcantone den Übernamen Kalifornien des Tessins, weil eifrig nach Gold und Silber geschürft wurde, allerdings ohne vergleichbaren Erfolg wie jenseits des Atlantiks. Auch noch im 20. Jahrhundert versuchten sich die Bergbauern als Bergarbeiter; eine Zeitlang wurde das Edelmetall aus dem Malcantone sogar an der Börse von Paris gehandelt. Andererseits waren im 19. Jahrhundert zahlreiche Malcantonesi ins gelobte Amerika ausgewandert. Breno und Aranno zum Beispiel verloren in den letzten 100 Jahren die Hälfte ihrer Bevölkerung, während die Dörfer näher zu Lugano in den Dienstleistungssog dieser modernen Goldgräberstadt geraten sind.

Dörfer: Iseo und Aranno am Westhang oberhalb der tief im Tal fließenden Magliasina: Sonnenterrassen mit Blick bis zum Monte Rosa. Breno mit seinem kompakten Dorfbild, so wie viele andere Dörfer auch. Miglieglia mit der spätromanischen Kirche Santo Stefano al Colle und mit der modernisierten Seilbahn zum Monte Lema (1620 m), auf dem Bikerinnen und Hiker, Snowboarder und Gleitschirmpilotinnen zu ihren Abenteuern starten. Novaggio, bekannt für das idyllisch gelegene Militärspital. Castelrotto: ein hübsches Dorf, dessen Kirche aus den Rebbergen zu wachsen scheint. Ponte Tresa, wo sich die Autos der Grenzgänger stauen; am Morgen in Italien, am Abend in der Schweiz. Ein Reiseführer nennt Ponte Tresa einen Luftkurort.

Leute: Domenico Trezzini aus Astano, der unter Zar Peter dem Großen das barocke St. Petersburg schuf. Pierre Avanzini, als Sproß einer Patrizierfamilie 1889 in Curio geboren, gewann 1908 mit seinem Tourenrad ein Rennen in Ponte Tresa und war im folgenden Jahrzehnt einer der stärksten Radrennfahrer des Tessins. Er siegte in zahlreichen Rennen zu Hause und in Italien. Avanzini war eine Ausnahmeerscheinung, nicht nur durch seine schwarze Rennbekleidung mit dem hochgeknöpften Trikot, sondern auch durch seine soziale Herkunft; man nennt ihn »il primo corridore intellettuale del ciclismo ticinese«. Am 25. April 1909 organisierte er ein Rennen (12 km) von Lugano über Magliaso in sein Heimatdorf Curio, das Antonio

Ruhig: Bildstock an der Straße nach Breno.

Sassella in 38 Minuten 23 Sekunden gewann. Avanzini verunglückte 1973 mit seiner Vespa auf der Fahrt zu seinem Wohnsitz in Italien. Giulio Bertoli, Hotelier des Albergo della Posta in Novaggio, Radfahrer aus tiefstem Herzen: ein Mann mit guten Ideen für den Radtourismus und mit heißen Tips für Bergradler.

Adriano Kaufmann aus Beride, dessen Weingut die terrassierten Hänge zwischen Bedigliora und Castelrotto umfaßt. Seine gehaltvollen Weine heißen »Il Rubino« und »Pio della Rocca«. Daniel Huber aus Monteggio, einem Dorf in der Südwestecke des Malcantone, nennt seinen im Eichenfaß ausgebauten Merlot »Montagna Magica«. Ein schöner Name. Er paßt gut zum Malcantone.

Streckenbeschreibung

Lugano–Bioggio: Auf dem ersten Stück der *Tour 33* bis zur Abfahrt auf der befahrenen Straße in die Val d'Agno hinab, aber noch vor der Abzweigung Richtung Morcote rechts nach Molino fahren. Über den Vedeggio und nördlich um den Flugplatz Agno herum zum Bahnhof von Bioggio (292 m) an der Linie Lugano–Ponte Tresa.

Bioggio–Aranno: Vom Bahnhof Bioggio hinauf auf die Hauptstraße, nach rechts und gleich wieder nach links in den alten Dorfteil von Bioggio. Links abbiegen nach Cimo und Aranno. Bis Gaggio (523 m) ziemlich steiler Aufstieg. Zwischen Cimo und Iseo muß man nur einmal so richtig in die Pedale treten. Nach Iseo geht es noch bis 767 m hinauf, dann folgt die erste Abfahrt nach Aranno (721 m).

Aranno–Novaggio: Von Aranno leicht aufwärts zur Abzweigung (746 m) nach Cademario. Hinab zur Brücke (634 m) über die

Aktiv: der stets schwarz gekleidete Radrennfahrer Pierre Avanzini aus Curio.

Magliasina. Kurzer Antritt gegen das Dorf Breno hinauf. Bei der Verzweigung (754 m) links, hinab zu einer Brücke (710 m) und wieder leicht ansteigend zu einem Bildstock (740 m). Abfahrt über Miglieglia nach Novaggio (638 m).

Novaggio – Ponte Tresa: Von Novaggio Richtung Astano bis Banco, wo man zweimal links hält und dann rechts nach Beride (470 m). Über Castelrotto und die Romanino-Brücke (340 m) nach Croglio. Den Hang entlang mit kleineren Gegensteigungen über Purasca (362 m) zur Kirche von Ponte Tresa. Steil hinab in den Dorfkern und nach links zum Bahnhof (277 m).

Nützliche Informationen

Ausgangsort: Bahnhof Lugano (334 m).
Zielort: Ponte Tresa (277 m). Mit der Schmalspurbahn zurück nach Lugano. Radtransport möglich So. bis Fr. 8.30–10.30 und 14–16 Uhr; auch sonst möglich, wenn man es geschickt macht und das Rad am Schluß der Zuges einlädt. Man kann auch mit dem Schiff zurückreisen.
Streckenlängen und Höhenunterschiede: Lugano – Bioggio 7,5 km, 50 m Aufstieg und 90 m Abfahrt; Bioggio – Aranno 8 km, 480 m Aufstieg und 60 m Abfahrt; Aranno – Novaggio 8 km, 180 m Aufstieg und 260 m Abfahrt; Novaggio – Ponte Tresa 8 km, 20 m Aufstieg und 380 m Abfahrt.
Unterkunft: Albergo della Posta in 6986 Novaggio, mit Pool und Bikes, Tel. 091/6061349. Bike-Hotel Santo Stefano in Miglieglia, Tel. 091/6091935. Hotel Serena in Purasca, Tel. 091/6061550. Weitere Hotels in den Dörfern am Fuß des Malcantone sowie in Cademario *(vgl. Tour 29).*
Einkehr: In vielen Dörfern unterwegs.
Karten: 286 Malcantone; 1333 Tesserete, 1353 Lugano.
Variante: Von der Kirche in Ponte Tresa links hinab auf die stark befahrene Uferstraße, die man nach 600 m rechts in ein Zubringersträßchen verläßt. Über Caslano und Magliaso auf der bei *Tour 31* beschriebenen Route nach Agno. Kurz nach der Vedeggio-Brücke erreicht man auf der Hauptstraße die Abzweigung nach Molino und somit die Anfahrtsstrecke. Insgesamt 11 km und 100 m Aufstieg bis Lugano. Gut trainierte Radfahrer können bei Arosio, dem höchstgelegenen Dorf, ins Malcantone einfahren; doch der Aufstieg dorthin über die »Penüdra« *(vgl. Tour 29)* ist happig. Trekking- und Mountainbiker können als Anfahrts- und Rückfahrtsstrecke von bzw. nach Lugano auch die Route über Vezia und Molino wählen *(vgl. Tour 29).*
Sehenswertes: Museo del Malcantone in Curio, untergebracht im Gebäude der ehemaligen »scuola maggiore«, die wohl auch Pierre Avanzini besucht hat; offen April bis Okt., Do. und So. 14–17 Uhr.
Besonderes: Besuch und Degustation im Weingut von Adriano Kaufmann in Beride nach Vereinbarung; Tel. 091/6081371. Ebenfalls in Beride: Christian Zündel, dessen Rotwein »Orizzonte« über das Tessin hinaus bekannt ist; Tel. 091/6082440. Weingut Daniel Huber in Monteggio, Degustation nach Vereinbarung, Tel. 091/6081754. Neben der strada verde, einer zweitägigen Rundwanderung durch das ganze Malcantone, gibt es noch den 7 km langen Sentiero delle meraviglie (Weg der Wunder), einen in Novaggio beginnenden Rundlehrpfad zu den Industriedenkmälern.
Anschlußtouren: *14, 24–29, 31–33, 36.*

31 Fast nur Schokoladenseiten

Lago di Lugano: Caslano – Magliaso – Agno – Carabietta – Figino – Morcote – Melide

Charakter: Vom Schokoland in Caslano zur Swissminiatur in Melide, und unterwegs ein Park mit griechischen, chinesischen und botanischen Schätzen: der Parco Scherrer in Morcote. Die Fahrt entlang dem Lago di Lugano zeigt die süßen Seiten der (Süd-) Schweiz und ist kinderleicht; allerdings wird die Seestraße zwischen Agno und Melide nicht nur von Radfahrern benützt.

Distanz: 22 km.
Höhenunterschied: Unbedeutend.

Zeit: 2 Std.

Jahreszeit: Immer. Öffnungszeiten der Sehenswürdigkeiten beachten.

Ein wunderbarer See sei der Lago di Lugano, schrieb der Berner Karl Viktor von Bonstetten, der Ende des 18. Jahrhunderts als Landvogt im Tessin amtete, in den »Briefen über die italienischen Ämter«: Der See dränge »still und unbeweglich, wie Lethe's Gewässer, sich zwischen diesen Bergen, gleich einem mächtigen Strohme« durch. Und Stefano Franscini – der erste Tessiner Bundesrat – urteilte im 1835 veröffentlichten Werk »Der Kanton Tessin«, der Ceresio (wie man den Luganer See auch nennt) habe weder wie der Lago di Como »jene paradiesischen Ufer voll Myrthen und Orangen, wo sanfte Winde balsamisch hauchten«, noch wie der Lago Maggiore »jene Inseln, welche von Sylphen aus den Wellen emporgehoben scheinen«. Trotzdem sei der Lago di Lugano, der kleinste dieser drei Seen, »reich an malerischen und romantischen« Reizen.

Die Reize hat er immer noch, obwohl ihm Bauwut und Umweltverschmutzung arg zugesetzt haben. Denn gerade die malerische Lage ist ihm fast zum Verhängnis geworden. Der Ceresio, 49 Quadratkilometer groß, 35 Kilometer lang und nur ein bis drei Kilometer breit, ist nämlich der am vielfältigsten gegliederte See der Schweiz. Zwei Gletscher hobelten seine verwinkelte Gestalt zwischen Porlezza und Ponte Tresa aus dem Untergrund, wobei die Bergstöcke des San Salvatore, des Monte San Giorgio und des Monte Caslano die Eismassen zu Umwegen zwangen. Dadurch entstanden verschiedene Becken und Buchten, durch die das Wasser, zusätzlich gehemmt durch den Damm von Melide, nur träge zur Tresa fließt und so den See nicht richtig reinigen kann. Wenn er heute auch nicht so sauber ist wie zu Franscinis Zeiten, aber doch weniger schmutzig als noch vor ein paar Jahren, so ist der Lago di Lugano mit seinem Spiel von flachem Wasser und steilen Bergen eine einzigartige Landschaft.

Erleben können wir sie auf verschiedene Arten, am schönsten vielleicht mit einem Schiff. »Man kann für wenig Geld alle Augenblicke gute bedeckte Schiffe haben«, stellte schon von Bonstetten fest. Und da man das Rad mit aufs Schiff nehmen kann, drängt sich diese Transportmöglichkeit fast auf, wenigstens für die Rückkehr nach Lugano, wenn wir vollgesättigt von Eindrükken dem drittwichtigsten Finanzplatz der Schweiz entgegenschaukeln.

Ein Schokolademuseum in Caslano, das die Geschichte dieser Süßspeise erzählt; ihre Fabrikation können wir teilweise sehen – und das Produkt selbstverständlich kosten und kaufen. Übrigens: Wer sich aus Schokolade nichts macht, besucht das Fischereimuseum von Caslano, das sich insbesondere dem Aalfang bei Ponte Tresa widmet. Der Parco Scherrer in Morcote, in dem der reiche St. Galler Textilkaufmann Arthur Scherrer sein mitgebrachtes Sammelgut vor allem aus ostasiatischen Kulturen in einem exotischen Garten an einem der schönsten Flecken des Tessins präsentiert; wir lustwandeln staunend durch ein romantisches Gesamtkunstwerk. Swissminiatur in Melide: Die touristische Schweiz in 25facher Verkleinerung; die Wallfahrtskirche von Madonna del Sasso nicht weit vom Castello di Montebello, unübersehbar Eiger, Mönch und Matterhorn. Banken konnten wir keine entdecken.

Mit der bicicletta von der Bucht von Cas-

lano über den Südzipfel des San Salvatore zum Damm von Melide: eine wunderbare Fahrt entlang dem schweizerischen Ufer des westlichen Teils des Luganer Sees. Rechts das Wasser und Italien, links die Straße und bewaldete Abhänge, teilweise überbaut mit Häusern, an denen die Errungenschaften der modernen Tessiner Architektur, ja überhaupt der Architektur, spurlos vorbeigegangen sind. Die geschlossenen Rolläden hinter den schmiedeeisernen Gittern der Fenster in den Rundtürmchen stören nicht einmal.

Streckenbeschreibung

Caslano–Agno: Von der Haltestelle Caslano (290 m) Richtung Caslano Centro bis zur Via Rompada; nach rechts zum Schokoland »Alprose«. Dann zurück zur nächsten Kreuzung, nach rechts und geradeaus in den Dorfkern von Caslano und zur Piazza am Lago di Lugano. Nach links und bis ans Ende der Seepromenade. Kurz links und gleich wieder rechts. Auf ruhiger Straße am Golfplatz und an Villen vorbei nach Magliaso, wo man wieder auf die sehr stark befahrene Straße von Ponte Tresa gelangt. Da es keinen Radstreifen gibt, fahren wir auf dem Gehsteig (zu Fuß geht hier ohnehin niemand) nach Agno. Beim ersten Sträßchen biegen wir rechts ab, überqueren die Bahnlinie und folgen einem Bach, bis wir ihn überqueren können. Vor dem Eurocamp müssen wir links gegen die Hauptstraße halten.

Agno–Morcote–Melide: Auf der Hauptstraße, bis rechts die Uferstraße abzweigt. Am Fuß der Collina d'Oro entlang nach Figino und an der Wasserlinie des Monte Arbòstora nach Morcote, wobei wir gleich zum Eingang des Parco Scherrer kommen. Später auf der Seestraße nach Melide; Swissminiatur und die dazugehörige Schifflände befinden sich rechter Hand.

Nützliche Informationen

Ausgangsort: Caslano (277 m), zweitletzte Station der Schmalspurbahn von Lugano nach Ponte Tresa. Radtransport möglich So. bis Fr. 8.30–10.30 und 14–16 Uhr; auch sonst möglich, wenn man es geschickt macht und das Rad am Schluß des Zuges einlädt. Man kann auch mit dem Schiff anreisen; evtl. nur Halt in Ponte Tresa.
Zielort: Melide (274 m); mit der Bahn oder mit dem Schiff zurück nach Lugano. Vor einer Radfahrt auf der Uferstraße nach Paradiso ist abzuraten. Die Seilbahn von Melide nach Carona ist nicht mehr in Betrieb.
Unterkunft: An Hotels und Zeltplätzen herrscht kein Mangel; auch Ferienwohnungen sind erhältlich. Fünf Campings in Agno und einer in Caslano.
Einkehr: Grotto Taverna dei Pescatori am Nordhang des Monte Caslano; Mo. Ruhetag, außer im Sommer; geschlossen Nov. bis Febr. Man kann sich auch sein Picknick unterwegs einkaufen, je nach Gusto im Schokoland oder in den Dorfläden von Caslano, und dieses dann im Parco Scherrer verzehren. Buon appetito!
Karten: 286 Malcantone; 1353 Lugano.

Auch für Gelegenheitsradfahrer: In Lugano ein Rad mieten und flach nach Morcote radeln. Start und Ziel sind gut mit dem Schiff erreichbar.

Variante: Von Lugano auf *Tour 33* bis zur Kreuzung östlich von Agno; nun gleich den See entlang nach Morcote, oder zuerst noch die Caslano-Runde machen.
Sehenswertes: Der pittoreske Dorfkern, die hübschen Villen an der Seepromenade von Caslano. Kirchenanlage Santa Maria del Sasso in Morcote mit Hauptkirche, Oratorium, Kapelle, Zypressen und Friedhof: dort begraben sein…
Besonderes: Schokoland »Alprose« in Caslano, tägl. offen Mo. bis Fr. 9–19 Uhr, Sa./So. 9–17 Uhr. Fischereimuseum an der Via Campagna in Caslano, offen April bis Okt., Di., Do. und So. 14–17 Uhr. Parco Scherrer in Morcote, offen Mitte März bis Okt., tägl. 9–17 Uhr; jeden Di. und Do. finden geführte Wanderungen statt. Swissminiatur in Melide, offen Mitte März bis Ende Okt., tägl. 8–18 Uhr, im Juli und August bis 22 Uhr.
Anschlußtouren: *30, 32, 33.*

Auch für Kunstmuffel: Parco Scherrer in Morcote mit den Grazien des Erechtheions.

32 Wallfahrten

San Salvatore, Monte Arbòstora und Collina d'Oro: Lugano – Paradiso – Carona – Alpe Vicania (659 m) – Morcote – Figino – Agra (564 m) – Montagnola – Gentilino – Lugano

Charakter: Mit dem Rennrad, Trekking- oder Mountainbike dorthin radeln, wo andere Leute extra hinfahren: zu pittoresken Dörfern, besonders schön gelegenen Kirchen, zu Dichterstätten und Grotti. Das höchstgelegene Grotto führt der ehemalige Radprofi Giovanni Albisetti. Für hartgesottene Biker weist der Rundkurs viel zuviel Asphalt auf, doch der Waldweg von der durch Hesse besungenen Madonna d'Ongero zur Alpe Vicania ist eine MTB-Pilgerstrecke.

Distanz: 37 km.
Höhenunterschied: 800 m.

Zeit:
3 Std.

Jahreszeit:
Immer.

Kilometer 0,5: 1. Station: Convento dei Frati Cappuccini Die Bibliothek von Mario Botta im Kapuzinerkloster, eine Oase der Ruhe neben der beängstigend stark befahrenen Via San Gottardo. Eines der frühen Werke (1979) des heute weltbekannten Architekten, das nur wenige Leute kennen. Doch diese besuchen die Lesegrotte.

Kilometer 1,5: 2. Station: Bucht von Lugano Der Inbegriff des schweizerischen Südens, das Ziel sonnenhungriger Touristen von jenseits des Alpenbogens. Hinter dem Lido die Banken, Fluchtburgen von legalem und anderem Geld aus Italien. Zwei Wächter flankieren Stadt und See: im Osten der villenüberbaute Monte Brè, im Süden der zuckerhutähnliche San Salvatore, den wir umrunden. An seinem Fuß der Vorort Paradiso; für einmal nur ein halbes Versprechen.

Kilometer 4: **3. Station: Roccolo von Morchino** Im Aufstieg nach Pazzallo, in der Linkskurve unterhalb des Weilers Morchino: ein zweigeschossiger Turm zwischen Straße und großer Wiese. Unser Ferienhäuschen während zweier Jahre: ein sogenanntes Roccolo, ein Vogelfangturm. Für viele Zugvögel endete hier in den Netzen, die in den Bäumen und Büschen rings um das Gebäude aufgehängt waren, der Flug in den Süden.

Kilometer 9,5: **4. Station: Dorf Carona** Künstlerdorf auf einer sonnigen Terrasse hoch oberhalb des Dammes von Melide. Ein Solari aus Carona baute 1491 die Kremltürme von Moskau. Meret Oppenheim, die surrealistische Schweizer Künstlerin, lebte zuweilen hier. Die Touristen fotografieren herausgeputzte Tessiner Paläste, wo manchmal Maiskolben an Holzterrassen zur Zier hängen. Wenn jetzt noch eine alte Frau mit Tragkorb und Kopftuch vorbeitrottete, wäre das Glück der durch die Linse schauenden Souvenirjäger perfekt.

Kilometer 11: **5. Station: Madonna d'Ongero** Ein reiner, rötlicher Barockbau, versteckt im Kastanienwald. Wallfahrtskirche der Gläubigen und Hesse-Jünger. Hesse widmete diesem Vorzimmer des Paradieses einen melancholischen Text. Die Kirche mit dem Kreuzweg liegt eigentlich an der Mountainbike-Strecke, ist aber für Rennradler von der Abzweigung südlich von Carona auch halbwegs und für Trekkingbiker gut zugänglich.

Kilometer 13,5: **6. Station: Grotto Alpe Vicania** Wer in den Hauptraum des Grotto tritt, wird es sofort merken: Der Besitzer war mal ein aktiver Radfahrer. Tatsächlich war Giovanni Albisetti Ende der fünfziger und Anfang der sechziger Jahre der stärkste Radrennfahrer des Tessins. Er gewann zahlreiche Straßen- und Querfeldein-Rennen, so zum Beispiel 1960 das Bergzeitfahren von Lugano nach Carona, auf der gleichen Strecke, die wir benützen. Auch bei der Tessiner Classique von Giubiasco nach Carena siegte Albisetti, der Mitglied des Velo Club Lugano ist. 1961 war er Tessiner Radmeister, 1962 wechselte er ins Profilager, und heute verwöhnt er seine Gäste mit hausgemachtem salame und mortadella und selbst gekeltertem Merlot.

Kilometer 17: **7. Station: Eigenheime in Vico-Morcote** Wie Bissone und Carabietta am Lago di Lugano ist Vico-Morcote eine Gemeinde, in der die Einheimischen noch knapp die Mehrheit stellen oder schon nicht mehr. Das Tessin als sonnige Stube von Deutschen und Deutschschweizern.

Kilometer 21: **8. Station: Dorf Morcote** Das Schatzkästlein des Tessins, viel besucht, viel bestaunt, viel fotografiert – und wirklich sehenswert: die Arkaden mit Andenkenläden, die schmalen Gassen mit runden Pflastersteinen, die Kirche Santa Maria del Sasso und das Baptisterium mit traumhaftem Blick auf Buchten und Berge, Bäume und Bauten. Und dann ist da noch der Friedhof von Morcote mit den prächtigen Gräbern: das letzte Arkadien.

Kilometer 27: **9. Station: Cadepiano im Pian Scairolo** Zwischen dem vom San Salvatore (912 m) und Monte Arbòstora (822 m) gebildeten Bergkamm sowie der Collina d'Oro (654 m) liegt die Ebene des Scairolo-Bachs, vollgestellt mit Tanklagern, Wohnsilos, Fabrikhallen, Einkaufszentren, Lagerhäusern und der Autobahn. Hermann Hesse schrieb in »Klingsors letzter Sommer« von den »goldenen Wiesen« und vom »dampfenden Talgrün«. Früher führte durch diese Idylle die klassische Strecke des Giro del San Salvatore.

Kilometer 30: **10. Station: Sanatorium Agra** Das höchstgelegene Dorf der Collina d'Oro. Noch schöner als das Dorf liegt das Sanatorio (in Betrieb von 1913–1968) ganz vorne an der Hügelkante. General Mannerheim ließ sich hier pflegen, deutsche Nazis versammelten sich in der Zwischenkriegszeit. Anfang der sechziger Jahre kurierte Erich Kästner, welcher »Der kleine Mann« schrieb und den Whiskey im Teeglas serviert erhielt, eine Tuberkulose im Sanatorium Agra.

Kilometer 32: **11. Station: Hesse-Häuser in Montagnola** Das Dorf von Hermann Hesse. 1919 ließ sich der deutsche Dichter und Maler in Montagnola nieder, 1922 wurde er

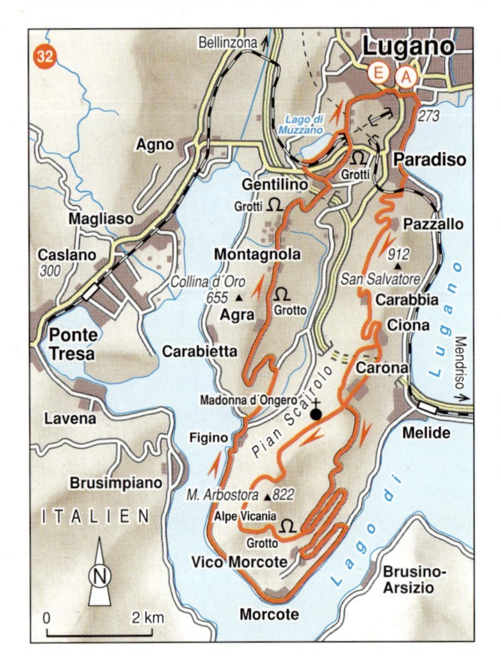

Schweizer, 1962 Ehrenbürger von Montagnola. Zwei Monate später starb er. Zuerst hatte er in der Casa Camuzzi, einem Zuckerbäcker-Palast im alten Dorfkern, gewohnt, später etwas oberhalb des Dorfes in der Casa rossa, die heute weiß und strengbewacht an der Via Hermann Hesse liegt und einer italienischen Industriellenfamilie gehört. In der Nähe erinnert ein Gedenkstein an den Dichter, während sich die Idee eines Hesse-Museums in der Casa Camuzzi gegen die Baupläne von Luxuswohnungen nicht durchsetzen konnte.

Kilometer 34: 12. Station: Friedhof und Kirche Gentilino Auf dem Friedhof links der Straße ruhen Hesse, der Dadaist Hugo Ball und seine Gefährtin Emmy Ball-Hennings. Rechts der Straße führen zwei Zypressenalleen zur barocken Pfarrkirche San Abbondio: perfekte Architektur aus dem 16. Jahrhundert. Unterhalb davon die Autobahn Dänemark–Italien. Das Tessin als Transitstube.

Kilometer 34,5: 13. Station: Grotti von Gentilino Am Nordausläufer des Goldhügels die Via ai Grotti: eine der sehenswertesten Straßen des Tessins, obwohl sie kaum ein Reiseführer erwähnt. Bei der Einfahrt ein großzügiges Wohnhaus, das auf seiner Schattenseite ein eigenes Grotto besitzt. Bei der Ausfahrt ein teurer Gourmettempel. Dazwischen Grotti, woraus sie entstanden sind, nämlich private Vorratskeller, und was sie heute meistens sind: mehr oder weniger originelle Restaurants. Wir kehrten im charaktervollen »Figini« ein, bestellten Risotto mit Pilzen, luganighe (eine Luganeser Wurstspezialität) und eine Flasche americano. Wir hatten nur noch eine Station vor uns: den Bahnhof Lugano.

Streckenbeschreibung

Lugano–Alpe Vicania: Vom Bahnhof Lugano (334 m) auf den stark befahrenen Straßen nord-, dann südwärts ins Zentrum und zum See (272 m) hinab. Auf dem Lido nach Paradiso. Nach dem Debarcadero Paradiso rechts in die ansteigende Straße Via Generale Guisan und nochmals rechts in die Via Bosia Richtung Pazzallo und Carona. Nun beginnt die Straße so richtig anzusteigen. Über Pazzallo und Carabbia nach Ciona (612 m). Hier trennen sich die Routen:

a) Für Mountainbiker: Gegenüber der Abzweigung ins Dorf Ciona rechts in den Wanderweg zur Madonna d'Ongero einbiegen. Der bald steinige, bald erdige Weg sinkt und steigt durch Wald zu Häusern am Westrand von Carona. Rechts in ein Teersträßchen einschwenken und zum Fußballplatz. Auf dem Wanderweg durch Wald zur Kirche Madonna d'Ongero. Weiter auf dem ansteigenden und abfallenden Höhenweg, der teilweise ziemlich steinig, aber immer fahrbar ist, um den Monte Arbòstora herum zur Alpe Vicania (659 m). 1,5 km länger, dafür weniger Höhendifferenz.

b) Für Trekking- und Rennradler: Von Ciona weiter auf der Straße über Canton (625 m) nach Carona (597 m). Sie steigt in der Ostflanke bis 680 m und sinkt in die erste Haarnadelkurve (604 m). Auf einer steilen Teerstraße, dann auf einer flachen Naturstraße zur Alpe Vicania; Rennradler gehen zuletzt zu Fuß.

Genußradeln im Tessin: Zypressenallee der Chiesa S. Abbondio von Gentilino. Auf dem Friedhof ruht Hermann Hesse.

DOM

Alpe Vicania–Lugano: Abfahrt zurück zur Haarnadelkurve und schnelle Abfahrt durch vier Kehren an den Lago di Lugano. Die Uferstraße führt am Fuß des Monte Arbòstora über Morcote nach Figino. Beim Ausgang des Dorfes links über eine Brücke und gleich wieder rechts. In Cadepiano beginnt der Aufstieg über Barbengo nach Agra. Bei der ersten Möglichkeit links ins Dorf hinauf und rechts zur Kirche und zur Casa Comunale (564 m). Abfahrt über Bigogno und Montagnola nach Gentilino. Hier trennen sich die Routen:

a) Für Trekking- und Mountainbiker: Nach der Chiesa San Abbondio bei der Pensione Rita links in eine Einbahnstraße einbiegen und gleich wieder links zu einer Kreuzung, bei der links Wegweiser zum Grotto Circolo Sociale und andern Grotti wegführen. Halbrechts hinab Richtung Viglio. Nach der steilen Abfahrt geradeaus auf einer Brücke über die Hauptstraße und die Ponte-Tresa-Bahn, dann scharf links. Entlang dem Lago di Muzzano, teilweise auf einem Schotterweg, nach Cortivallo (350 m).

b) Für Rennradler: Von der oben erwähnten Kreuzung in Gentilino nicht hinab nach Viglio, sondern rechts durch die Via ai Grotti. Schließlich hinab auf die große Straße von Lugano nach Ponte Tresa (Signalanlage). Links und gleich wieder rechts nach Cortivallo. Man folgt den Wegweisern nach Lugano, steigt kurz bis etwa 370 m an und kommt dann zur Via Besso, die zum Bahnhof führt. Hier am besten vom Rad steigen und zu Fuß durch die Unterführung zum Stationsgebäude.

Nützliche Informationen

Ausgangs- und Zielort: Bahnhof Lugano (334 m).
Unterkunft: Palazzo Agra, Tel. 091/9942581.
Einkehr: Grotto Pan Perdü in Carona (Mi. sowie Jan. bis Febr. geschlossen), zwei Doppelzimmer zum Übernachten, Tel. 091/6499192. Grotto Alpe Vicania (Mo. außer Feiertag und Nov. bis Febr. geschlossen), Tel. 091/9961850. Grotto Posmonte in Agra (Do. und Jan. bis Febr. geschlossen). Grotto Circolo Sociale in Montagnola (Mi. und Febr. geschlossen). Grotto Figini in Gentilino (Mo. und Jan. geschlossen).
Karten: 286 Malcantone; 1353 Lugano.
Sehenswertes: Siehe oben.
Literatur: Hermann Hesse, Tessin. Betrachtungen, Gedichte und Aquarelle, Suhrkamp Verlag, Frankfurt am Main 1990; ein wunderschönes Buch und unterwegs zu lesen – idyllische Plätze sind genügend angegeben.
Anschlußtouren: *14, 24–31, 33, 36.*

33 Letzte Etappe

Ceresio und Mendrisiotto: Lugano – Carabietta – Morcote – Brusino-Arsizio – Serpiano – Arzo – Clivio (I) – Ligornetto – Novazzano – Chiasso

Charakter: Eine nicht ganz abgasfreie Strecke von der Finanzmetropole des Tessins in seine Grenzstadt, aber doch eine Route, die eine kilometerlange Seepromenade nach dem zauberhaften Touristendorf Morcote, ein stilles Tal unter dem Saurierberg und die hier noch nicht zugebaute Hügellandschaft des Mendrisiotto beinhaltet. Die überraschende, auch für Mieträder gut geeignete dritte Etappe des Radweges Tessin von Airolo nach Chiasso ist nur möglich dank kurzer Schiff- und Seilbahnfahrt und dank eines Abstechers nach Italien (Personalausweis nicht vergessen).

Distanz: 34 km.
Höhenunterschied: 150 m Aufstieg, 600 m Abfahrt.

Zeit:
3 Std.

Jahreszeit: März bis Oktober; November bis Februar fährt die Seilbahn nach Serpiano nicht. Im Hochsommer heiß; am besten dann, wenn der Nordwind ganz im Südtessin für blauen Himmel sorgt. Wochenendverkehr am Ceresio und Feierabendverkehr im Mendrisiotto meiden.

Aller Anfang ist schwer. Wir wollen nach Süden, fahren jedoch nordwärts zur Via Genzana, die erst noch steil ist. Die Alternative hieße Via Besso, auf welcher der Verkehr ununterbrochen rollt oder steht. Nur während der Rad-Weltmeisterschaften von Lugano im Oktober 1996 war es ruhig in der Via Besso. Einzig die Rennfahrer rasten mit bis zu 100 Stundenkilometern die Straße gegen das Zentrum hinab. Wir dürfen oder müssen auch kurz auf dieser Verkehrsader abwärtsfahren, bevor uns eine Nebenstraße zum Lago di Muzzano führt, dem wir auf einem Radweg entlangfahren. Gleich darauf gilt es noch einmal eine verkehrsreiche Straße zu bewältigen. Dann freilich nimmt uns die hindernislose Uferstraße des Lago di Lugano nach Morcote auf.

Von Fischerdorf zu Fischerdorf: Mit dem Schiff setzen wir von Morcote über den Ceresio, wie der Luganersee auch heißt, nach Brusino-Arsizio. Allerdings: In Morcote fischt man heute nach dem Geld der Touristen, die dort (zu recht) in Schwärmen vorbeikommen. Nur ein paar Minuten können wir den Fahrtwind auf dem Schiff genießen, und schon überwinden wir mühelos fast 400 Höhenmeter mit der zehnplätzigen Seilbahn; Räder nicht mitgezählt …

In Serpiano hält es uns Sportler nicht. Hier wird gekurt. Was wir vielleicht schon eher brauchen könnten, wäre eine gelenkheilende Salbe. Früher wurde am Monte San Giorgio, der für seine versteinerten Saurierskelette berühmt ist, aus bituminösem Schiefer eine solche Salbe, Ichtyol genannt, gewonnen. An einer stillgelegten Fabrik radeln wir vorbei und auch an den Marmorsteinbrüchen von Arzo. Im Dom von Mailand wären schöne Stücke zu bewundern. Wir begnügen uns mit einem kurzen Abstecher nach Italien: schwarz über die Grenze, legal zurück in die Svizzera.

Rasante Abfahrt nach Ligornetto und zum Museo Vincenzo Vela. Dem berühmtesten Bildhauer des Tessins sind wir schon einmal auf unserer Radreise vom Gotthard-Südportal nach Chiasso begegnet: Vela schuf das Denkmal für die verunglückten Arbeiter des Eisenbahntunnels. Wir können es nochmals anschauen.

Der letzte Abschnitt der Radreise, zwi-

Lag im Mittelpunkt: Plakat der Rad-WM von 1996 in Lugano auf dem Schiff Morcote–Brusino.

schen den Gleisanlagen von Chiasso und dem Fuß des südlichsten Hügels der Schweiz: ein idyllischer Radweg, Kinderspielplätze und dann das Grotto Linet. Das Gebäude ist weiß-orange gestreift, und diese Streifenmuster sahen wir immer wieder im Tessin, grau-in-grau bei der romanischen Chiesa San Nicolao in Giornico, bläulich und rötlich an dem von Stararchitekt Mario Botta erbauten Hauptgebäude der Banca del Gottardo in Lugano.

Allerdings: Das Grotto Linet ist nicht das südlichste Grotto der Schweiz. An der östlichen Zufahrtsstraße nach Pedrinate, dem Dorf im äußersten Zipfel der Schweiz, liegt ein anderes. Doch die Straßen aus der Ebene von Chiasso nach Pedrinate steigen nochmals fast 200 Meter an, und für einmal hatten wir genug von den Bergfahrten im Tessin. Obwohl uns der Name des Grotto schon verlockt hätte: Polo Nord.

Streckenbeschreibung 

Lugano – Morcote: Vom Bahnhofplatz (334 m) in Lugano nordwärts zu den Taxis, an einer

Barriere vorbei und geradeaus. Bevor man in die stark befahrene Via San Gottardo kommt, links in die steil ansteigende Einbahnstraße Via Genzana nach Lugano-Massagno einbiegen. Kurz der Bahnstrecke entlang und links auf einer Brücke über die Gleise. Nach rechts und dann nach links gegen die sehr stark befahrene Via Besso. Vorsichtig links einbiegen. 100 m hinabfahren und spitzwinklig rechts in die Via Cortivallo einbiegen, die nach Sorengo und Muzzano führt. Man fährt über einen Hügel (ca. 370 m); beim Kreisel links. Nun geradeaus Richtung Gentilino. Wo die Straße die Bahnlinie Lugano–Ponte Tresa untertunnelt, fährt man rechts auf dem ungeteerten Rad- und Fußweg entlang dem Lago di Muzzano (Rennradler bleiben auf der Straße). Man kommt auf eine Brücke, von der man auf die stark befahrene Straße Richtung Ponte Tresa hinabfährt. Bei der Kreuzung in der Ebene unten links nach Morcote. Nun auf der Uferstraße über Carabietta und Figino nach Morcote. Mit dem Schiff über den Lago di Lugano nach Brusino-Arsizio/Funivia Serpiano (273 m). Die Talstation der Seilbahn befindet sich gleich oberhalb der Schiffanlegestelle. Je nach Fahrplan legt das Schiff nur im Dorf Brusino-Arsizio an, von wo wir 750 m zur Talstation radeln.

Serpiano–Genestrerio: Von der Bergstation (650 m) der Luftseilbahn auf der Teerstraße im Wald nach Serpiano (644 m) und weiter im Wald in den Sattel Crocifisso (670 m). Abfahrt durch ein idyllisches Tal über Meride, das rechts umfahren wird (ein Augenschein lohnt sich aber), nach Arzo (486 m). Im unteren Teil des Dorfes links Richtung Mendrisio. Kurz hinauf zur nächsten Kreuzung: weder links nach Mendrisio noch rechts nach Italien, sondern geradeaus in eine Sackgasse. Die Straße folgt den Konturen eines Hügels, dabei zu Beginn leicht ansteigend bis P. 503 m, nach dem italienischen Clivio; Grenzübergang bei einem geschlossenen, für Radfahrer durchlässigen Tor. In Clivio scharf links und am Zoll vorbei (offen von 5–22 Uhr) zurück in die Schweiz. Abfahrt nach Ligornetto, zuerst vorbei am Museo Vela, dann durch das hübsche Dorf. Hinab nach Genestrerio (333 m).

Genestrerio–Chiasso: Beim Platz mit der Casa comunale rechter Hand in der falschen Richtung durch eine Einbahnstraße (auf eigene Verantwortung). Man kommt auf eine große, verkehrsreiche Überlandstraße. Auf ihr Richtung Italien, wobei sie nach einer Verzweigung ziemlich stark steigt. Nach 400 m sich links in das Dorf Brusata (389 m) retten. Durchs Dorf hindurch, dann links und nach 300 m wieder rechts in die Via Gaggio. Am Grotto Moderno vorbei; danach ist die Via Gaggio kurz eine Einbahnstraße. Auf der Hauptstraße durch Novazzano und hinab in die Ebene von Chiasso. Bei der Kreuzung rechts Richtung Italien und Pedrinate (Rennradler, die auf Teerstraßen bleiben wollen, fahren geradeaus und dann links ins Centro von Chiasso). Nach dem zweiten Überqueren eines Baches links; Wegweiser dorsale pedestre. Auf einem gut fahrbaren Natursträßchen flach entlang dem Bach. Nach 1,5 km wieder Teer. Schließlich mündet die Nebenstraße in die Straße von Pedrinate. In einem Tunnel unter den Gleisanlagen hindurch und rechts hinauf zur Stazione FFS von Chiasso (238 m).

Liegt am Radweg von Lugano nach Chiasso: Der Lago di Muzzano.

Nützliche Informationen 

Ausgangsort: Bahnhof Lugano (334 m).
Zielort: Bahnhof Chiasso (238 m).
Streckenlängen und Höhenunterschiede: Lugano – Morcote 15 km, 50 m Aufstieg, 100 m Abfahrt; Serpiano – Chiasso 19 km, 100 m Aufstieg und 510 m Abfahrt.
Unterkunft: In vielen Dörfern unterwegs. Jugendherberge in Figino, Tel. 091/9951151. Zeltplatz bei Meride, Tel. 091/6464330.
Einkehr: Grotto Linet in Chiasso (Mo. Ruhetag, außer Juli/August).
Karten: 286 Malcantone, 296 Chiasso; 1353 Lugano, 1373 Mendrisio.
Variante: Von Brusino-Arsizio entlang dem Ceresio nach Riva San Vitale. Auf dem Radweg *(Tour 34)* nach Mendrisio und durch die Valle di Muggio *(Tour 35)* nach Chiasso. Diese Variante empfiehlt sich dann, wenn die Seilbahn nach Serpiano nicht fährt.
Sehenswertes: Parco Scherrer, Kirche und Friedhof in Morcote *(vgl. Tour 31)*. Fossilienmuseum des Monte San Giorgio in Meride, tägl. 8–18 Uhr. Museo Vela in Ligornetto, Di. bis So. März bis Mitte Nov. 9–12 und 14–17 Uhr.
Literatur: Jürg Schubiger, Haus der Nonna, Limmat Verlag, Zürich 1996 – Erinnerungen an die Kindheitsjahre 1939 bis 1941 in Ligornetto, in deren Mittelpunkt die Nonna steht.
Besonderes: Radtransport mit dem Schiff kostet 5 Franken; Auskunft über Fahrpläne Tel. 091/9715253. Seilbahn Brusino – Serpiano: von März bis Okt. tägl. von 8.30–19 Uhr in Betrieb; fährt ungefähr alle 30 Min.; Radtransport kostet 4 Franken. Und: Ab 1998 wird die Route Nr. 3 der Schweizer Radwanderwege, die Nord-Süd-Route von Basel nach Chiasso, markiert sein. Wie weit sie sich auf dem Mendrisiotto-Abschnitt mit der oben vorgestellten Strecke deckt, konnte bei Drucklegung des Buches nicht festgestellt werden.
Anschlußtouren: *14, 24–32, 35, 36.*

Mendrisiotto

Damit hatte die Behörde wohl nicht gerechnet. 1901 verhängte sie ein Radfahrverbot in Mendrisio. Wer den Marktort im Mendrisiotto, dem südlichsten Zipfel des Tessins, mit dem Rad durchqueren wollte, mußte dieses schieben. Andernfalls wurde er bestraft. Die italienische »Gazzetta dello Sport«, schon damals das einflußreichste Organ südlich der Alpen, ließ sich die Schikane nicht gefallen: »Die Radfahrer müssen Mendrisio boykottieren. Sie gehen hindurch, das Rad schiebend, aber sie halten nicht an. Sie geben kein Geld aus. Wenn sie Durst haben, ziehen sie direkt nach Maroggia weiter. Haben sie Hunger? Dann warten sie bis Chiasso. Keinen einzigen Rappen lassen sie dem Ort; es kann sein, daß dieser Protest wirksamer ist als andere. Bleiben wir deshalb fest und einig: boycottiamo Mendrisio!« Wie die Behörde auf den Aufruf des rosaroten Mailänder Blattes reagiert hat, ist leider nicht bekannt. Aber knapp 100 Jahre später ist es ausdrücklich erlaubt, mit dem Rad durch die Fußgängerzone in der hübschen Altstadt zu fahren.

Das Zentrum von Mendrisio wird Borgo bello genannt. Genaugenommen sind es zwei Zentren: der mittelalterliche nördliche Kern, und der südliche aus dem 17. und 18. Jahrhundert. Ein Genuß, da hindurchzufahren. Genußvoller jedenfalls als eine Fahrt durchs centro von Chiasso. Die Grenzstadt hat mehr Einwohner und Hochhäuser als der Bezirkshauptort Mendrisio. Das ist aber auch alles.

Zwischen Chiasso im Süden und Capolago im Norden liegt das Mendrisiotto, am hügeligen Rand der Alpen zur Po-Ebene hin. Das tönt idyllisch, und so sah das Gebiet am Ende der Schweiz (oder ist es der Anfang?) wohl auch aus, als die ersten Radfahrer unterwegs waren und den Durst in den Grotti von Capolago stillten (diejenigen von Mendrisio sind zwar berühmter, aber Boykott ist Boykott!). Zwischen 1960 und 1970 begann der radikale Umbau der an die Toskana erinnernden Landschaft, und heute müssen die Winkel, wo diese Vergleiche noch gezogen werden können, schon gesucht werden. Vielleicht nützt es etwas, daß die im Herbst 1996 eröffnete Architektur-Universität des Tessins den Sitz in Mendrisio hat. Und dann gibt es noch Ecken und Spitzen im Mendriotto, die fast unberührt von emsiger Industrie- und Dienstleistungsgesellschaft sind. Die Valle di Muggio zum Beispiel, oder der Monte Generoso, die Rigi der Südschweiz. Schöne Aussichten für die ciclisti.

Das Rad auf den höchsten Punkt des Mendrisiotto schieben: Biker auf dem Fußweg zum Monte Generoso. Vor knapp 100 Jahren mußten die Radfahrer in den Gassen von Mendrisio absteigen.

Nützliche Informationen

Unterkunft: Die angebliche Ruhe im Hotel Morgana in Mendrisio zeigt sich als Fata Morgana, denn auch eine strada secondaria ist im Tessin befahren. Dafür liegt das Hotel direkt unterhalb der Via alle Cantine. Wer bloß ein Zimmer braucht, aber weder Dusche noch TV, kriegt im Grütli das Doppelzimmer mit Frühstück für rund 80 Franken.
Einkehr: Grotto Bundi an der Via alle Cantine in Mendrisio (Mo. Ruhetag, Tel. 091/6467089): Die Polenta wird über dem Feuer zubereitet; zum Beispiel mit Gorgonzola oder im Herbst mit Steinpilzen schmeckt sie hervorragend. Bestellen Sie nur eine halbe Portion, dann haben Sie noch Appetit, die formaggini aus der Valle di Muggio zu kosten. Der caffè liscio kostet bloß 1,80 Franken. Drei andere Grotti in der Via alle Cantine, der Straße der Weinkeller, offerieren ebenfalls cucina nostrana. Das Ristorante Pizzeria Grütli mitten im Borgo: Die Pizze sind groß, dünn, fest und preiswert, die Sterne im Innenhof gratis.
Karten: Velokarte 1:60000 Locarno–Bellinzona–Lugano–Varese (VCS/Kümmerly+Frey). Wanderkarte Monte Generoso, 1:25000; erhältlich bei der Generosobahn in Capolago und im Verkehrsbüro Mendrisio.
Radverleih: Stazione FFS Mendrisio, noleggio biciclette mit City- und ein paar wenigen Mountainbikes, Tel. 091/6463822. Auf Bella Vista, der Mittelstation der Generoso-Bahn, werden Citybikes vermietet; *vgl. Tour 34.*
Radgeschäfte: Sergio Cattaneo am Corso San Gottardo 88 in Chiasso.
Sehenswertes: Passions-Prozessionen am Gründonnerstag und Karfreitag.
Besonderes: Im Herbst findet jeweils im Mendrisiotto ein Mountainbike-Rennen statt; Auskunft beim Velo Club Mendrisio, Tel. 091/6468666.
Auskunft: Ente turistico Mendrisiotto e basso Ceresio, 6850 Mendrisio, Tel. 091/6465761, Fax 091/6463348.

34 Zahnrad statt Zahnkranz

Monte Generoso: Drei Abfahrten von Bella Vista nach Mendrisio und zurück nach Capolago

Charakter: Der am Rande der Po-Ebene sich erhebende Monte Generoso bietet viel. Vom Gipfel (1701 m) ein Panorama auf die Innenseite des Alpenkranzes, das vom Monte Viso bis zum Monte Disgrazia reicht. Bei der Mittelstation Bella Vista starten drei Abfahrten für Anfänger, Fortgeschrittene und Könner. Wer unbedingt will, kurbelt auf der geteerten Straße von Mendrisio über Salorino selbst hoch, doch die Zahnradbahn transportiert die Räder – und vermietet auch Citybikes für die leichteste Abfahrt auf dieser Straße. Für die beiden andern Routen sind Mountainbikes nötig; für den gepflasterten Saumweg nach Obino zudem wenn möglich ein Vollfederrad und für den Waldpfad in die Valle di Muggio eine exakte Fahrtechnik.

Distanz: Über Salorino 17 km, wovon 12 km Abfahrt; über den Dosso Bello 17 km; über die Valle di Muggio 22 km.

Höhenunterschied: 950 m Abfahrt; bei der Route in die Valle di Muggio kommt 60 m Gegenanstieg dazu.

Zeit: 1–3 Std., je nach Strecke.

Jahreszeit: Immer. Im Winterhalbjahr erschwert das Laub auf den Pfaden das Steuern des Rades. Am Wochenende starker Verkehr auf der Straße über Salorino nach Bella Vista; bei zu großer Belastung wird die Straße bei der Abzweigung nach Cragno gesperrt.

Den Tip erhielten wir von vier Italienerinnen. Nicht im Selbstbedienungsrestaurant sollten wir oben einkehren, sondern in der kleinen Osteria nebenan. Dort würden herrliche formaggini und salame serviert. Die Mailänderinnen fuhren mit uns zum Monte Generoso hinauf. Bei der Mittelstation lud ich schnell mein Bike aus; mein Begleiter Kirk Harmes aus Phoenix aus dem US-Bundesstaat Arizona hatte bei der Talstation ein Rad reserviert, das er dann bei der Mittelstation im Empfang nahm. Sie heißt Bella Vista, schöne Aussicht. In der Nähe stand das Grandhotel »Monte Generoso«. Dottora Charles Pasta ließ durch die Valle dell'Alpe einen gepflasterten Saumweg aus Kalksteinen errichten, auf dem Maultiere die Vorräte und die weiblichen Gäste in die damals noch dunstfreie Höhe brachten; fünf Franken Lohn erhielten die Treiber für den Aufstieg vom Bahnhof Mendrisio zum Hotel. 1890 wurde die Bahn auf den Monte Generoso eröffnet, und zwischen der Mittelstation und dem Hotel wurde eine Straße mit leichtem Gefälle gebaut, auf der Pferde die Wagen nur in der einen Richtung ziehen mußten; in der anderen rollten die Wagen von selbst zum Hotel. So machen es heute auch die Radfahrer. Einkehren oder gar übernachten können sie freilich nicht mehr: Das Hotel auf Bella Vista ist am Zerfallen.

Bei der Bergstation der Zahnradbahn, die seit 1941 der Migros gehört, verabschiedeten wir uns (vorübergehend) von unseren zufälligen Begleiterinnen. Bevor wir ihren Tip versuchten, wollten wir noch etwas leisten. Mit dem einen Fuß in der Schweiz und mit dem andern in Italien spazierten wir die 100 Höhenmeter zum höchsten Punkt des Monte Generoso (1701 m) hinauf. Selbst der aus einem großen Land stammende Kirk war von der generösen Weitsicht beeindruckt. Walliser, Berner, Tessiner und Bündner Alpen schauten zu uns herüber, als hätten sie nichts Besseres zu tun. Wir wollten es ihnen nicht übelnehmen und beguckten sie gebührend. Den Tiefblick in die Valle di Muggio, das südlichste Tal der Schweiz, genossen wir dann von der Terrasse der Osteria. Bald erhielten wir bekannte Gesellschaft. Wir prosteten uns zu: sie mit vino rosso, wir mit gazosa. Salute!

Abheben auf Bella Vista: Der Mieter eines Käse-Look-Rades macht vor einem ausrangierten Wagen der Generoso-Bahn noch schnell ein Wheelie, bevor er sich in die Abfahrt stürzt. ▷

Streckenbeschreibung

a) Abfahrt auf der Straße nach Salorino (City- und Trekkingbikes): Von der Mittelstation Bella Vista auf einer gut geschotterten und dann schlecht geteerten Straße flach zu einer Hotelruine und rechts steil hinab zu einer Straßenkreuzung. Nach rechts und Abfahrt auf der durchschnittlich 7,5 Prozent, maximal 12 Prozent geneigten Teerstraße, auf der mit Gegenverkehr zu rechnen ist, nach Somazzo, Salorino und schließlich nach Mendrisio. Wo die Autostraße unterhalb der mächtigen Pfarrkirche Santi Cosma e Damiano nach links umbiegt, geradeaus durch die Fußgängerzone. Wieder auf der Straße, biegt man nach 200 m links (Wegweiser für Mountainbikes) in die Via San Martino zum Friedhof hinab. Man unterquert die Eisen- und Autobahn und gelangt zum Schwimmbad (piscina); die Route ist markiert. Nun rechts und auf einem auch für Citybikes gut fahrbaren Feldweg entlang dem Laveggio, zuerst links, dann rechts. Zuletzt entfernt sich das wieder geteerte Sträßchen vom Fluß. Rechtshaltend zurück zum Bahnhof Capolago. Wer die Feldwegstrecke abkürzen will, hält dort, wo man das

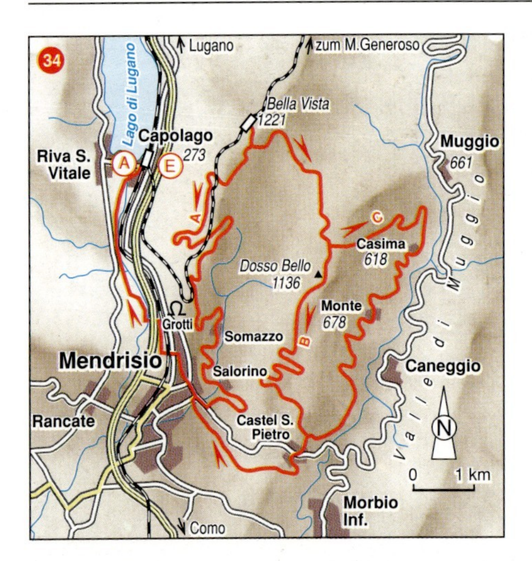

Ufer wechselt, nach links und fährt auf der Autostraße über Riva San Vitale nach Capolago.

b) Abfahrt auf dem Saumweg vom Dosso Bello nach Castel San Pietro (Mountainbike): Von der Mittelstation Bella Vista auf einer gut geschotterten und dann schlecht geteerten Straße flach zu einer Hotelruine und rechts steil hinab zu einer Straßenkreuzung. Nun links und Panoramafahrt auf geteerter, leicht abfallender Straße entlang einem Rücken zum Grotto Balduana und zum Dosso dell'Ora, wo die Naturstraße ansetzt. Beim Parkplatz Bivio La Grassa (etwa 1090 m), wo die markierte Mountainbike-Route nach Osten in die Valle di Muggio hinunterführt, bleibt man entlang dem Dosso Bello auf dem abfallenden Höhenweg, der nun abwechslungsweise geschottert und geteert ist. Auf der Höhe einer Antenne beginnt der historische, gepflasterte Saumweg, der auf 3 km für eine starke Beanspruchung der Arm- und Handmuskulatur sorgt. Nach dem Aussichtspunkt Caviano (967 m) kurvt er mit 12 bis 15 Prozent Gefälle durch Wald in den Weiler Obino hinunter, wo die Schüttelfahrt ein Ende hat. Hinab nach Castel San Pietro. Südwärts durch das Dorf hindurch und hinab Richtung Balerna bis zum Friedhof, wo man rechts fährt. Bei der nächsten Verzweigung links in den Weiler Vigino (403 m), wo man sich wieder rechts hält und nach Corteglia (426 m) hinauffährt. Dort die Straße überqueren und entlang einem Hügel hinab nach Mendrisio. In der Fußgängerzone rechts zur Straßenverzweigung unterhalb der mächtigen Pfarrkirche, wo man auf Route a stößt.

c) Abfahrt auf dem Waldpfad nach Casima in der Valle di Muggio (Mountainbike): Auf Route b bis zum Bivio La Grassa (ohne Namen auf der Karte). Nun ostwärts einen breiten, flachen Weg unter die Räder nehmen, der links oberhalb des Wanderweges verläuft. Wo der breite Weg links gegen die Krete hält, zweigt rechts ein schmaler Pfad ab. Er sinkt in der bewaldeten Ostflanke gleichmäßig wenig steil in Kurven ab, in denen das Wenden schon einiges Können erfordert. Auch sonst erheischt der schmale, im oberen Teil leicht ausgesetzte Pfad volle Aufmerksamkeit. Man stößt wieder auf den Wanderweg nach Casima. Wo dieser allerdings direkt ins Dorf hinuntersinkt, bleibt man auf dem gleichmäßig sinkenden Pfad, der taleinwärts ausholt. Schließlich gelangt man nach Casima (618 m). Nach rechts und auf der Talstraße nach Monte (678 m) hinauf. Rassige Abfahrt durch die Valle di Muggio nach Obino, wo man auf Route b stößt.

Nützliche Informationen

Ausgangs- und Zielort: Bahnhof Capolago (273 m) an der Strecke Lugano – Mendrisio – Chiasso. Mit der Zahnradbahn nach Bella Vista (1221 m); die Bahn fährt seit dem Winter 1996/97 ganzjährig.

Unterkunft: Im Berghaus Monte Generoso (Einzelzimmer und Massenlager), Tel. 091/6497722.

Einkehr: Bei der Bergstation der Ferrovia Monte Generoso das Selbstbedienungsrestaurant sowie eine kleine Gaststätte bei der Kühlgrotte (tägl. offen von Mai bis Dez.). Osteria Bella Vista bei der Mittelstation. Grotto Eremo San Nicolao oberhalb Somazzo (im Winter Di. geschlossen; die Zufahrtsstraße zweigt ab von der Haarnadelkurve P. 649 m oberhalb des Ristorante Passerotto; Hinweisschild »Grotto«). Das Grotto Balduana auf dem südwärts streichenden Rücken (Routen b und c). Osteria Antica in Casima, Route c; *vgl. Tour 35.*

Karten: 296 Chiasso; 1373 Mendrisio. Bei den Generoso-Bahnen ist eine Wanderkarte

Abbilden auf dem Monte Generoso: Ein Erinnerungsfoto mit den Walliser Alpen – die Fotografen stehen in Italien, die Frau auf der Grenze.

im Maßstab 1:25 000 mit vielen Informationen erhältlich; leider sind die Mountainbikestrecken nicht genau eingezeichnet. Auch das Infoblatt zur Abfahrt in die Valle di Muggio erweist sich als mager.

Variante: Wer ein eigenes Rad hat, muß natürlich nicht zurück nach Capolago, sondern kann die Fahrt beim Bahnhof Mendrisio abbrechen. Sehr empfehlenswert ist folgende Verlängerung: In der Valle di Muggio nicht gleich zurück nach Castel San Pietro, sondern die Rundfahrt durch das Tal machen *(vgl. Tour 35)*; ausgangs Cabbio wechselt man rechts auf den alten Saum- und heutigen Wanderweg nach Bruzella und kommt so am restaurierten Mulino vorbei. Schließlich von Morbio Superiore zurück nach Mendrisio (wenn die Brücke zwischen Morbio Superiore und Castel San Pietro wieder befahrbar ist) oder weiter nach Chiasso.

Sehenswertes: Bei dunstfreier Sicht das Matterhorn und der Dom von Mailand.

Literatur: Der Monte Generoso ist dank Angelo Valsecchi einer der am besten dokumentierten Berge des Tessins. Neben dem umfassenden Werk »Monte Generoso. 26 Wanderrouten zur Entdeckung des Berges« sind bei der Bahn und im Kiosk auf dem Gipfel weitere Publikationen zu einzelnen Themen meistens auch in deutscher Sprache erhältlich, zum Beispiel zur Vegetation, den Vögeln, den Karsterscheinungen und Höhlen sowie natürlich zu den nevère, den berühmten Schneegrotten, in denen dank der genialen Architektur und des im Winter eingebrachten Schnees die Milchprodukte auch im heißen Sommer kühl gelagert werden konnten; eine nevèra steht bei der Osteria auf Generoso Vetta.

Besonderes: Auf Bella Vista werden nur Citybikes, keine Mountainbikes vermietet; Radmiete 16 Franken; am Wochenende Rad unbedingt reservieren, Tel. der Ferrovia Monte Generoso 091/6481105, Fax 091/6481107. Zuschlag für Mitnahme des Rades in der Zahnradbahn vier Franken. Pauschalangebote mit Bahnbillett Capolago–Monte Generoso inklusive Rückfahrt nach Bella Vista sowie Radmiete; etwas günstiger, wenn man zu Fuß von der Berg- zur Mittelstation hinabgeht, was sich sehr empfiehlt.

Anschlußtouren: *33, 35, 36.*

35 Im südlichsten Tal

Valle di Muggio: Mendrisio – Castel San Pietro – Monte – Muggio – Cabbio – Morbio Superiore – Chiasso

Charakter: Frühlingserwachen zwischen Alpenglühn und Po-Ebene: Im südlichsten Tal des Tessins und der Schweiz kommen kulturell und landschaftlich interessierte Radfahrer auf ihre Kosten und zu einigen Höhenmetern. Die Valle di Muggio soll zu einem museo nel territorio werden, einem lebendigen Talmuseum, wo die Besonderheiten an Ort und Stelle erfahren werden können. Ein Tal mit Charakter: con Muggio gusto eben.

Distanz: 24 km.
Höhenunterschied: 500 m Aufstieg, 600 m Abfahrt.

Zeit:
3 Std.

Jahreszeit: Immer. Am schönsten im Frühling und Herbst und dann am besten, wenn der Wetterbericht ganz im Süden der Schweiz blauen Himmel und kalten Nordwind bis in die Täler verspricht.

Die Valle di Muggio soll bleiben, wie sie ist – und werden, wie sie war. Ein acht Kilometer langes, nach Süden ausgerichtetes Alpental am Rande der (Schweizer) Alpen, tief eingekerbt in die Südabdachung des Monte Generoso. Ein Tal voller Gegensätze zwischen alpiner und mediterraner Vegetation, zwischen sich entvölkernden Bergdörfern im hinteren Teil des Tales und den Dörfern weiter vorne, die zu Schlafstätten der Arbeitstätigen in der Stadtlandschaft Chiasso-Mendrisio werden. Ein Tal mit einer eigenen agrarwirtschaftlichen und kulinarischen Kultur. Die formaggini aus der Valle di Muggio sind die bekanntesten jener frischen Käslein, die auf einigen Alpen des Tessins hergestellt werden. Früher wurden die Milchprodukte in Schneegrotten gelagert. 70 solcher nevère stehen im Muggiotal und in den angrenzenden Seitentälern der italienischen Valle d'Intelvi.

Bäuerliche Architektur, die vor dem Zerfall gerettet wird. Ein Talmuseum entsteht, das die nach und nach restaurierten Zeugnisse der Volkskultur in der Natur belassen will und wird. Das Museo nel territorio der Valle di Muggio wird kein Ballenberg wie im Berner Oberland, wohin hervorragende Zeugnissse ländlicher Bau- und Wohnkultur der Schweiz gebracht und wieder aufgebaut werden. In der Valle di Muggio bleiben die nevèra, die graa (Dörrhaus der Kastanien),

Blick aufs Dorf: Cámpora liegt – umgeben von Kastanienwäldern – auf einem Sporn ganz vorne auf der rechten Talseite der Valle di Muggio.

das roccolo (Vogelfangturm) im Gelände stehen. Man muß sich die Mühe nehmen, die Sehenswürdigkeiten in diesem besonderen Freilichtmuseum selbst aufzusuchen. 1996 erschien die grenzüberschreitende Wanderkarte Monte Generoso, die zahlreiche thematische Wanderungen enthält. Warum also die Radtour durch die Valle di Muggio nicht in einem der Dörfer unterbrechen und zu Fuß die Gebäude, wie die Mühle von Bruzella, näher erleben?

Im März 1995 erschien im »Brückenbauer«, der Wochenzeitung der Migros, ein Artikel, in dem ich die Valle di Muggio und zwei ihrer Wanderungen näher vorstellte. Offenbar nicht ohne Folgen. Viele Touristen seien mit dem Artikel in der Hand bei ihnen vorbeigekommen und hätten da gegessen und übernachtet, schrieben mir Vincenzo und Maria Cereghetti in einem liebenswürdigen Brief, in dem sie mir »per il suo bel pensiero scritto su un giornale svizzero tedesco« danken. Das Ehepaar führt die gemütliche Osteria Cervo, einer pensione con alloggio in Cabbio. In diesem Dorf, in dem sich die Straßen der beiden Talseiten verbinden, hat auch das Museo etnografico della Valle di Muggio in einem Patrizierhaus seinen Sitz.

Streckenbeschreibung

Mendrisio–Muggio: Vom Bahnhof Mendrisio (328 m) hinauf gegen die Altstadt. Vor

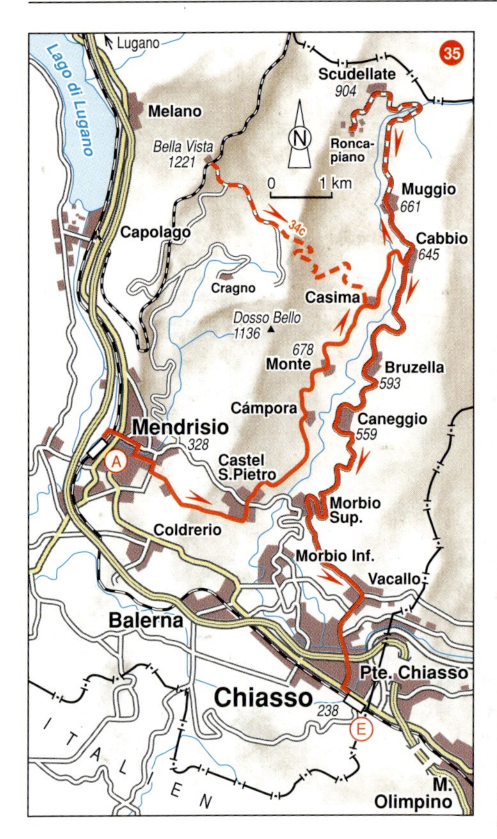

der Einbahnstraße, die aus der Altstadt herunterkommt, rechts und nach 100 m wieder links. Nach weiteren 100 m rechts in die Via Paolo Torriani einbiegen. Sie führt steil zum Stadtteil Torre oberhalb der Altstadt, wo sich eine Kapelle befindet (396 m). Auf einem Hügelsträßchen weiter ansteigen nach Corteglia (423 m). Die große Straße überqueren und hinab nach Vigino (403 m). Ostwärts zum Friedhof von Castel San Pietro und steil hinauf durchs Dorf.

Im oberen Dorfteil nimmt man die Straße nach Monte, die ziemlich steil nach Obino ansteigt. Hinein in die Valle di Muggio. Bis Monte (678 m) hinauf und über Casima hinunter zur Breggia-Brücke (544 m). Sehr steil hinauf nach Cabbio (645 m); von hier ist man rasch in Muggio (etwa 660 m), was

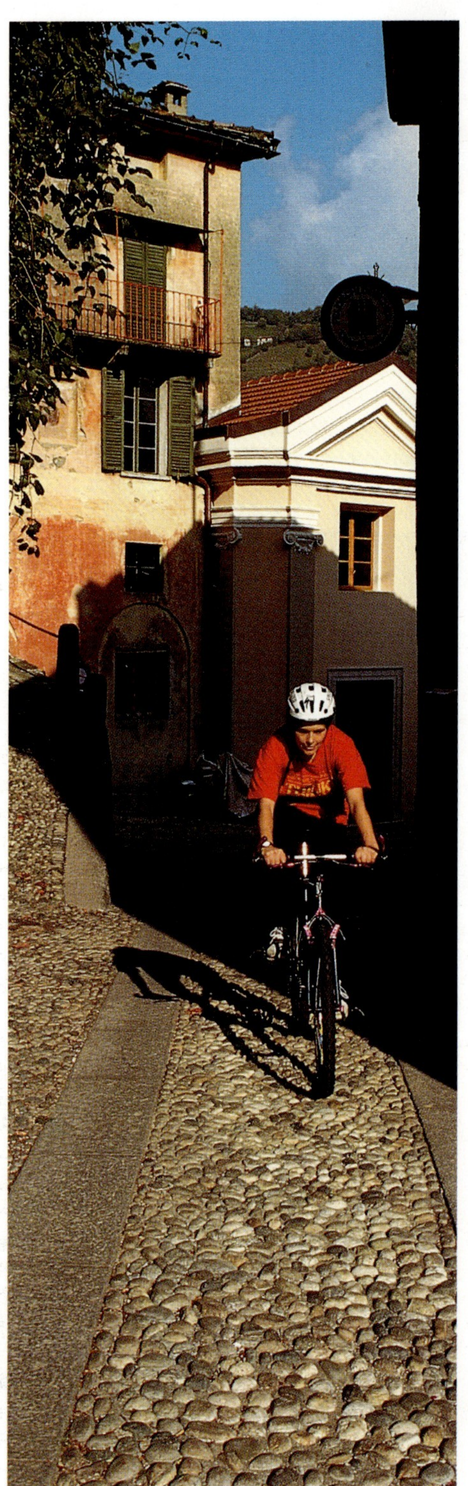

Fahrt durchs Dorf: Casima liegt an der Muggio-Rundstrecke, in die hier die Mountainbike-Abfahrt von Bella Vista, der Mittelstation der Generoso-Bahn, mündet (Tour 34).

nicht unbedingt nötig ist, sich aber durchaus lohnt.

Muggio–Chiasso: Von Muggio zurück nach Cabbio, und auf der linken Talseite über Bruzella und Caneggio nach Morbio Superiore am Ausgang der Valle die Muggio. Hinüber nach Vacallo und hinab zur Breggia-Brücke. Durch Chiasso, den Wegweisern Centro und Stazione FFS folgend, zum Bahnhof (238 m).

Nützliche Informationen 

Ausgangsort: Bahnhof Mendrisio (328 m).
Zielort: Bahnhof Chiasso (238 m).
Unterkunft: Albergo Bruzella in Bruzella, Tel. 091/684 11 17. Osteria Cervo in Cabbio, Tel. 091/6841152. Ostello in Scudellate; die Osteria Manciana ist auch dort, Tel. 091/6841136.
Einkehr: In den meisten Dörfern unterwegs.
Karten: 296 Chiasso; 1373 Mendrisio. Monte Generoso-Karte; *vgl. Tour 34.*
Variante: Von Capolago mit der Generoso-Bahn bis Bella Vista und Abfahrt auf *Route c* der *Tour 34* nach Casima (nur für Mountainbike). Wer die Valle di Muggio noch besser kennenlernen will, fährt von Muggio über Scudellate bis Roncapiano (960 m) am Ende der Talstraße; 300 Höhenmeter und 6,5 km mehr (ein Weg).
Sehenswertes: Die barocke Pfarrkirche Sant' Eusebio in Castel San Pietro. Das von ehemaligen Ackerterrassen umgebene Kirchlein San Giovanni di Tur gegenüber von Muggio. Die restaurierte Mühle von Bruzella ist manchmal in Betrieb und beherbergt zudem ein Museum; der teilweise befahrbare Weg zum Mulino zweigt nördlich außerhalb des Dorfes von der Kantonsstraße ab; Tel. 091/6841188. Casa unifamiliare von Mario Botta in Morbio Superiore.
Literatur: Alberto Nessi, Terra Matta, Zürich 1983: drei Erzählungen aus dem Mendrisiotto.
Besonderes: Museo etnografico della Valle di Muggio, 6838 Cabbio, Tel. 091/6841068; man kann dem Verein auch beitreten. Er gibt eine Zeitschrift heraus; quaderno n° 1 ist den nevère (Schneegrotten) gewidmet.
Anschlußtouren: *33, 34, 36.*

36 Italia bella

Vom Luganer zum Comer See:
Caprino/Cavallino – Arogno – Valle d'Intelvi – Cristé – Casasco – Colma di Schignano – Monte Bisbino (1325 m) – Sagno – Chiasso

Charakter: 23 Minuten braucht der Schnellzug von Lugano nach Chiasso, das Auto für die 26 km rund eine halbe Stunde. Zu Fuß benötigt man auf Wanderwegen zwei Tage. Mit dem Bike genügt ein langer Halbtag. Aber es wäre schade, auf der anstrengenden und streckenweise schwierigen Fahrt im sehr hügeligen Grenzland ohne Halte, zum Beispiel auf dem südlichsten Berg der Schweiz, einfach durchzureisen. Von Lugano nach Chiasso mit dem Rad oben durch, und im italienischen Speisewagen unten zurück.

Distanz: 46 km, wovon 27 km abseits von Asphalt und 6 km auf der befahrenen Straße zwischen Arogno und der »Ebene der Nüsse« im Intelvi-Tal.

Höhenunterschied: 1730 m Aufstieg, 1760 m Abfahrt.

Zeit:
6 Std.

Jahreszeit:
April bis November.

Italien ist mitten in der Schweiz. Schräg gegenüber von Lugano, auf der anderen Seite der Bucht, liegt die vier Quadratkilometer große Enklave Campione, vom Mutterland durch einen rund ein Kilometer breiten Streifen in der abschüssigen Westflanke des Sighignola getrennt. Und genau durch dieses Stück Schweiz beginnen wir unseren Biketrip an das Ende der Schweiz. Wir betätigen die Pedale auf geheimer Straße oberhalb des 1933 eröffneten Casinò di Campione, wo die Italiener das Geld verspielen, das sie nicht in den Tresoren von Lugano deponieren wollen, und die Schweizer die Gewinne, die sie mit dieser Dienstleistung erzielen. Zollamtlich gehört Campione, das 777 dem

Mailänder Kloster Sant'Ambrogio geschenkt wurde, zur Schweiz, staatlich aber seit 1801 definitiv zur Lombardei und somit zu Italien. 1848 forderten 41 Bewohner von Campione vergeblich den Anschluß an den Kanton Tessin.

Kurz hinter Arogno, in der düsteren Mara-Schlucht, verlassen wir das Tessin in Richtung italienische Valle d'Intelvi. Adamo da Arogno war beteiligt am Bau des Doms von Triest, und Baldassare Longhena aus Maroggia, dem Ausgangspunkt unserer Tour, wenn das Schiff nicht mehr von Lugano nach Caprino bei Campione fährt, baute die Kirche Santa Maria della Salute in Venedig. Bei dieser Aufzählung darf Francesco Borromini aus Bissone zwischen Maroggia und Campione nicht fehlen: Seine barocken Kirchen zieren Rom, sein Bildnis und seine Entwürfe die 100-Franken-Note. Erstaunlich diese Häufung von Steinmetzen und Architekten am Fuß des Sighignola: Auch das Intelvi-Tal ist ein Künstlerland. Lorenzo de Spiazzi war im 13. Jahrhundert Baumeister an den Domen von Mailand und Como, Carlo Carlone schuf im schweizerischen Einsiedeln grandiose Barockfresken. Viele Bewohner der Valle d'Intelvi arbeiten noch heute in der Schweiz, wo sie auch gleich tanken.

Nach dem italienischen Zoll, wo die Radler meistens durchgewinkt werden, kommen wir auf die Hochebene Piano delle Noci, auf der sich ein Golfplatz ausbreitet. Kurz danach verlassen wir die Straße, und der erste von einigen gepflasterten Wegabschnitten beginnt. Die Via ai Monti ist noch gut befahrbar. Ganz anders dann die Militärstraße, die südlich des Dorfes Casasco d'Intelvi gegen den wuchtigen Grenzgipfel Sasso Gordona (1410 m) emporkurvt. Im Ersten Weltkrieg fürchtete sich Italien vor einem österreichischen Umgehungsangriff durch die Schweiz, weshalb ein Straßennetz hinter der Grenze gezogen wurde. Auch auf die Alpe d'Orimento nördlich des Monte Generoso, des höchsten Gipfels zwischen dem Luganer und Comer See, wurde eine Straße erbaut. Sie ist heute geteert und dient als Zugang zum Skigebiet an der Nordflanke des Pizzo della Croce.

Früher war das Rifugio Monte Binate, das auf der Westseite des Bergkammes vom Sasso Gordona zum Monte Bisbino steht, ein Zollhaus gewesen. Heute ist es die gemeinsame Hütte des Club Alpino Italiano und des Skiclubs der Stadt Cantù südlich von Como. Und eine willkommene Einkehr- oder Unterkunftsmöglichkeit für Wanderer, welche die rot-weiß markierte »Via dei Monti Lariani« machen, eine 120 Kilometer lange Höhenroute auf der Westflanke des Lago di Como von Cernobbio bis Sorico. Biker trinken im Rifugio Binate eine dickflüssige cioccolata calda, vor dem Endspurt über die erdig-steinige Panoramastraße zum Monte Bisbino.

Die schweizerischen Wegmarkierungen beginnen schon auf dem Gipfel des Monte Bisbino, so wie auch sonst in der Valle d'Intelvi teilweise Wegweiser stehen, wie sie ei-

Einsame Hochebene in Italien: Novemberstimmung unterhalb Cristé, bei den Case Perini.

gentlich nur in der Schweiz anzutreffen sind. Um vier Uhr nachmittags beginnen wir die Abfahrt Richtung Po-Ebene, die mit einem steilen Abstieg zur Schweizer Grenze beginnt. Doch schon bald können wir fahren, und die Fahrt über den grasigen Rücken zur Bedòla (1065 m), den südlichsten Berg der Schweiz, ist eine der schönsten Bikestrecken im Tessin. Der grob gepflasterte Weg nach Sagno hinab verdient diese Bezeichnung nicht mehr.

In Chiasso steigen wir in den Intercity »Canaletto« von Venezia nach Zürich. Im italienischen Speisewagen stoßen Evi Feller und ich mit Spumante auf die letzte Erkundungsfahrt für »Radtouren im Tessin« an. Nach Bellinzona wird das Essen serviert. Der Merlot del Piemonte steht schon auf dem Tisch. Wie wir durch den Gotthard in die Nordschweiz fahren, kommt die Käseplatte, worauf auch ein Emmentaler liegt. Wir fragen den Kellner, ob es schweizerischer sei. »Ma no«, sagt er, »italiano«.

Streckenbeschreibung

Caprino–Arogno–Piano delle Noci (Valle d'Intelvi): Von Caprino/Cavallino (271 m) auf kurvenreicher, ziemlich steiler Straße im jähen Westhang des Sighignola über Pugerna in den Sattel (684 m) bei der Kirche San Vitale und Abfahrt nach Arogno (606 m). Nach links, oberhalb der Kirche vorbei. Kurz nach der Einmündung der Hauptstraße von rechts steiler Aufstieg (15 Prozent) zu einer Tankstelle.

Kurz darauf verengt sich die Valle Mara zu einer Schlucht. Nach dem Schweizer Zoll steigt die Straße auf 1,5 km trotz einiger Haarnadelkurven sehr steil an (bis 18 Prozent). Nach dem italienischen Zoll geht es fast flach zu einer Straßenverzweigung (845 m). Rechts Richtung Pellio. Über den Piano delle Noci (etwa 890 m). Nach einem Skilift fährt man leicht abwärts durch ein Bachtobel; ausgangs desselben zweigt rechts die Via ai Monti ab.

Piano delle Noci – Cristé – Casasco: Auf der gepflasterten Via ai Monti bis auf ein Flachstück bei Lissiga hinauf, in Sichtweite des Waldes (fährt man im Wald, ist man schon zu weit!). Südwärts einen Zaun überwinden und auf einem teilweise befahrbaren Schotterweg hoch, der in den blau-weiß markierten Wanderweg Nr. 23 mündet. Nach rechts, durch ein Bachtobel und durch einen schwierig zu befahrenden Hohlweg zu einer grasigen Hochebene. Am Ende derselben links dem Waldrand entlang, dann in den Wald hinein. Schließlich führt der Wanderweg durch eine Schneise auf eine Schulter hoch, Cristé genannt (etwa 1130 m; auf dem Wegweiser steht aber 1117 m; westlich Le Bollette). Flach an einem Teich vorbei nach rechts, bis man die Teerstraße unter sich sieht; über einen kurzen Grashang steil hinunter. Auf der Straße hinab; bei der Verzweigung links und flach durch die Vallaccia zur Casa la Bolla, wo man links Richtung Casasco fährt. Knapp 1 km nach der Verzweigung teilt sich unsere Route auf etwa

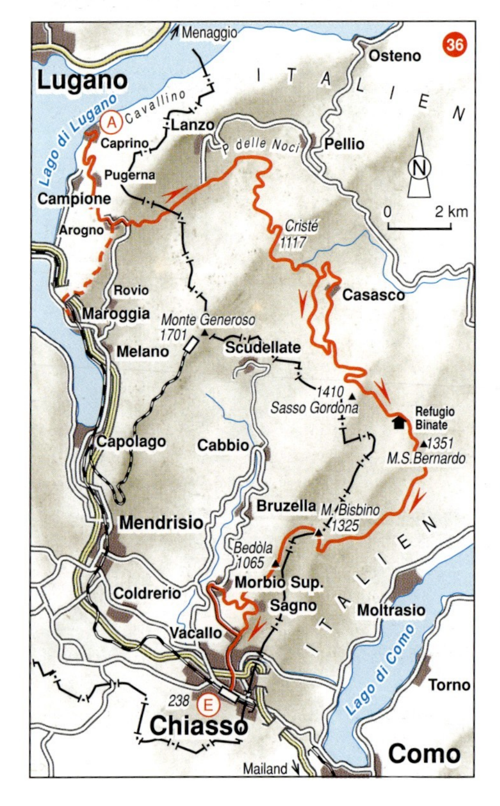

980 m: **1.** Auf einer teilweise gepflasterten mulattiera zur Casa Carolza (1110 m), hinüber nach Ermogna und teilweise steile Abfahrt auf die Verbindungsstraße Casasco–Erbonne; nach links hinab zur Abzweigung (910 m) der gepflasterten Straße zum Sasso Gordona; je 40 Höhenmeter mehr als die folgende Route. **2.** Hinab nach Casasco d'Intelvi; 250 m nach der siebten Haarnadelkurve rechts in den gepflasterten Weg einbiegen, der steil zur Kirche von Casasco (822 m) sinkt.

Casasco–Colma di Schignano: Auf der Straße nach Erbonne leicht ansteigend zur Abzweigung der gepflasterten Straße (ehemalige Militärstraße) zur Alpe di Cerano und Sasso Gordona. Bis zu einer Alp, wo die Straße stark nach rechts biegt, kann gut gefahren werden. Das folgende Stück durch die Kehren bis zur Abzweigung zum Rifugio Prabello verlangt aber viel, sehr viel Stehvermögen auf dem unruhigen Untergrund. Zuletzt geht es wieder etwas bequemer gegen den Ostgrat des Sasso Gordona hinauf (etwa 1190 m), von wo der Weg in die Colma di Schignano (1135 m) führt.

Colma di Schignano–Monte Bisbino: Von der Colma di Schignano auf der Südseite des Grates auf schmalem Weg zu den Hütten von Casino dei Signori, wo man das Bike kurz auf den breiten Weg tragen muß. Er führt mit einigen kurz steilen Abschnitten beim mächtigen, sehr schön gelegenen Rifugio Binate vorbei an den Westgrat des Monte San Bernardo (etwa 1290 m). Abfahrt, kurz sogar auf Teer, rechts des Grates oder auf ihm in einen Sattel (1167 m). Der Fahrweg steigt gegen den Poncione della Costa bis etwa 1190 m und sinkt über den Colmine del Bugone zu einer Wegverzweigung (etwa 1090 m). Steil hinauf (die meisten Biker werden das Rad schieben) zur Alpe Piella; links am Gebäude vorbei zur Teerstraße, die auf den Monte Bisbino kurvt. Zuletzt über Treppen zum Gipfel (1325 m) mit Kapelle und Ristorante.

Monte Bisbino–Chiasso: Zu Fuß auf dem schmalen Wanderweg steil über den Nordgrat hinab zur Grenze Italien–Schweiz. Kurz danach beginnt der Fahrspaß zur Sella Cavazza und über den grasigen, nach Süden streichenden Rücken. Vor der Bedòla

Abgelegener Hügel in der Schweiz: Die Bedòla ist ihr südlichster Berg, und befahrbar bis zuoberst.

(1065 m) – schnell hinauffahren sollte man aber – beginnt rechts des Kammverlaufs ein teilweise sehr ruppiger und steiniger Weg. Beim Wegkreuz der Colmanetta kurz rechts und gleich wieder links hinab nach Sagno. Auf einer Teerstraße durch die Einfamilienhäuser zur Kirche und rechts hinab zu einem Platz, wo sich die Wege nochmals trennen: **1.** Wer noch weiter die Arm- und Handmuskeln belasten will, quert ostwärts durch Sagno hindurch, bis beim Dorfbach der Wanderweg abzweigt, der steil durch Wald nach Vacallo sinkt; **2.** Genußradler sausen auf der großen Straße über Morbio Superiore nach Vacallo (länger, aber schneller). Hinab zur Breggia-Brücke. Durch Chiasso, den Wegweisern Centro und Stazione FFS folgend, zum Bahnhof.

Nützliche Informationen

Ausgangsort: Caprino/Cavallino (271 m) gegenüber von Lugano, gleich nördlich von Campione. Schiff von Lugano zu den Stationen San Rocco (wo die Straße nach Arogno beginnt) oder Cavallino südlich davon; die Schifflände Caprino befindet sich in Cantine di Caprino, von wo ein Weg zur Straße nach Arogno führt. Keine Schiffsverbindung von Ende Oktober bis Mitte März; dann muß vom Bahnhof Maroggia gestartet werden.
Zielort: Bahnhof Chiasso (238 m).
Streckenlängen und Höhenunterschiede: Caprino/Cavallino – Piano delle Noci 11 km, 700 m Aufstieg und 80 m Abfahrt; Piano delle Noci – Casasco 8 km, 240 m Aufstieg und 310 m Abfahrt; Casasco – Colma di Schignano 6 km, 370 m Aufstieg und 60 m Abfahrt; Colma di Schignano – Monte Bisbino 9,5 km, 420 m Aufstieg und 200 m Abfahrt; Abfahrt nach Chiasso 11,5 km und 1090 m.
Unterkunft: In Arogno das Ristorante La Pignatta, Tel. 091/6497405. In Bissone bei Maroggia das Bike & Sleep Hotel Campione, Tel. 091/6499622. Rifugio Binate (1200 m) des Club Alpino Italiano, durchgehend bewirtschaftet von Mitte Juni bis Mitte Sept., sonst an den Wochenenden außer Dez. (nur So.) und Jan./Febr. geschlossen, Tel. 0039/0368/3007288. Rifugio Bugano (1120 m), bewirtschaftet an Wochenenden und Feiertagen von Juni bis Sept., Tel. 0039/031/513808.
Einkehr: In den Dörfern. Gipfelrestaurant des Monte Bisbino sowie gleich unterhalb davon in der Schweiz die Capanna Alpina bei der Sella Cavazza.
Karten: Von der 1:50000-Karte braucht es vier Blätter; besser deshalb die Zusammensetzung Locarno – Lugano; sehr gut die Wanderkarte Monte Generoso im Maßstab 1:25000, die eine Vergrößerung der 1:50000-Karte ist (erhältlich bei der Generoso-Bahn oder beim Verkehrsbüro des Mendrisiotto). Von der richtigen 1:25000-Karte gibt es die Blätter 1353 Lugano, 1373 Mendrisio, 1374 Como.
Variante: Vom Bahnhof Maroggia (277 m) Richtung Lugano bis vor die Brücke über die Mara und rechts. Unter der Bahnlinie hindurch und vor der Autobahn links zur Straße nach Arogno. Auf ihr in ein paar Haarnadelkurven bis zur Abzweigung nach Devoggio. Auf einem schmalen Teersträßchen nach Arogno (606 m), wo man den Wegweisern nach Intelvi folgt. Rund 80 m weniger Aufstieg und Abfahrt.
Sehenswertes: Das Panorama vom Monte Bisbino.
Besonderes: Personalausweis und Lire mitnehmen.
Anschlußtouren: *14, 24–30, 32, 33, 35.*

Ausfahrt

Von zu Hause mit dem Rad zum Bahnhof im Tal, mit der Bahn zur Station in den Bergen, von dort mit dem Rad zum Wanderpfad und wandernd zum Ziel. Oder zu den Felsen und kletternd in die Höhe. Oder gar mit dem Bike bis zum Schnee und mit den Ski zum Gipfel. Neue Horizonte im Berg- und Radsport.

Das Bergfahrrad, besser bekannt als Mountainbike, ermöglicht einen eleganten Zugang zu den Wanderwegen, Kletterrouten und Firnhängen. Langgestreckte Bergtäler beispielsweise, häufig durchzogen von einem Sträßchen durch den Talboden (oder dann die Seite entlang, wenn dieser im See versunken ist), sind läuferisch oder skifahrerisch wenig vergnüglich. Zu Fuß machen solche Anmarschwege, wenn sie sich über Kilometer erstrecken, nur heiße Sohlen; mit dem Auto gibt es Gestank und Lärm, ganz abgesehen davon, daß viele Erschließungssträßchen mit einem Fahrverbot belegt sind. Das Mountainbike hingegen ist leicht und leise, sauber und schnell.

Und nötig! Wer Bike-and-Go-Touren mit Opas Stahlroß oder Tantchens Klapprad unternehmen will, wird am Ort treten. Das Mountainbike jedoch kommt voran. Die breiten Stollenreifen lassen dem spitzen Stein der Schotterstraße keine Chance, der stabile Rahmen sorgt für sichere Fahrt auch bei schwerer Belastung, die 24 Gänge nehmen es – fast – mit jeder Steigung auf, und die zupackenden Bremsen stoppen die Schußfahrt zuverlässig vor der Kuhherde mitten auf der Straße. Ein gutes Tourenrad tut auf der Einrollstrecke zur Tour natürlich auch seinen Dienst und ermöglicht es erst noch, das aufs Minimum reduzierte Gepäck hinten aufzubinden, was die Fahrer, vor allem ihr Gesäß, spürbar entlastet. Wer auf zwei Rädern unterwegs ist, belastet nur sich und belästigt nicht andere. Nicht wie die Berg- und Radsportler, die auf vier Rädern unterwegs sind: Um die am Wohnort oft so spürbar vermißte, saubere Luft einzuatmen, verschmutzen sie diese mit der Anfahrt zu ihrer Outdoor-Aktivität noch zusätzlich. Und stören die Biker, die beim Bahnhof oder bei der Schifflände losgeradelt sind. Natürlich braucht es mehr Kraft und Zeit, unten loszufahren, vielleicht gar noch mit dem Seil im Rucksack oder den aufgebundenen Ski am Rahmen. Aber die Er-Fahrung, die man dafür kriegt, ist unbezahlbar.

Bike and hike: Das reimt sich perfekt. Kein Buchstabe zu viel und kein Gepäckstück. Gute Schuhe braucht man beim Bergfahren und Bergwandern, Getränke und Zwischenverpflegung auch. Andere Kleider sind nicht nötig. So weit und so hoch fahren, bis es nicht mehr geht, und dann zu Fuß weiter. Der Lohn winkt bei der Rückkehr: Fahrtwind und Fahrvergnügen statt Muskelkater in den Oberschenkeln. Das gleiche gilt für bike and climb sowie bike and ski, obwohl dafür schon mehr Gepäck aufs Rad kommt.

Drei Touren werden hier näher vorgestellt, vom Lago Maggiore aufwärts gegen den Gotthard. Und wie wär's damit: mit fairen Mitteln aufs Rheinwaldhorn (3402 m), den höchsten Gipfel des Tessins? Von Biasca (293 m) an der Bahnlinie Deutschland–Italien nach Malvaglia rollen und durch das gleichnamige Tal bis hinter Cusié (1666 m) fahren. Zu Fuß auf die Alpe di Quarnéi (2048 m), wo 1998 eine neue Berghütte der Società Alpinistica Bassa Blenio eingeweiht werden soll. Am andern Tag auf dem Wanderweg in den Passo del Laghetto und über die Westflanke auf die Adula, wie der Berg im Ticino heißt. Was für eine Ausfahrt!

Fahrvergnügen: Von den weißen Bergen bis zu den blauen Seen – wer das Rad als Zweck und als Mittel einsetzt, kriegt viel frische Luft und neue Ansichten.

FIRN
XTREM

37 Bike and hike

Gridone: Brissago – Piodina – Cortaccio (1067 m) – Gridone (2188 m)

Charakter: Atemberaubende Tour über dem tiefsten Punkt der Schweiz zu einem ihrer besten Aussichtsberge. Die schmale Straße steigt unbarmherzig, der Fußweg ist gelenkschonend, und weit oben klebt das neue Rifugio Al Legn am Grat: Welch ein Platz über dem Lago Maggiore! Nur für trittsichere Rad-Wanderer.

Distanz: 15 km mit dem Rad. **Höhenunterschied:** 900 m per Rad, 1100 m zu Fuß – oder mit Ski.

Zeit: Aufstieg 2 und 3 Std., Abstieg 1 Std., Abfahrt 30 Min.; insgesamt 6½ Std.

Jahreszeit: Sommer und Herbst. Im Winter und Frühling mit Ski.

Zweitausend Meter schießt der Gridone vom Ufer des Lago Maggiore in einem Zug in die Höhe, und auf der anderen Seite fällt er um fast gleich viele Meter in die Schlucht der Melezza orientale ab. Ein gewaltiger Berg, der höchste über dem langen See. Alle, die oben waren, rühmen sein Panorama. Bei klarer Sicht sieht man vom Gridone den ganzen Alpeninnenbogen, vom Monte Viso hinter Turin über die Schweizer Alpen bis zur Grigna ob Bergamo, und am Ende der Veltlin-Furche zeigen sich noch die Dolomiten. Im hochsommerlichen Dunst begnügt man sich mit dem Tiefblick auf den Lago Maggiore.

Viele Routen führen auf den Ghiridone oder Monte Limidario, wie der Grenzgipfel zwischen der Schweiz und Italien auch heißt: Wege für Wanderer, Alpinisten und Skifahrer. Wer einmal im Frühling in einem Straßencafé von Ascona gesessen ist, neben sich die sonnenhungrigen Touristen von der Alpennordseite, über sich den blauen Himmel und vor sich den gleichfarbigen Lago Maggiore, über dem sich die weißen Hänge des Gridone aufbauen: Diesen Anblick wird man nicht vergessen. Und auch nicht das

Gefühl, dort ein paar Stunden zuvor Spuren in den Schnee gelegt zu haben. Noch besser ist das Gefühl, wenn man den ganzen Weg vom Ufer zum Gipfel und zurück mit eigener Muskelkraft zurückgelegt hat, sommers wie winters. Übrigens: Die Rad-Strecke zum Gridone ist die kürzeste in diesem Führer, doch keineswegs die leichteste. Die Steigung ist brutal: Da ist eine kleine Übersetzung und ein großes Stehvermögen gefragt – und bei der Abfahrt gute Bremsen.

Wer sich den strengen Aufstieg einteilen will, logiert in einer der schönstgelegenen Hütten des ganzen Tessins: Das neu erstellte, am 19. August 1995 eingeweihte Rifugio Al Legn liegt auf 1800 Meter und schier senkrecht oberhalb Brissago. Gegen die Aussicht von der Hütte verblaßt gar diejenige von der prächtigsten Villa am Lago Maggiore. Dort oben bei Sonnenuntergang die selbst heraufgetragenen und gekochten Spaghetti essen: einfach bellissimo! Gesteigert wird der Genuß, wenn man sich dann eine Brissago gönnt, jene typische, gekrümmte Virginia-Zigarre, die seit 1847 am Fuß des Gridone gerollt wird.

Streckenbeschreibung

Radstrecke: Von der Schiffanlegestelle (197 m) in Brissago hinauf auf die Seestraße. Richtung Italien und auf der Höhe der Kirche Madonna del Ponte scharf rechts ins Dorf Piodina (351 m) und zur Ferienhäuschensiedlung Cortaccio (1067 m); die nach Piodina schmale und meist schattige Straße kurvt mit durchschnittlich knapp 13 Prozent

Grashang: Fahren so weit es geht und dann zu Fuß weiter, zum Beispiel im Hochsommer am Gridone hoch über dem Lago Maggiore.

und mit maximal 20 Prozent gegen den Gridone hoch.

Fußstrecke: Von Cortaccio auf dem Wanderweg nach Penzevrone, wo man den rechten Weg wählt, der in ein Tälchen hinein- und auf einen Rücken hochzieht. Über diesen zum Rifugio Al Legn (1800 m) und Schräganstieg zur Bocchetta di Valle (1948 m). Querung der abschüssigen Nordflanke von P. 2138 m zum Südostgrat des Gridone und auf dem ausgesetzten Pfad in Italien zum Gipfelkreuz (2188 m). Zurück in die Bocchetta di Valle, doch nun auf der andern Seite der Valle di Vantarone über die Alpe Voiee zurück nach Penzevrone und Cortaccio.

Nützliche Informationen 

Ausgangs- und Zielort: Brissago (197 m); hierher am schönsten mit dem Schiff von Locarno (Radtransport kostete 1996 vier Franken). Man kann auch mit dem Rad über Ascona anfahren: 10 km für eine Strecke.

Unterkunft: Rifugio Al Legn (1800 m) oberhalb der Alpe Arolgia (P.1804 m), gehört der Associazione Amici della Montagna von Brissago, Selbstversorgerhütte mit zwölf Plätzen, offen von Mai bis Okt.; immer offener Notraum mit zwei Betten. In Brissago mehrere Hotels.
Einkehr: Osteria Borei auf etwa 800 m; Do. Ruhetag.; Nov. bis Dez. offen nur Fr. bis So.; Jan./Febr. ganz geschlossen.
Karten: 286 Malcantone; 1332 Brissago.
Führer: Giuseppe Brenna, Tessiner Alpen, Band 1: Vom Gridone zum Basòdino, Verlag Schweizer Alpen-Club. Daniel Anker, Gipfelziele im Tessin, Bruckmann Verlag, München 1993.
Variante: Mit Ski; bis zum Vorgipfel mäßig schwierig, der Weiterweg zum Gipfel jedoch alpin und ausgesetzt – sehr gute Skibergsteiger steigen zuoberst in die Bindungen. Aufstieg und Abfahrt wie Sommerrouten, aber von der Bocchetta di Valle durch eine Ostmulde hoch, aus der steil zum Südostgrat des Vorgipfels (2138 m) ausgestiegen wird. Dort oben meistens Skidepot und über den abschüssigen, teilweise verwächteten Grat zum Gipfelaufbau, der über die jähe Südwestflanke erklommen wird. Mehr dazu in: Willy Auf der Maur: Alpine Skitouren, Band 1: Zentralschweiz–Tessin, SAC-Verlag.
Sehenswertes: Die Brissago-Inseln aus einer anderen Perspektive.
Und: Der Wasserkanal aus der Valle della Pioda nach Cortaccio, der restauriert wurde, auch wenn das Wasser heute nicht mehr zum Bewässern der Alpweiden gebraucht wird. Wegweiser »Il Canalitt« am Ende der Straße beachten. Mehr dazu bei Angelo Valsecchi, L'antico acquedotto del Cortaccio (im Ente turistico von Brissago erhältlich).
Besonderes: Mehr bike and hike: Pizzo Leone (1659 m) vom Straßenende (1260 m) oberhalb der Monti di Ronco; *vgl. Tour 21.* Sassariente (1767 m) von den Monti di Motti (1067 m); *vgl. Tour 16.* Corno di Gesero (2227 m) von der gleichnamigen Hütte (1774 m); *vgl. Tour 13.* Cima di Biasca (2574 m) von der Capanna Cava (2066 m); *vgl. Tour 8.*
Anschlußtour: *22.*

38 Bike and climb

Valle di Gorduno: Bellinzona – Gorduno – P. 783 m – Bedretto (1283 m)

Charakter: Ganzheitliches Outdoorvergnügen für umweltbewußte Sportler: Bei der Anfahrt mit dem im Bahnhof Bellinzona gemieteten Bike vor allem die Oberschenkelmuskeln spielen lassen und nachher mit den Zehen- und Fingerspitzen über die Granitplatten der Valle di Gorduno tanzen, in der Sonne und im vierten bis sechsten Schwierigkeitsgrad. Fast ein Plaisir von einer Haarnadelkurve zur anderen, ganz sicher eines von Bohrhaken zu Bohrhaken.
Distanz: 9,2 km vom Bahnhof Bellinzona zum ersten und größten Klettersektor bei P. 783 m. 14 km als reines Bergzeitfahren auf schmaler Teerstraße bis aufs Maiensäss Bedretto.
Höhenunterschied: 550 m bis zu den untersten Kletterfelsen, und nochmals 500 m bis ganz oben.
Zeit: 1 Std. zum Einstieg (mit Rucksack), plus 45 Min. für den Bike-Ausstieg ohne Seile und Karabiner.
Jahreszeit: Am schönsten im Frühling und Herbst; im Sommer entweder früh oder spät; wenn schneefrei auch im Winter.

»Im Winter klettert man ab 8.30 im T-Shirt an der Sonne«, verspricht Jürg von Känel in seinem rund 18000 Mal verkauften Führer »Schweiz plaisir – die schönsten Klettereien« über die Granitplatten der Valle di Gorduno in der Nähe von Bellinzona. Gleichzeitig ermunterte der Erfolgsautor seine Genießer in der ersten Auflage von 1992: »Übrigens kann man das Auto auch unten im Dorf lassen, denn mit einer mittleren Kondition ist man in einer Stunde im Klettergebiet und erspart damit den Anwohnern viel Ärger.« Offenbar gewöhnten sich die Einwohner von Gorduno und die Ferienrusticibesitzer im gleichnamigen Tal an die

***Felswand:** Bis an den Fuß der Granitplatten in der Valle di Gorduno rollen und dann anseilen, während die Frühlingssonne lacht und der Firn schmilzt.*

automobilen Climbers. In der zweiten Auflage von 1996 warnt Jürg von Känel seine Fangemeinde nämlich so: »Achtung: Autos so parken, daß die Durchfahrt nicht beeinträchtigt wird.«

Wir schlagen einen dritten Zustieg vor: mit dem Bike vom Bahnhof Bellinzona. Das Rad hat gegenüber der Wanderung einen großen Vorteil: Man ist nach dem Vergnügen in den Kletterfelsen rascher wieder zurück in der Ebene. Das geteerte Sträßchen ist fürs Wandern ohnehin nicht besonders geeignet. Hingegen kommt man mit dem Rad beim Hinauffahren natürlich mehr ins Schwitzen, aber wir können die Zusatzanstrengung ohne weiteres als gutes Aufwärmen abbuchen. Aufgepaßt bei der sausenden Schußfahrt. Am besten den Kletterhelm gleich aufbehalten und daran denken, daß das zusätzliche Gewicht der Ausrüstung auf der steilen Straße den Bremsen zusetzt.

Einige Leute, welche die Valle di Gorduno aufsuchten, schleppten gar Felsen mit nach Hause. Freilich nicht zum Klettern, sondern zum Untersuchen. Auf der Alpe Arami oberhalb der Sommersiedlung Bedretto, wo die Straße durch die steile Valle di Gorduno endet, hatte der Zürcher Geologieprofessor Ulrich Grubenman nach der Jahrhundertwende ein besonderes Gestein entdeckt, das nicht recht in die Umgebung paßt. Spätere Forscher fanden heraus, daß es eigentlich in

den bis 100 Kilometer tiefen Erdmantel gehört. Ende des 20. Jahrhunderts wiesen der kalifornische Gesteinskundler Harry W. Green und seine Kollegen nach Untersuchungen mit dem Elektronenmikroskop nach, daß das Ilmenit-Mineral, welches im Arami-Gestein eingeschlossen ist, gar aus einer Tiefe von 400 bis 600 Kilometern stammt. Dieser Fund weise auf viel tiefergreifende Kontinentalbewegungen hin als bisher angenommen, sagen die einen Forscher. Andere Erdwissenschaftler sind skeptisch, ob das in der Valle di Gorduno aufgetauchte Mineral die gängige Lehrmeinung der Plattentektonik umstürzen kann.

Streckenbeschreibung

Radroute: Vom Bahnhof Bellinzona (238 m) nordwärts in die Via Lodovico il Moro und zum Piazzale Mesolcina (227 m). Westwärts durch die Via Giuseppe Motta, durch die nach der Einmündung der Via Mirasole auch der Radweg Ascona–Arbedo verläuft. Auf diesem zur großen Kreuzung bei der Brücke von Arbedo nach Gorduno (240 m). Über die Brücke und rechts nach Gorduno. Links ins Dorf hinein und hindurch zu den Wegweisern Monti di Gorduno. Der Aufstieg beginnt so richtig; die schmale Teerstraße ist durchschnittlich gut 10 Prozent und maximal 15 Prozent geneigt; Flachstücke zum Erholen gibt es nicht. Bei der zehnten Haarnadelkurve (P. 783 m) verstecken sich die Felsen mit den meisten Kletterrouten der Valle di Gorduno; in der Nähe wartet der Sass del Brinscior mit drei Plaisir-Routen auf. Die andern Sektoren liegen weiter oben, derjenige von Ladrescio auf der Höhe der zweitletzten Kehre. Ein letztes Mal in die Pedale treten, und auf dem Maiensäss Bedretto (1283 m) lassen wir uns ausgepumpt in die Wiese fallen.

Kletterrouten: Den Genußführer konsultieren.

Nützliche Informationen

Ausgangs- und Zielort: Bahnhof Bellinzona (238 m).
Unterkunft: Auf dem Klettergartengelände von Bellinzona befindet sich ein kleiner Zeltplatz; Auskunft, Tel. 091/8 26 13 31. Zeltplatz in Arbedo bei der Gorduno-Brücke, Tel. 091/8 29 11 18.
Einkehr: Ein Grotto auf Lapramù (ca. 920 m). Viele Brunnen entlang der Strecke. Vier Ristoranti und Grotti in Gorduno.
Karten: 276 Val Verzasca; 1313 Bellinzona.
Führer: Jürg von Känel, Schweiz plaisir, Band Ost, Filidor-Verlag, CH-3713 Reichenbach.
Variante: Von Bedretto in 15 Min. auf einem teilweise befahrbaren Weg auf die Alpe Arami (1446 m), wo die Felsbrocken aus dem Erdinnern gefunden wurden.
Besonderes: Der Klettergarten/Palestra di Roccia von Bellinzona befindet sich direkt über dem nordöstlichen Teil des Bahnhofs Bellinzona. Zugang mit dem Bike in ein paar Minuten: von der Stazione rechts hinab auf die große Straße und Richtung Norden, bis rechts die Via Paradiso abzweigt. Unter den Geleisen hindurch und links zum Gelände. Fünf Franken Eintritt pro Person und Tag. Zur Verfügung stehen 23 Mehrseillängenrouten im zweiten bis siebten Grad und bestem Gneis. Direkt an der Straße nach Giova oberhalb von San Vittore glänzt die Burgplatte mit fünf sonnigen Routen im vierten bis fünften Schwierigkeitsgrad; *vgl. Tour 12.* Zum Plaisir-Klassiker der Leventina, an dessen Schlüsselstellen sich die Climbers fast so stauen wie jeweils beim Rückreiseverkehr die Autos vor der Gotthardröhre, kann ebenfalls gut mit dem Bike von Airolo oder Faido angereist werden; mehr über die Via del Veterano oberhalb Freggio bei *Tour 39.*
Anschlußtouren: *3, 11–16, 24.*

39 Bike and ski

Le Pipe: Faido – Osco – Piano – Le Pipe (2666 m)

Charakter: Sonnige Steilhänge über der Gotthard-Südrampe. Es locken der Pizzo del Sole und vor allem sein vorgeschobener Trabant Le Pipe (2666 m). Dem immer höher steigenden Schneesaum im Winter und Frühling fahren umweltbewußte Ski-Biker nach, auf einer kurvenreichen, bis 13 Prozent geneigten Straße, die im Strada-alta-Dorf Osco vorbeikommt. Kletterer benützen die Strecke bis Freggio, wo sie in die beliebte Genußroute Via del Veterano einsteigen. Nur-Radfahrer machen die Runde über Prodör (1647 m), von wo sie zu einer schnellen Abfahrt nach Faido starten.

Distanz: Von Faido bis Osco gut 5 km, bis Cortino 8 km, bis Sompréi 12 km. Für Nur-Biker: Rundkurs über Prodör 22,5 km.

Höhenunterschied: Rad: Faido – Osco 400 m, Osco – Piano 300 m;
Ski: Piano – Le Pipe 1200 m. Aufstieg nach Prodör: 900 m.

Zeit: 2 Std. pedalen, 4 Std. Ski schieben und dann 2 Std. einfach hinunterfahren. 2¼ Std. für den Prodör-Kurs.

Jahreszeit: Februar bis April mit Ski, Sommer und Herbst ohne.

Le Pipe steht, bildlich gesprochen, etwas im Schatten des gut 100 Meter höheren Pizzo del Sole. Buchstäblich hingegen stiehlt Le Pipe dem Sonnenberg das Licht. Und auch den Rang als Skiberg. Denn vom höchsten Punkt des Berges mit dem ungewohnten Namen sind großartige Abfahrten in alle vier Himmelsrichtungen möglich. Am beeindruckendsten ist sicher das 300 Meter hohe, durchschnittlich 34 Grad steile Südcouloir, dessen Einfahrt man vom Bahnsteig Faido aus sieht, fast 2000 Meter weiter oben. Etwas viele Traversen weist die auf der Skiroutenkarte nicht eingezeichnete Abfahrt über die Westseite auf; sie ist aber trotzdem amüsant, ziemlich sicher (wenn es nicht gerade einen Meter geschneit hat) und landschaftlich einfach bellissima. Da ist die Ausgesetztheit über der Gotthardpassroute mit dem Tiefblick auf das helle Band der Autobahn in der Leventina. Und dann das Panorama: vom Gran Paradiso über die mächtigen Walliser Viertausender zu den markanten Berner Gipfeln. Dazu fast alle großen Tessiner Skiberge, vom Pizzo Forno über Campo Tencia, Basòdino, Cristallina, Blinnenhorn, Pizzo Lucendro, Scopi zur Terri-Gruppe und zur Adula, der höchsten Spitze des Kantons. Vom Pizzo del Sole, der von Le Pipe aus zu Fuß bestiegen werden kann, sieht man allerdings noch weiter. Mehr Fahrvergnügen bringt er allerdings nicht. Und darum geht es ja. Damit dies auch möglich ist, soll der Sonne genügend Zeit gelassen werden, die Südhänge des Livinentals genügend zu verfirnen. Rutscht dabei der Schneesaum ein wenig nach oben, so stört dies Skibiker nicht.

Übrigens: Mit normalen Tourenski ist eine Bike-Ski-Tour eine eher sperrige Sache. Kurzski hingegen zeigen sich als leicht und handlich. Zur Zeit sind der Kästle Firn Extrem und der Streule Firn T 130 auf dem Markt: je 130 Zentimeter lang, 2,3 Kilogramm schwer (dazu die nur ein Kilogramm wiegende Bindung Emery Chrono!) und hervorragend zum Fahren. Und noch ein Materialtip: Mit Tourenskischuhen ist das Radeln kein Vergnügen; deshalb in den Innenschuhen fahren, und die Schalen in den Rucksack stecken. Leichter sind Kunststoff-Bergschuhe, und mit ihnen kurvt sich auf zwei Rädern wie Brettern überraschend locker.

Streckenbeschreibung

Radweg: Gleich beim Bahnhof Faido (755 m) beginnt die kurvige Bergstraße über Mairengo nach Osco (1157 m). Nach dem Weiler Vigera, wo man rechts abbiegt, beginnt das geteerte Sträßchen stärker zu steigen. Je nach Schneegrenze bis Cortino (etwa 1450 m) oder Iéi, von wo man noch bis Piano (1528 m) fährt. Liegt der Schneesaum noch weiter oben, steigt man über Tarnolgio bis Predèlp und noch weiter nach Sompréi

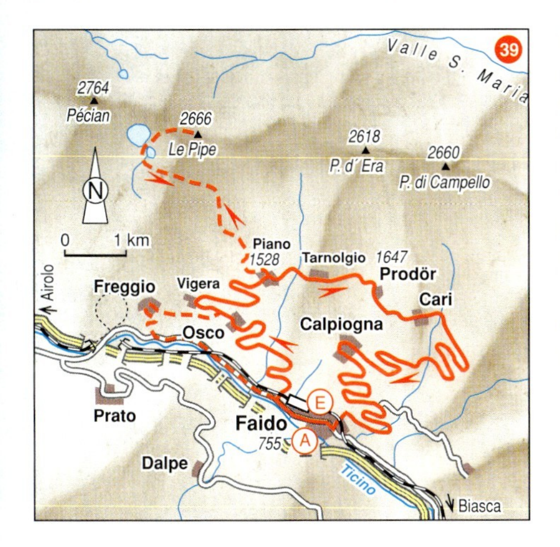

Schneeflanke: Dem Transitkorridor den Rücken zudrehen und auf den kontrastreichen Le Pipe steigen, zuerst per Rad und dann per Ski.

(1848 m). Ohne Ski rollt man von Tarnolgio auf der Panoramastraße nach Prodör (1647 m) und saust auf meistens breiten Straßen über Carì, Molare und Campello ins Dorf Faido (711 m) zurück. Diese Rundtour kann gut als zweiter Streckenteil in die dreiteilige Leventina-Fahrt Strada asfaltata eingesetzt werden, als Ersatz für die Runde über Motto di Gribbio *(vgl. Tour 9).*

Skiweg: Von Cortino oder Piano über die Sonnenhänge nach Sompréi. Nordwärts hinauf nach Piano Pozzach. Leicht links haltend eine größere Steilstufe (kurz 35°) beim Uomo di Vigera überwinden und weiter in die Mulde Stabbio dei Vitelli (etwa 2200 m). Westwärts in einer Folge von Mulden und Rücken ins Tälchen bei P. 2290 m und schräg hinauf zum unteren Chièra-See. Hinauf zum Wall, der die beiden Laghi di Chièra trennt. Über liebliche Westhänge zum Gipfel von Le Pipe (2666 m), der von Süden erreicht wird. Abfahrt wie Aufstieg, oder direkt durchs Südcouloir. Eine Tour für Genießer und gute Skifahrer.

Nützliche Informationen

Ausgangs- und Zielort: Faido (755 m), wo viele Gotthard-Schnellzüge halten. Von dort fährt auch im Winter ein Postauto (am Wochenende nur selten) nach Osco (1157 m) und im Sommer über Prodör nach Carì (1622 m) und zurück nach Faido. Im Bahnhof Faido können keine Räder gemietet werden.
Unterkunft: In Faido mehrere Hotels. In Osco das Albergo Marti, Tel. 091/8661189; hier auch Auskunft zum Ostello. Oberhalb Prodör die gleichnamige Capanna (1757 m) der UTOE, 50 Plätze, zeitweise bewirtschaftet, geschlossen, Schlüssel im Ristorante Carì in Carì. Zeltplatz in Primadengo bei Faido, Tel. 091/8661043.
Einkehr: In Faido, Mairengo und Osco.
Karten: 266 Valle Leventina; 1253 Ambrì-Piotta.
Führer: Daniel Anker/Pius Fähndrich, Skitouren Schweiz, Band 3: Zentralschweiz – Tessin, Steiger Verlag. Willy Auf der Maur, Alpine Skitouren, Band 1: Zentralschweiz – Tessin, SAC-Verlag.
Variante: Start in Airolo (1141 m) und 13 km durch die Leventina hinab bis in die Piottino-Schlucht unterhalb Rodi-Fiesso. Beim Ausgang derselben scharf nach links (Wegweiser Osco); hierher auch vom Bahnhof Faido (755 m) talaufwärts auf der Hauptstraße; 3 km. Von der Ticino-Brücke (865 m) 3 km nach Freggio (1037 m) hochfahren und nochmals 1,5 km nach Osco.
Bike and climb: Mehr über die längste Genußkletterei der Alpensüdseite oberhalb von Freggio bei Jürg von Känel, Schweiz Plaisir, Band Ost, Filidor Verlag, 3713 Reichenbach.
Und noch ein Tip zum Wandern: Mit dem Bike bis Sompréi (1848 m) und auf dem Wanderweg zu den Geißen und zum Gipfelkreuz auf dem Pécian (2662 m).
Besonderes: Weitere Bike and Ski-Ziele über dem Ticino: Von Ambrì (980 m) nordseitig auf Naturstraße hinauf nach Gioett (1464 m) oder gar Cassin (1624 m) und über Pulverschneehänge auf den Poncione di Tremorgio (2669 m) oder Madone (2710 m). Von Biasca (293 m) durch die Val Pontirone bis zum Ponte Sceng (1216 m) und über die Capanna Cava auf die Cima di Biasca (2574 m) – eine Ostertour auf der Alpensüdseite abseits voller Straßen und Unterkünfte; *vgl. Tour 8.*
Anschlußtouren: *9, 10.*

Rückfahrt

Velodysse

»Sechs Tage des Vaterlands Hügel durchbraust schon die rollende Tour
aber vom siebenten sing ich zur Leier und öffne die Klappe
preisend die Taten der Straßengiganten der schwersten Etappe.
Startort Bellenz im weinlaubgeschmückten milden Tessintal,
Abschied winkten gewaltig die feurigen Schweizer des Südens.
Friedlich führen zunächst auf asphaltgeglätteten Wegen
die Asse die stählernen Rößlein dem Walle der Alpen entgegen
geschlossen das Feld und gratis gespendet in jeglichem Lunchsack
steckt die reklamegeladene, milchig gelöste Maltine
und um die atmende Brust und den muskelgepanzerten Bauch auch
legt sich geschlungen in edelgeschwungenem Schwung der
Ersatzschlauch.«

Arnold Kübler, Velodysse. Ein sportliches Epos,
Diogenes Verlag, Zürich 1955

Der Schweizer Schriftsteller Arnold Kübler (1890–1983) verfaßte dieses »Dreh-Rad-Lied«, wie er es nannte, in Anlehnung an Homers Epos ebenfalls in Hexametern. Die modernen Helden waren aber Ferdy Kübler (nicht verwandt mit dem Dichter) und Hugo Koblet, zwei der größten Radrennfahrer, welche die Schweiz je hatte. Bei der Tour de Suisse von 1950 und 1953 siegte Koblet je in der sechsten Etappe von Luzern nach Bellinzona und legte damit den Grundstein für die beiden Gesamtsiege im prestigereichsten Radrennen der Schweiz, das der »pedaleur de charme« 1955 noch zum dritten Male gewann. 1951 hatte Koblet gar die Tour de France gewonnen. Auch Ferdy Kübler, Sieger der Tour de France von 1950 und Radweltmeister von 1951, war zwischen 1942 und 1951 dreimal in der Tour de Suisse erfolgreich. Seine erste Etappe dieser Rundfahrt überhaupt gewann er 1942 in Bellinzona, und 1947 startete Ferdy national hier zu einer Fahrt, die schweizerische Radsportgeschichte schrieb. Kurz nach dem Start in Bellenz riß Kübler aus und erreichte nach einer Solofahrt von 208 Kilometern über die Pässe Gotthard und Furka, verfolgt von den damals besten Radrennfahrern der Welt (Coppi und Bartali), als erster das Ziel in Sion.

Arrivederci Ticino: Über das Kopfsteinpflaster der legendären Tremola pedalt eine ciclista vom Süden in den Norden.

40 Via helvetica

Passo del San Gottardo: Airolo – Val Tremola – Gotthardpass (2108 m) – Hospental – Andermatt – Schöllenen – Göschenen

Charakter: Sankt Gotthard: der Paß der Pässe. Die Tremola: Inbegriff einer Paßstraße. 24 Haarnadelkurven, die sich durch die Val Tremola zum Ospizio emporwinden. Früher stauten sich auf dem Kopfsteinpflaster die Fiats und Fords, heute haben die ciclisti die berühmtesten Kurven des Tessins fast für sich allein. Im Norden warten andere mythische Orte: Teufelsbrücke und Schöllenenschlucht. Die alte Gotthard-Straße ist zwischen Airolo und Hospiz fast durchgehend gepflastert: Paris – Roubaix in den Bergen. Oben ein letzter Blick nach Süden: arrivederci Ticino!

Distanz: 31 km.
Höhenunterschied: 970 m Aufstieg, 1000 m Abfahrt.

Zeit:
3½ Std.

Jahreszeit: Juni bis Oktober, wenn die Wintersperre aufgehoben ist; Auskunft Polizeiposten Andermatt, Tel. 041/8871117.

Wieviele Radfahrer von Juni bis Oktober, wenn die Straßen vom Schnee geräumt sind, den Gotthardpass passieren, ist nicht bekannt. Was hingegen bekannt ist: 1707 sprengte der Tessiner Baumeister Pietro Morettini oberhalb der Teufelsbrücke einen Tunnel von 64 Meter Länge, 2,4 Meter Breite und 2,7 Meter Höhe durch den Felsen: der erste Alpentunneldurchstich. Damit war das Hindernis der stiebenden Brücke in der Schöllenenschlucht umgangen.

Im 18. Jahrhundert traversierten 15000 bis 16000 Personen jährlich den Paß, die Säumer nicht eingerechnet. Davon waren 4000 bis 5000 Handwerker aus dem Süden, die auf der Alpennordseite Arbeit suchten, und rund 5000 Kaufleute und Wallfahrer. Unter den gewöhnlichen Paßreisenden befanden sich Leute wie Johann Wolfgang von Goethe.

Die Straße durch die Val Tremola wurde zwischen 1826 und 1830 gebaut. Damit wurde die Paßstraße mit bespannten Fuhrwerken befahrbar. 1876 beförderte die Post 69547 Personen über den Gotthard. Um 1900 fuhren die ersten Automobile illegal über die Paßstraße. Die Urner Regierung gab die Straße erst 1906 versuchsweise und täglich während fünf Stunden frei. 270 Automobilisten machten im ersten Sommer davon Gebrauch.

Von 1872 bis 1882 bohrten mehrere Tausend mehrheitlich miserabel bezahlte Arbeiter den 15 Kilometer langen Gotthard-Eisenbahntunnel. 177 Mann starben im Tunnel an Unfällen, vier streikende italienische Arbeiter erschoß die Urner Miliz im Jahre 1875. 2000 Pferde und Maultiere gingen drauf.

Jährlich rollen dreizehn Millionen Tonnen Waren auf der Gotthardbahn durch die Kantone Uri und Tessin. Zehn Prozent davon sind Gefahrengüter. 250 Personen- und Güterzüge fahren täglich durch die Täler der Reuss und des Ticino. Das macht pro Stunde mehr als zehn Züge.

Von 1954 bis 1980 wurde wegen des aufkommenden Transit- und Reiseverkehrs der schienengebundene Autoverlad zwischen Göschenen und Airolo betrieben; im Winter und Frühling war der Paß ja geschlossen. An Spitzentagen benützten in beiden Richtungen bis zu 8000 Fahrzeuge die rollende Straße.

Von 1976 bis 1980 wurde die Autostraße über den Gotthard erstellt, welche die Val Bedretto mit weitausholenden Kurven »überfährt«. Diese Superstrada ist für die Radfahrer teilweise verboten, wird von ihnen aber insbesondere bei der Abfahrt zu Recht immer wieder benützt, weil der Belag viel besser ist als bei der alten Straße und weil man weniger bremsen muß.

Während der rund 170 Tage, an denen die Autostraße über den Gotthard schneefrei ist, brausen 500000 Autos, Lastwagen (vor allem mit hochexplosiven Stoffen, die nicht durch den Tunnel transportiert werden sollten) und Töffs von Norden nach Süden und umgekehrt.

Von 1969 bis 1980 bohrten bis zu 720 Arbeiter gleichzeitig den zweispurigen Gotthard-Straßentunnel. Bei seiner Einweihung war er mit 16,3 Kilometern der längste Straßentunnel der Welt. 19 Opfer waren beim Bau zu beklagen.

An den fünf Tagen zwischen Gründonnerstag und Ostermontag 1995 fuhren total 128932 Fahrzeuge durch den Gotthard-Straßentunnel. Das waren 6765 Fahrzeuge mehr als im Jahr zuvor über Ostern. Bei der Hinreise staute sich der Verkehr vor dem Nordportal während knapp 33 Stunden auf einer Länge von bis zu 15 Kilometern. Bei der Rückreise staute sich die ungefähr gleiche Verkehrslawine vor dem Südportal während knapp 22 Stunden auf einer Länge bis zu zehn Kilometern.

Trotz der Annahme der eidgenössischen Alpeninitiative im Jahre 1994, welche unter anderem den Gütertransport von der Straße auf die Schiene verlagern will, nahm der Schwerverkehr am Gotthard in zwei Jahren um 20 Prozent zu. Pro Werktag lärmen 3500 Lastwagen über die Autobahn A2, Tendenz weiter steigend.

Automobilverbände und Lastwagengewerbe fordern seit Beginn der neunziger Jahre eine zweite Straßenröhre durch den Gotthard.

Ob die NEAT – die Neue Eisenbahn-Alpentransversale – wie geplant einmal von Erstfeld nach Bodio bei Biasca den Gotthard völlig untertunneln wird, ist derzeit noch ungewiß.

Sondiertunnels, um die heiklen geologischen Verhältnisse für den 57 Kilometer langen Basistunnel abzuklären, werden an verschiedenen Stellen vorangetrieben. Um das Vorhaben aber auch politisch und finanziell durchzuziehen, braucht es noch andere Sondierbohrungen.

Das Hospiz des Sankt Gotthard: Hier drehte Johann Wolfgang Goethe dreimal um – er machte den Abstieg ins Tessin nie. Auf seiner Italienreise traversierte er die Alpen über den Brenner.

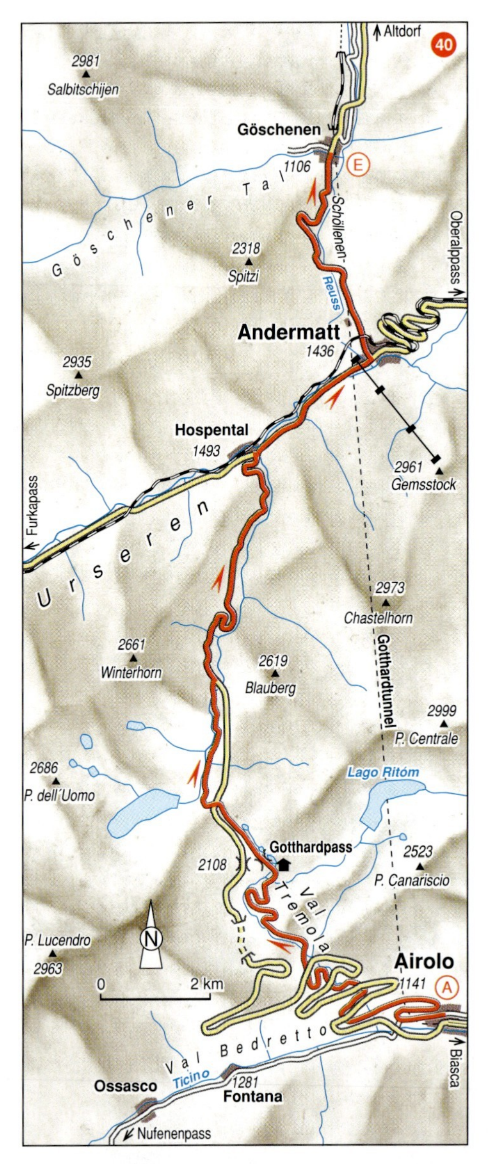

Heute fährt die Bahn in gut acht Minuten von Airolo nach Göschenen. Wie lange die Radfahrer oben durch brauchen, hängt nur zum Teil von ihren Fahrzeugen ab.

Streckenbeschreibung

Airolo–Passo del San Gottardo: Vom Bahnhof Airolo (1141 m) hinauf auf die Dorfstraße. Westwärts durchs Dorf hindurch und auf der alten Gotthardstraße in zehn Kehren (bei der ersten nicht links auf die Autostraße!) hinauf auf die Verflachung von Motto Bartola (1527 m). Hier muß man aufpassen, daß man nicht in die Einfahrt zur Autostraße gerät. Den Wegweisern zur Val Tremola folgend in vier Kehren hoch zum »Tal des Zitterns«, wie die wörtliche Übersetzung lautet. Nach der Foss-Brücke windet sich »La Tremola« in 24 Haarnadelkurven zum Gotthard-Hospiz (2091 m) empor. Die durchschnittliche Neigung beträgt ab Airolo 7,4 Prozent, die maximale 12 Prozent (zwischen der fünften und zehnten Kehre der Tremola).

Gotthardpass–Göschenen: Zwei Möglichkeiten zur Abfahrt ins Urnerland, die allerdings mit dem sanften Aufstieg zur eigentlichen Paßhöhe (2108 m) beginnen: 1. Auf der alten, teilweise gepflasterten Straße: Vom Hospiz am Ostufer des Lago della Piazza entlang. Nach der Paßhöhe unter der Autostraße hindurch, in die man beim Brüggloch wieder gelangt. 2. Vom Hospiz westwärts hinüber zur Autostraße, die mit nur drei Haarnadelkurven nach Hospental (1493 m) sinkt. Durch das Urserental ins Dorf Andermatt (1436 m), das man durch- und nicht umfährt. Am Kasernenareal vorbei zum Eingang in die Schöllenen. Trekking- und Mountainbiker können nach der ersten Galerie rechts zum Restaurant »Teufelsbrücke« abbiegen, um die alte Brücke und Straße in der Schlucht zu benützen; sie kommen nur zu bald wieder auf die ziemlich stark befahrene Straße. Durch zehn Kehren hinunter nach Göschenen und zum Bahnhof (1106 m).

Nützliche Informationen

Ausgangsort: Bahnhof Airolo (1141 m) am Südportal des Gotthardtunnels.
Zielort: Göschenen (1106 m) am Nordportal.
Streckenlängen: Airolo – Gotthard-Hospiz 13 km; Hospiz – Hospental 9 km; Hospental – Göschenen 9 km.
Unterkunft: In Airolo: mehrere Hotels. Auf dem Paß: Albergo San Gottardo Ospizio, auch Massenlager, offen von Mai bis Okt., Tel. 019/8691525. In Andermatt: *vgl. Tour 4.*

Einkehr: Auf dem Paß Ristorante, Schnellimbißstätte, Bratwurststände, Kiosk, Bazar, etc.
Karten: 255 Sustenpass, 265 Nufenenpass; 1231 Urseren, 1251 Val Bedretto.
Variante: Gotthard-Nordrampe: Von Göschenen auf der Kantonsstraße über Wassen und Altorf nach Flüelen (439 m) am Urnersee; 31 km. Da vom Rad auf die Bahn oder das Schiff wechseln, wo früher die Gotthard-Reisenden von der Kutsche in den Nauen stiegen.
Sehenswertes: Museo Forte Airolo, 2 km oberhalb Airolo an der alten Gotthardstraße; Führungen Juli, Aug., Sept. Di. bis So., 13.30, 14.30, 15.30 Uhr; Besammlung beim Parkplatz an der Abzweigung zur 1996 eingeweihten, dreiviertelrunden Kaserne Fondo Bosco. Museo nazionale del San Gottardo in der alten Sust auf dem Paß, offen Jun.–Okt. 9–18 Uhr.
Literatur: Oskar Fontana, Der Weg durch den Berg; pathetische Schilderung des Baus des Gotthard-Eisenbahntunnels.
Maeder/Kruker/Meier, Sankt Gotthard – Landschaft, Menschen, Offizin-Verlag, Zürich 1992. NZZ-Folio 7/95, Der Gotthard, Verlag Neue Zürcher Zeitung.
Anschlußtouren: *1, 4, 9, 10, 19.*

Illustration von Hanny Fries, aus: Gustav Adolf Farner, Das Strampelbüchlein. Ein kleines ABC des Radfahrens geschrieben für eine schöne Frau, Verlag Gropengiesser, Zürich und Leipzig 1943.

Allgemeine Radkunde

Von Rudolf von Bitter

Das richtige Rad

Das richtige Rad zu den vorgestellten Touren oder die richtige Tour für Ihr Rad? Selbstverständlich kann jeder mit dem Rad fahren, mit dem er gerne fahren möchte. Unter dem Stichwort »Tourencharakter« finden Sie Angaben über den Schwierigkeitsgrad der jeweiligen Radtour.

Rennräder oder **Rennmaschinen** sind ausgelegt für Fahrten auf Asphalt, nicht für Feldwege und Kiesstraßen. Für Feld- oder Wirtschaftswege sind breitere Reifen und robustere Rahmen als bei Rennrädern üblich empfehlenswert. Wer trotzdem mit dem Rennrad fahren will, macht sich auf der Karte kundig, wie er Feld- und Waldwege auf befestigten Straßen umgehen kann.

Ein **Mountainbike** empfiehlt sich für Radtouren durchs Gebirge. Die Zahnkränze und Kettenblätter sind für extreme Steigungen gedacht. Grundsätzlich kann man mit einem Mountainbike alle Touren bewältigen.

Ein **Touren- oder Trekkingrad** ist am besten geeignet für Touren, die teils über befestigte Straßen, teils über Feld- und Waldwege führen. Die breiteren Reifen und die robuste Ausstattung bei Felgen und Speichen erlauben es, auch auf holprigen Wegen zu fahren, die Gangschaltung mit ihren Mehrfach-Kettenblättern und -Zahnkränzen ermöglicht schnelles, bequemes Fahren auf Straßen und erleichtert das Bewältigen von Steigungen. Das Tourenrad verfügt (genauso wie das Mountainbike) über einen stabilen, aber nicht zu schweren Rahmen, der auch mit etwas mehr Gepäck nicht ins Schlingern kommt.

Beim **Kauf eines Fahrrads** sollte man sich überlegen, daß ein Fahrradfachhändler auch Servicearbeiten ausführt, wobei er seine Stammkunden in der Regel bevorzugt. Außerdem wird er die richtige Rahmenhöhe und -länge bestimmen.

Wichtig ist, die **richtigen Bremsen** am Fahrrad zu haben: Rücktrittbremse und die heutzutage handelsüblichen Cantilever-Bremsen bringen das Rad auch bei Regen zum Stehen, was man von alten Felgenbremsen nicht immer sagen kann.

Pflege und Reparaturen

Robuste Fahrräder benötigen nicht allzuviel Pflege. Wer sein Fahrrad nicht ständig benutzt und dabei darauf achtet, daß die Bremsen wirken und das Licht funktioniert, sollte beides hin und wieder kontrollieren. Genauso sollte man regelmäßig nachsehen, ob die Reifen nicht spröde werden. Man sieht das an feinen Rissen, vor allem, nachdem das Rad unaufgepumpt herumgestanden hat. Man sollte dafür sorgen, daß die Schalt- und Bremszüge sowie die Mechanismen von Schaltung und Bremsen geschmiert sind und die Laufräder sich frei und ungehindert drehen. Mit einer gut geölten Kette und fest aufgepumpten Reifen hat man dann viel Freude am Fahrrad. Falls unterwegs doch eine Panne passiert, kann man sich oft selbst helfen. Im folgenden werden ein paar Handgriffe erläutert.

Das richtige Fahrrad – richtig eingestellt

Am **Sattel** lassen sich Höhe und Neigung regulieren. Je nach Modell verstellt man die Neigung unter der Sitzfläche mit einem Inbusschlüssel oder mit einem Gabelschlüssel. Die Höhe wird mit dem Klemmbolzen am oberen Rand der Sattelmuffe eingestellt. Entweder mit dem Schnellspannhebel oder einem passenden Gabel- oder Inbusschlüssel die Sattelstütze lockern und den Sattel nach oben oder unten bewegen. Die Höhe des Sattels stimmt, wenn die Ferse bei durchgestrecktem Bein auf dem Pedal ruht (das testet man, indem man sich an eine Wand stützt).

Auch der **Lenker** ist verstellbar. Als Faustregel gilt: Zwei Drittel des Körpergewichts trägt der Sattel, ein Drittel der Lenker. Sonst werden entweder die Arme schnell müde vom Abstützen oder man muß auch bei geringen Steigungen aus dem Sattel. Den Klemmbolzen des Lenkers mit Inbus- oder Gabelschlüssel lockern (vier Umdrehungen genügen oft), das Rad vorne hochheben, mit dem Hammer zur Lockerung der Klemmbolzenkeile auf den Klemmbolzen klopfen, Lenker so weit herausziehen oder hineindrücken wie nötig.

Für asphaltierte Straßen sind schmalere **Reifentypen** empfehlenswert, weil der Rollwiderstand geringer ist. Breitere Reifen sind geländegängiger und dämpfen Fahrbahnunebenheiten besser.

Werkzeug und Ersatzteile

Luftpumpe, Flickzeug mit Ersatzventil, 3 Reifen- oder Mantelheber und diverse Gabelschlüssel (auf die Größe achten) für die Räder – wenn sie nicht mit dem handlichen Schnellspannhebel ausgerüstet sind – oder einen Schlüssel für verschiedene Mutterngrößen (einen sogenannten »Knochen«) braucht man für alle Fälle. Schraubendreher, ein Speichenschlüssel, eine Kombizange und Inbusschlüssel machen das Werkzeug komplett.

Auf alle Fälle ist es praktisch, ein paar **Ersatzteile** mitzuführen, die weder schwer noch sperrig sind: Schlauch, Ersatzventil (»Blitzventile« machen das Pumpen leichter), Bremsklotz, Brems- und Schaltzug, Erste-Hilfe-Speichen mit Speichenspanner, Taschenlampe.

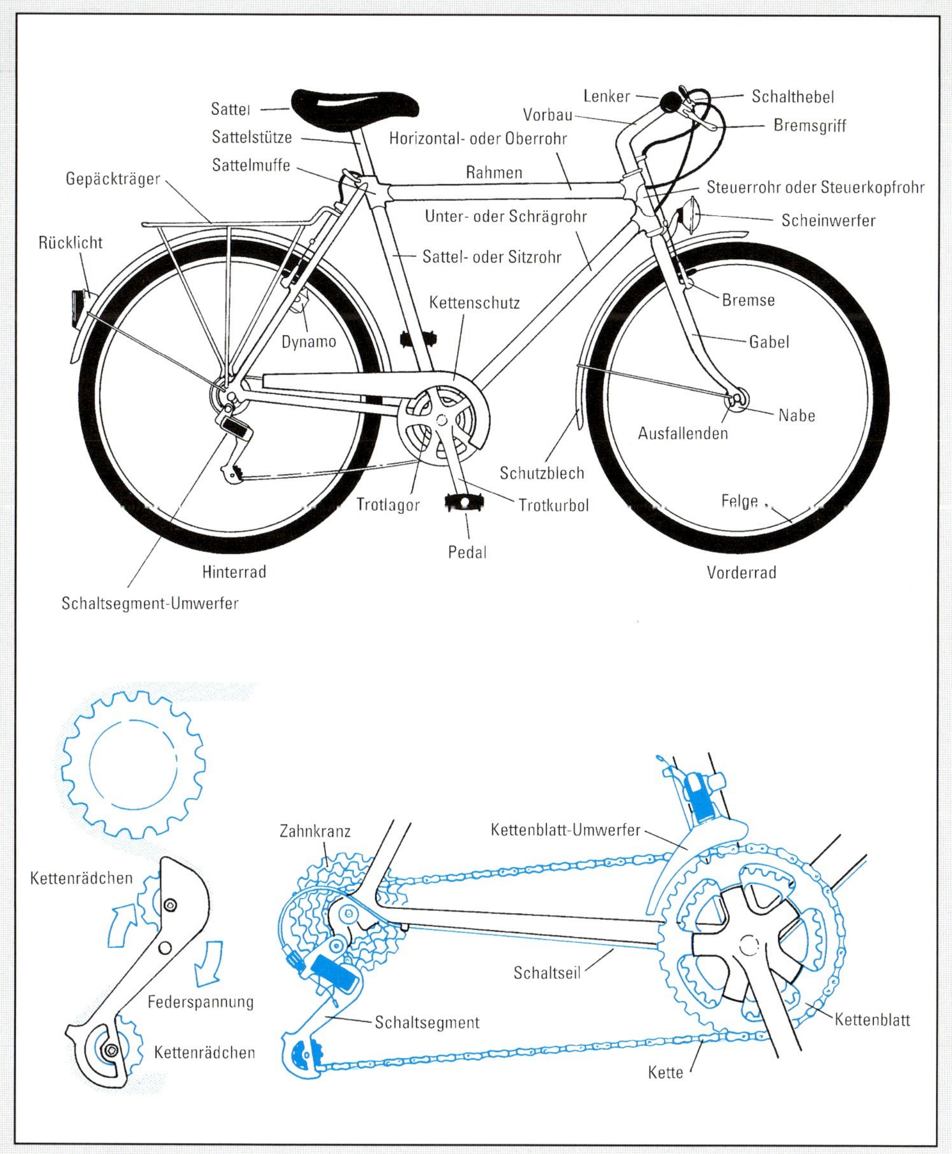

Das Fahrrad und seine Bestandteile.

Ein platter Reifen

Ein platter Reifen kommt häufiger vor, wenn Schlauch und Mantel schon etwas älter sind. Zur Vorsorge sollte man vermeiden, über spitze Gegenstände zu fahren. Auf den Landstraßen fliegen alle kleinen Glassplitter und Eisenteile an den Straßenrand – fahren Sie also mit einem halben Meter Abstand vom Bordstein. Damit bringen Sie die Autofahrer auch weniger in Versuchung, Sie auf engen Landstraßen trotz Gegenverkehr zu überholen.

Wenn der Reifen platt ist: *Zuerst* nachsehen, ob das Ventil nicht lose ist. Bildet sich bei aufgepumptem Reifen eine Blase am Ventil, nachdem man es (mit Spucke) angefeuchtet hat, sollte man den Ventilschlauch (oder das Ventil) auswechseln. Bleibt der Reifen platt, stellt man das Fahrrad auf den Kopf und sucht bei erneut aufgepumptem

Reifen nach der undichten Stelle. Haben Sie die schadhafte Stelle gefunden, markieren Sie sie. Dann hebeln Sie den Reifen aus der Felge, wie im nächsten Absatz beschrieben. Zupfen Sie das Stück Schlauch, in dem das Loch ist, heraus und flicken Sie das Loch wie beschrieben. Ist die Stelle nicht zu finden, muß das Rad abmontiert werden.

Rad abmontieren

Bevor Sie anfangen, suchen Sie sich eine Stelle aus, an der Sie auch die Muttern und Schrauben wiederfinden, die sonst wegkullern. Legen Sie abmontierte Kleinteile in die Haube der Klingel oder in eine Mütze. Lösen Sie erst die Felgenbremse, stellen Sie dann das Fahrrad auf den Kopf. Zur Schonung der Bremsgriffe kann man Badezeug oder Regenjacke unter den Lenker legen.

Vorderrad: Moderne Räder haben einen Schnellspanner mit einem Hebel, den man nur umzulegen braucht, und schon kann man das Rad aus seiner Halterung nehmen. Bei älteren Rädern muß man beidseitig die dicke Mutter lösen (nicht abschrauben; Schlüssel in der richtigen Größe einpacken), um das Rad abzunehmen.

Hinterrad: Wie beim Vorderrad Hebel umlegen oder Muttern lösen. Bei Kettengangschaltung schaltet man zuerst die Kette auf das kleinste Ritzel, dann biegt man den Kettenstraffer nach vorn, so daß man genügend Spiel hat, die Kette vom Zahnkranz abzuheben und so über die Achse zur Seite zu schieben, daß das Rad abgenommen werden kann. Bei Nabenschaltung muß man die Kette über das Ritzel drücken, um die Kette hinten von der Achse lösen zu können.

Haben wir das Rad lose in der Hand, pumpen wir es ein bißchen auf. Mit dem Mantel- oder Reifenheber fahren wir vorsichtig unter den **Mantel** *(Reifendecke)* und hebeln ihn über den Felgenrand. Mantelheber haben meistens eine Öse, mit der man sie an einer Speiche einhängen kann. Mit dem zweiten Mantelheber wiederholen wir dasselbe 10 cm weiter, dasselbe mit dem dritten Mantelheber. Den mittleren Mantelheber können wir jetzt abnehmen und wieder ein Stückchen weiter die Reifendecke über den Felgenrand heben – bis sich der Mantel auf der einen Seite lockert und von Hand von der Felge zu ziehen ist.

Jetzt können wir den Schlauch unter dem Mantel hervorschieben und -ziehen, bis er nur noch am Ventil in der Felge hängt. Ventil abschrauben und den Schlauch abnehmen. Ventil wieder aufsetzen, aufpumpen und nach dem Loch suchen. Feine Löcher findet man nicht so schnell mit bloßem Auge. Den Luftzug der entweichenden Luft spürt man am besten, wenn man den Schlauch nahe an das eigene Auge hält. Mit einem feuchten Handrücken kann man ebenfalls den Luftzug erfühlen. Schneller geht es in einer Schüssel Wasser, die in der Natur allerdings nicht zur Hand ist. Aber vielleicht ist in der Nähe ein

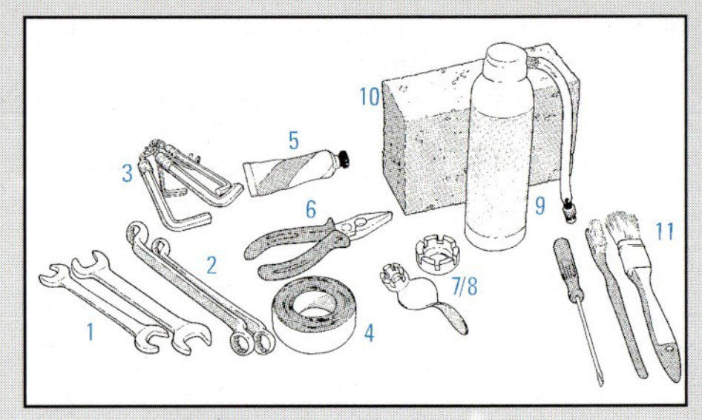

Werkzeug zur Pflege des Fahrrades.

1 Gabelschlüssel
2 Rundschlüssel
3 Inbusschlüssel
4 Reifen-Klebeband
5 Reifenkitt
6 Kombizange
7/8 Speichenschlüssel
9 Reifenflickspray
10 Schwamm
11 Alte Pinsel und Zahnbürsten

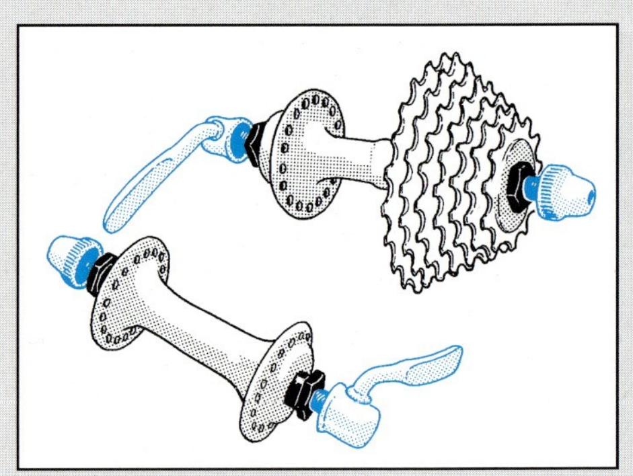

Vorderradnabe und Hinterradnabe mit Siebenfachzahnkranz, jeweils mit Schnellspannvorrichtung.

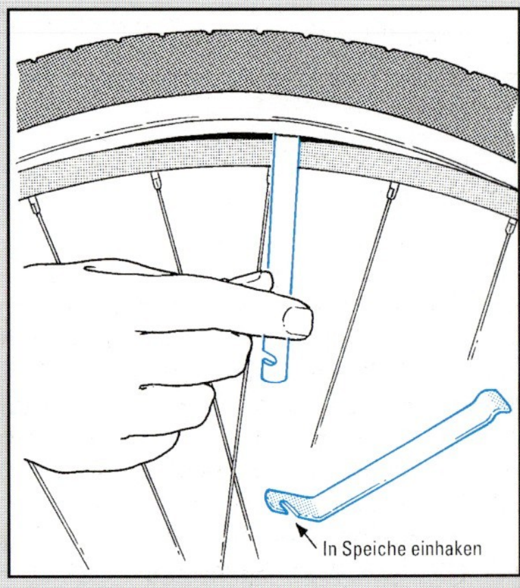

Einsatz des Mantel- oder Reifenhebers.

Bach, ein Teich oder eine tiefe Pfütze. Das Loch verrät sich durch Luftblasen.

Um das Loch herum den Schlauch leicht aufrauhen (beim Flickzeug gibt es dafür ein durchlöchertes Blechstück oder Sandpapier), Gummierlösung dünn auftragen, warten, bis die Lösung grifftrocken ist, Flicken vom Schutzpapier abziehen, auflegen und festdrücken. Schlauch wieder einlegen (beim Ventil anfangen) und unter den Mantel schieben, leicht aufpumpen, damit er schön gerade liegt, und den Mantel wieder auf die Felge drücken. Wenn es nicht anders geht, wieder mit dem Mantelheber. Vorsicht: dabei nicht neue Löcher in den Schlauch quetschen! Reifen aufpumpen. Wenn Sie noch Pause machen wollen, lassen Sie das Rad solange abmontiert – falls es nicht geklappt hat, müssen Sie nicht noch mal von vorne anfangen.

Eine Bremse versagt

Bei Nässe ist der Bremsweg länger als bei Trockenheit! Abgenützte Bremsklötze daher rechtzeitig ersetzen. Dabei soll die offene Seite des Bremsklotzhalters nach hinten weisen, damit der Klotz nicht bei der ersten Bremsung herausrutscht.

Ist der Bremsweg immer noch zu lang, stellen Sie die Bremse nach. Drücken Sie die beiden Bremsbacken so zusammen, daß noch 3 mm Abstand zur Felge bestehen, damit die Bremsen nicht zu hart greifen. Dann die beiden Muttern der Nachstellvorrichtung am Seilzug so drehen, daß die Bremsbacken sich allein da halten, wo Sie sie zuerst hingedrückt haben. Da die Bremssysteme je nach Fabrikat verschieden sind, sollte sich jeder sein eigenes Fahrrad-Bremssystem ansehen.

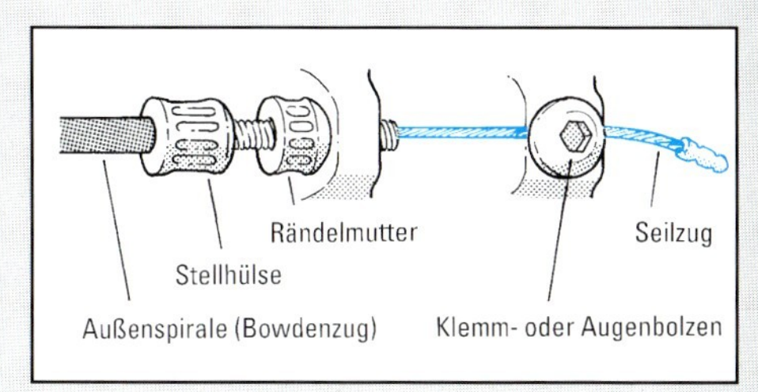

Nachstellen des Seilzuges.

Die Kette

Eine verdreckte oder angerostete Kette ist starr und kostet unnötig viel Kraft. Regelmäßiges Schmieren oder Ölen beugt vor. Ein Bad in Petroleum (die Kette vom Zahnkranz in eine Schale mit Petroleum hängen lassen, wenn Sie nicht montieren wollen) löst den Dreck. Mit einer alten Zahnbürste säubern. Anschließend mit Kettenfett Glied für Glied behandeln.

Bevor Sie losfahren, vergewissern Sie sich, daß die Kette die **richtige Spannung** hat. Bei einer Kettengangschaltung überprüft man das nach folgenden Kriterien: Hängt die Kette vorne auf dem kleinen Kettenblatt und hinten auf dem kleinsten Ritzel, soll sie nicht durchhängen. Hängt die Kette auf dem jeweils größten Kettenblatt und größten Ritzel, soll sie trotzdem noch S-förmig durch den Schaltarm mit seinen beiden Kettenrädchen verlaufen, um ihn nicht zu überdehnen. In diesen Positionen sollten Sie nie fahren!

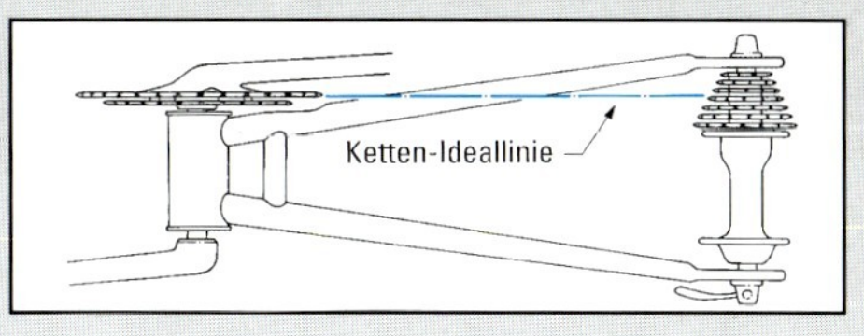

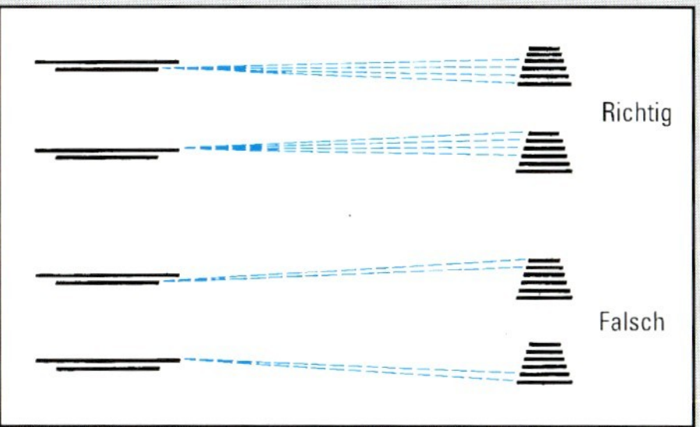

Richtige und falsche Art der Schaltung (Kettenlinie).

Schaltung

Die Größe der Kettenblätter und die Abstufung des Zahnkranzes mißt sich nach der Anzahl der Zähne. Die **Übersetzung** ist um so größer, je größer der Unterschied zwischen Kettenblatt und Ritzel des Zahnkranzes in Zähnen ist. Das heißt, pro Tretkurbelumdrehung ist der zurückgelegte Weg am größten, wenn die Kette auf dem größten Kettenblatt vorne und auf dem kleinsten Ritzel am Hinterrad liegt. Die vielen Gänge, die ein Rad hat, differenzieren die Übersetzung zumeist zu einer kleinen Übersetzung hin und erleichtern so das Bergauffahren.

Wenn Sie extreme Bergtouren vorhaben, können Sie das kleinere Kettenblatt austauschen und eines mit weniger Zähnen einsetzen. Anhand der Zeichnung sehen Sie, wie Sie nicht schalten sollten: größtes bzw. kleinstes Kettenblatt und größtes bzw. kleinstes Ritzel soll man nicht kombinieren. Solche »Extrem«-Schaltungen verursachen Reibungswiderstände und überbeanspruchen dadurch das Material.

Mit dem **Kettenblatt-Umwerfer** bewegen Sie die Kette von einem Kettenblatt zum anderen. Wenn Sie nur noch das mittlere und ein äußeres Kettenblatt erreichen oder die Kette am Umwerfer schleift, müssen Sie nachjustieren. Der Umwerfer soll hoch genug angebracht sein, damit er nicht das große Kettenblatt berührt.

Mit dem Schaltarm am hinteren Schaltwerk transportieren Sie die Kette über die Ritzel unabhängig von der Stellung der Kette auf den Kettenblättern.

Das Licht fällt aus

Als Lichtanlage haben die Hersteller alle möglichen Konstruktionen entwickelt. Das Prinzip ist immer dasselbe: Der Dynamo stellt den Strom her, der über Kabel zum Glühbirnchen geleitet wird. Ein Massekabel entfällt, dazu ist der Rahmen da. Als erstes nach der **Glühbirne** sehen. Bleibt es trotz intakter Birne dunkel, die **Kabelverbindungen** im Lampengehäuse und am Dynamo überprüfen (Wackelkontakt? Kann man mit einer Batterie prüfen). Leuchtet das Licht, liegt es am Dynamo, leuchtet es nicht, liegt es an den Kabeln, die man überprüfen und notfalls ersetzen muß. Hat der **Dynamo** genügend Reibung am Reifen? Eventuell befestigen. Ein lockerer Dynamo kann außerdem in die Speichen fallen und einen Unfall verursachen.

Wenn das alles nichts nützt, und Sie stehen bei Dunkelheit am Straßenrand, dann lassen Sie Ihre Tourenbegleiter mit funktionierendem Licht vor und hinter sich fahren. Besonders für den nachkommenden Verkehr ist es wichtig, daß Sie **von hinten gesehen werden**. Sind Sie allein und ohne Taschenlampe, mit der Sie nach hinten leuchten können, dann weichen Sie nach Möglichkeit auf den Gehsteig aus.

Fahrtechniken

Der **Fußballen** liegt über der Pedalachse. Daß Sie beim Heruntertreten des Pedals die meiste Kraft aufwenden und beim Steigen des Pedals die geringste, ist klar. Rennradler haben mit Rennhaken und Pedalklammer die Möglichkeit, das Pedal aufwärts zu ziehen und nach vorn zu schieben. Normale Radler können sich von den Rennradlern immerhin abschauen, wie sie das Pedal unten nach hinten drücken und dazu den Fuß mit der Spitze abwärts kippen (»runder Tritt«).

Wiegetritt nennt man die Technik, bei Steigungen, die trotz kleinen Gangs nicht mehr zu schaffen sind, aus dem Sattel aufzustehen und das jeweils obere Pedal mit dem Körpergewicht und Zug am Lenker nach unten zu stemmen.

Ein weiteres Detail der Fahrtechnik ist die **Auswahl der Übersetzung**. Die Gänge sind vor allem dazu da, den Bewegungsablauf gleichmäßig zu halten. Zu kleine Übersetzung bekommt der Muskulatur genauso wenig wie zu große Übersetzung. »Weiches Pedalieren« ist der schöne Ausdruck für diesen Vorgang.

Aus mechanischen Gründen soll man **nicht in Extremschaltungen** fahren, also kleines Kettenblatt und kleinstes Ritzel am Zahnkranz oder großes Kettenblatt und größtes Ritzel kombinieren. Die Kette liegt dann schräg und produziert anstrengende Reibungswiderstände. Ideal ist es, wenn die Kette gerade verläuft.

Bremsen sollte man stets gleichzeitig hinten und vorne. Besonders bei Bergabfahrten kann zu abruptes Bremsen zu Stürzen führen. Ebenso sollte man schon vor und nicht erst in einer Kurve bremsen, weil man in der Kurve das Gleichgewicht verlieren kann. Bei Nässe gilt dies erst recht. Nehmen Sie in Kurven das innere Pedal nach oben – wenn in der Kurve ein Pedal den Boden berührt, berührt der ganze Radler den Boden.

Gepäck/Zubehör

Praktisch ist die traditionelle **Hinterradtasche** auf dem Gepäckträger über dem Hinterrad. Diese Tasche kann man als Doppeltasche oder als Einzeltasche erhalten. Auf jeden Fall sollte die Innenseite (zum Rad hin) verstärkt sein, damit es keine Ausbeulungen gibt, die die Fahrt behindern. Zugleich sollte die Tasche nicht zu weit vorn hängen, weil sie sonst die Fersen stört.

Für die Karte ist die kleine **Lenkertasche** nützlich. Genausogut können Sie aber auch vorne einen Gepäckträger anbringen (lassen) und einen **Korb** darauf befestigen, in den Sie Karte, Führer, Flasche, Pullover, Badezeug und was sonst schnell zur Hand sein soll, hineinlegen. Bei viel Gepäck ist ein **Doppelständer** sinnvoll. Luftpumpe und Trinkflasche im Trinkflaschenhalter haben ihren festen Platz am Sattel- oder am Unterrohr.

Schutz vor Diebstahl: Am sichersten ist das massive Bügelschloß aus Stahl, aber das wiegt auch viel. Spiralkabel mit eigener Halterung unter dem Sattel sind praktisch, man muß lediglich die Zugkraft der Spirale überwinden. Um das Vorderrad zu sichern, kann man es abnehmen und an das Hinterrad schließen. Auf alle Fälle ist es gut, sein Rad an einen Laternenpfahl oder etwas Ähnliches anzuschließen.

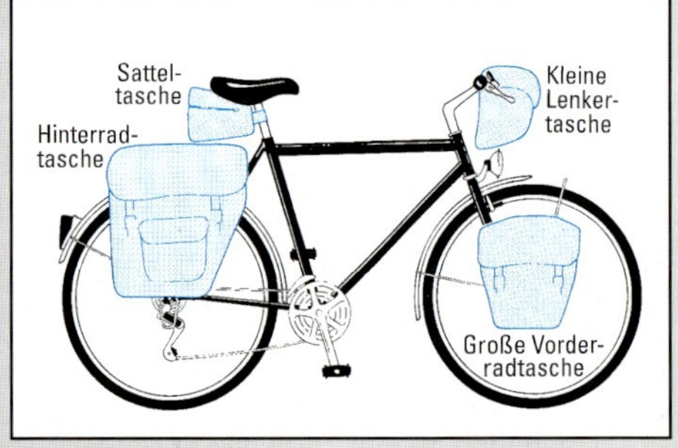

Das bepackte Fahrrad mit Gepäckstücken zur Auswahl.

Anhang

Die heißesten Radwochen

Radweg Tessin

In drei bis vier Etappen vom Südportal des Gotthardtunnels zum Grenzbahnhof Chiasso auf Nebenstraßen und zu den Hauptsehenswürdigkeiten abseits der Transitachse. Viel Grün, viele Grotti, viele Gipfel von unten und nur ein vielgefürchteter Gegenanstieg: der Monte Ceneri, der auf dem alten, kopfsteingeplasterten Saumweg erklommen wird. 132,5 km, 710 m Aufstieg und 1910 m Abfahrt. Läßt man Lugano links liegen und fährt vom Ceneri direkt entlang dem Vedeggio zur Agno-Bucht des Lago di Lugano hinab, reduziert sich die Höhendifferenz noch je um 200 m. Müheloser kann man von Airolo gar nicht zuunterst ins Tessin kommen, es sei denn, man bleibt im Zug sitzen. *Touren 10, 11, 14, 33.*

Von Monte Brè zum Monte Brè

Vom Hausberg zum Hausberg, vom Lago Maggiore zum Lago di Lugano. Von Monte, der Bezeichnung für ein ehemaliges Maiensäss, zum Monte, der ein ganzer Berg ist. Von Locarno nach Lugano mit Start in Bellinzona. Mit dem Renn- oder Trekkingrad zu Besuch bei den drei städtischen Polen des Tessins. Hier das Programm: 1. Punkt Bellinzona – Brione sopra Minusio – Monte Brè – Locarno; 2. Punkt Schiff nach Vira – Alpe di Neggia – Luino; 3. Punkt Luino – Monteggio – Astano – Novaggio und weiter auf der Malcantone-Rundfahrt nach Lugano; Schlußpunkt: Monte Brè. *Touren 15 und 17, 23, 30, 24.*

Alpenetappen

Eine Strecke für Weltmeister. Auf der WM-Rundstrecke in Lugano legten die Profis 252 km und 4200 Höhenmeter zurück. Unser Parcours über die vier Alpenpässe des Tessins und den zwingend dazwischenliegenden Oberalp weist 280 km, 5550 m Aufstieg und 6210 m Abfahrt auf; läßt man Bellinzona rechts liegen, reduziert sich die Länge um ein paar flache Kilometer. Mehr zur Fahrt von der Rhone über Reuss, Ticino und Vorderrhein zum Hinterrhein bei *Tour 2.*

Hüttenromantik

Die definitive Bikereise für Frischverliebte und Jungvermählte. Sind sie auf dem Monte Bisbino immer noch zusammen, hält die Beziehung auch andere Schläge als durch Schotterwege aus. Und im Albergo Conca Bella in Vacallo oberhalb Chiasso kann das sportliche Paar endlich das nachholen, was wegen nie ganz leerer Schlafsäle, aber fast immer kratzender Wolldecken nicht möglich war. Hier die Details: 1. Schritt Airolo – Capanna Cadagno; 2. Schritt Cadagno-Hütte – Passo dell'uomo – Biasca – Capanna Cava; 3. Schritt Cava-Hütte – Capanna Gesero; 4. Schritt Gesero-Hütte – Monte Ceneri – Capanna Tamaro; 5. Schritt Tamaro-Hütte – Arosio – Tesserete – Capanna Monte Bar; 6. Schritt Bar-Hütte – Lugano – Schiff nach Caprino/Cavallino – Intelvi – Rifugio Binate; letzter Schritt über den Monte Bisbino nach Vacallo. O la la! *Touren 4, 2, 8, 13, 28, 26, 36.*

Bikepfad Ticino

In vier Etappen vom Nordportal des Gotthardtunnels zum Grenzbahnhof Chiasso. Eine Berg-und-Tal-Wallfahrt von Göschenen südwärts bis auf den verehrten Monte Bisbino am Rand der Po-Ebene. Gefürchtete Strecken wie die Val Tremola am Gotthard oder die Crespera bei Lugano wechseln ab mit Aufstiegen, auf denen das Bike viertelstundenlang getragen werden darf, und mit Abfahrten wie derjenigen in die Valle Maggia, auf der man das Ohrensausen kriegt. Für Ruhe sorgt das zweimalige Übersetzen mit dem Boot. Die Stationen: Göschenen – Gotthard – Airolo – Passo del Narèt – Aurigeno – Locarno – Schiff nach Vira – Alpe di Neggia – Tamaro-Lücke – Arosio – Santa Maria d'Iseo – Lugano – Schiff nach Caprino/Cavallino – Intelvi – Monte Bisbino – Chiasso. *Touren: 4, 19, 18, 23, 28, 29, 36.*

Register

Die Zahlen beziehen sich auf die Tourennummern, für die einleitenden Texte gelten folgenden Abkürzungen:

Aus = Ausfahrt
Be = Bellinzonese
Bia = Biasca und die Tre Valli
Ein = Einfahrt
Lo = Locarnese
Lu = Luganese
Men = Mendrisiotto
Vor = Vorbereitung
Rück = Rückfahrt

Ortsregister

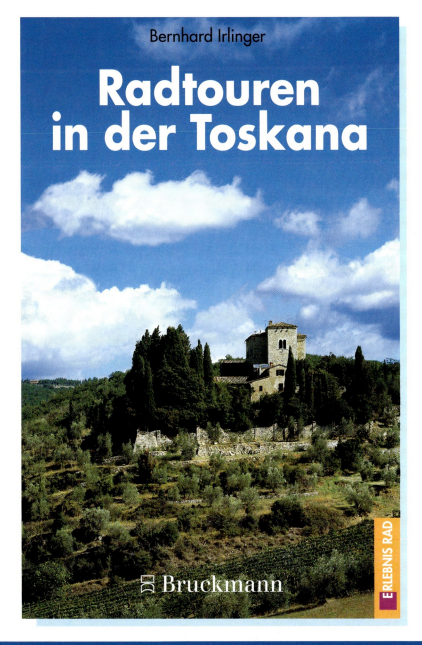

Personenregister

Bildnachweis

Armando Libotte, Oltre 100 anni di storia di ciclismo in Ticino, Lugano 1993: S. 8, 80, 140
Gino Pedroli und Plinio Grossi, Tessin, © 1984 Copyright by Rentsch Verlag Zürich: S. 117
Martin Platter, Kappel am Albis: S. 9, 14/15, 82,134/135
Marco Volken, Zürich: S. 39, 73, 158/159, 171
Christian Wüthrich, Bern: S. 26, 100.
Alle übrigen Aufnahmen stammen von Daniel Anker, Bern.

Die Kartenskizzen zu den Touren und die Übersichtskarte wurden von Eckehard Radehose, München, erstellt.